**지은이**

**조셉 브리스토우 Joseph Bristow**
현재 캘리포니아 대학교 영문학과 교수이다. 책으로는 *Sexual Sameness: Textual Differences in Lesbian and Gay Writing* (1992), *Activating Theory: Lesbian, Gay, Bisexual Politics* (1993), *Effeminate England: Homoerotic Writing After 1885* (1995), *The Internal Desires of Angela Carter: Fiction, Femininity, and Feminism* (1997) 등이 있다.

**옮긴이**

**이연정** 서울대학교 사회학과를 졸업하고, 동대학원 석사 및 박사 과정을 수료하였다. 현재 한국문화정책개발원 연구원으로 있다. 번역서로는 《페미니스트》(공역), 《사이보그 사이버컬처》(공역)가 있다.

**공선희** 이화여자대학교 경영학과를 졸업하고, 서울대학교 사회학과 대학원에서 석사 학위를 받았다. 현재 동대학원 박사 과정에 있으며, 서울특별시 중부여성발전센터에서 일하고 있다. 번역서로는 《악녀》(공역)이 있다.

# 섹슈얼리티

*Sexuality Sexuality Sexuality Sexuality Sexuality Sexuality Sexuality Sexuality Sexuality Sexuality Sexuality Sexuality Sexuality Sexuality Sexuality Sexuality Sexuality Sexuality Sexuality Sexuality Sexuality Sexuality Sexuality Sexuality Sexuality*

## ▌일러두기

• 한글 표기를 원칙으로 하되, 필요에 따라 외국어와 한자를 병기하였다.

• 한글 맞춤법은 '한글 맞춤법' 및 '표준어 규정'(1988), '표준어 모음'(1990)을
  적용하였으나 혼란이 있는 경우는 출판사의 원칙을 따랐다.

• 외래어의 우리말 표기는 개정된 '외래어 표기법'(1986)을 원칙으로 하되,
  그 중 일부는 현지 발음에 따랐다.

• 사용된 기호는 다음과 같다.

  논문 등:〈  〉

  책이름:《  》

  옮긴이 주: [  ]

# 섹슈얼리티

조셉 브리스토우 지음 / 이연정, 공선희 옮김

한·나래

# 섹슈얼리티

지은이 / 조셉 브리스토우
옮긴이 / 이연정, 공선회
펴낸이 / 한기철
편집장 / 이리라 · 편집 / 이소영, 신소영 · 디자인 / 김민정

2000년 10월 30일 1판 1쇄 박음
2000년 11월 10일 1판 1쇄 펴냄

펴낸 곳 / 도서 출판 한나래
등록 / 1991. 2. 25. 제22 - 80호
주소 / 서울시 마포구 신수동 448 - 6
전화 / 02) 701 - 7385 · 팩스 / 02) 701 - 8475 · e - mail / hanbook@chollian.net

필름 출력 / DTP HOUSE · 인쇄 / 상지사 · 제책 / 성용제책
공급처 / 한국출판협동조합 [전화: 02) 716 - 5616, 팩스: 02) 716 - 2995]

*Sexuality*
by Joseph Bristow

섹슈얼리티 / Joseph Bristow 지음,
  이연정, 공선회 옮김. — 서울: 한나래, 2000.
  328p. : 23cm (패러다임 총서)

원제 : *Sexuality*

KDC: 334.22
DDC: 306.7
ISBN: 89 - 85367 - 88 - 9 94800

  1. Sex.    2. Sex and History.    3. Sexology.    I. Bristow, Joseph.
II. Title — Sexuality.

# 차례

# 옮긴이의 말

이 책의 저자인 조셉 브리스토우 Joseph Bristow 는 섹슈얼리티, 성
정체성, 성 정치 등의 이슈에 관심을 갖고 꾸준히 글을 쓰고 있
는 연구자이다. 여기서 그는 성적 욕망에 관한 가장 영향력 있
는 이론들을 소개하면서 19세기 과학자들이 어떻게 '섹슈얼리
티'를 발명했는지 밝히고 있다. 탐구하고 있는 영역들은 후기
빅토리아 시대의 성 과학적 논의부터 에로티시즘에 대한 최근
의 각종 논쟁적인 설명들에 이르기까지 다양하다. 특히 문화 연
구, 문학 비평, 페미니즘 이론 속에서 프로이트와 라캉이 차지
하는 위치라든가, 바타이유, 보들리야르, 식수, 들뢰즈, 이리가
레이, 크리스테바의 논의에 대해서도 언급하고 있다. 그 밖에
오늘날의 퀴어 이론에 남아 있는 미셸 푸코의 유산, 그리고 포
스트모던한 성 정체성의 문제에 이르기까지 참으로 녹록치 않
은 주제와 이론들을 다룬다.

　브리스토우가 비록 방대하고도 복잡한 매우 논쟁적인 주
제들을 명료하게 짚어 내고 있기는 하지만, 솔직히 이 책은 그
가 생각하는 것처럼 "모든 수준의 독자들이 복잡한 이론적 아
이디어들에 다가갈 수 있게"해 주는 쉬운 책이라고 보기는 힘
들다. 그것은 섹슈얼리티에 대한 논의 자체가 안고 있는 복잡함
에서 기인하는 문제이기도 하다.

　섹슈얼리티는 그가 지적하고 있는 대로 때로는 성적 욕망
을 지칭하기도 하고, 동시에 성적인 존재를 가리키기도 한다.

또한 내적 현상과 외적 현상, 정신적 영역과 물질적 세계 모두를 가리키는 용어로 사용되기도 한다. 이처럼 섹슈얼리티는 '역사적 구성물'임과 동시에 '허구적인 단일체'라고 할 수 있다.

섹슈얼리티에 관심을 보여 온 많은 이론들은 제각기 나름대로의 진보성과 시대적 사상적 한계를 보여 왔다. 이반 블로흐로 대표되는 초기 성 과학이 인간의 성적 유형과 성적 욕망의 형태들을 분류하고자 하는 과학적 의도와 그것에 대한 도덕적 평가 사이의 불일치로 어려움을 겪어야 했던 것도 그러한 사례 가운데 하나이다. 성 과학은 이처럼 그 태동에서부터 근대 사회에 모순적인 유산을 남겨 주었다. 즉, 한편으로는 성에 관한 광범위하고 진지한 토론을 가능하게 해 주었으나, 다른 한편으로는 성적 일탈이나 정상에 대해 도덕적으로 평가하고자 했다. 그것은 평가를 위한 잣대 속에 각인되어 있는 편견들이나 역사적 우연들에 대해 지나치게 둔감했기 때문이다. 성 과학이 성적 행위의 병리학적 유형 혹은 일탈적인 욕망들과 섹슈얼리티에 대한 논의를 분리시키기까지는 수십 년의 세월이 흘러야 했다.

페미니즘은 한편으로는 성 과학에 도전하면서, 다른 한편으로는 성 과학적 전통 안에서 발전해 왔다. 시걸 등 일부 페미니스트들은 20세기 성 과학이 섹슈얼리티를 전적으로 육체적인 문제로 간주했기 때문에, 섹슈얼리티가 어떻게 신체적 기능을 넘어서고, 도전하는지를 이해하지 못한다고 주장한다.

브리스토우가 정신 분석학 쪽으로 눈을 돌린 것은, 그것이 수많은 성 정체성과 행위들을 발생시킨 조건들을 검토하기 위한 훌륭한 도구가 될 수 있다고 생각했기 때문이다. 하지만 정신 분석학은 섹슈얼리티와 재생산을 분리시켜 이해함으로써 논의의 수준을 한 단계 높였음에도 불구하고 고유의 남근 중심주의로 비난을 받아야 했다.

프로이트의 정신 분석학에서는 섹슈얼리티를 무의식 및 성 정체성의 형성 과정과 연관지어 이해했다는 점에서 이전의 성 과학의 설명들과 구분된다. 프로이트에 따르면, 인간 주체가 자신의 정체성을 유지해 나가기 위해서는 다양한 성적 충동들이 억압되어야 하며, 이러한 억압된 충동이 존재하는 영역이 바로 무의식이다. 또한 생물학적 본능이 섹슈얼리티를 결정하는 유일한 토대가 아님을 강조함으로써 생물학적 연관을 배제하고자 하였다. 어린아이의 신체는 양성의 해부학적 차이에 대해 양가적인 정신적 반응을 보이면서 성별화되어 간다는 것이다. 프로이트는 이러한 성별화 과정을 그의 유명한 이론적 개념인 오이디푸스 콤플렉스와 거세 콤플렉스를 통해서 설명함으로써 섹슈얼리티를 주체의 성 정체성 형성과 관련해서 이해하는 독자성을 보였음에도 불구하고, 남자 아이와 여자 아이에 대한 비대칭적 설명과 여자 아이의 동성애에 대한 제한적 설명력 등으로 그의 동시대의 페미니스트들뿐만 아니라 이후 페미니스트들에게 격렬한 논쟁거리를 제공하였다.

라캉은 프로이트의 정신 분석학을 언어학적으로 재해석함으로써 섹슈얼리티를 의미와 상징의 영역에서 새롭게 이해하고 성 정체성의 문화적 구성에 대한 급진적인 해석을 제시하였지만 여전히 남근*phallus*의 권위를 인정하고 있다는 혐의를 받고 있다.

정신 분석학에 대한 페미니즘의 비판은 이리가레이의 지적에서 나타나듯이 서구 형이상학의 역사 자체가 남근 중심주의에서 벗어나지 못하고 있다는 것에서 비롯된다. 이러한 점에서 정신 분석학의 경도된 남근 중심주의를 정신 분석학 안에서 교정하고자 하는 일련의 시도인 페미니스트들의 논의를 살펴보는 것은 의미있는 작업일 것이다. 정신 분석학에서 출발해서 여성의 성 정체성의 형성과 섹슈얼리티를 이해하고자 했던 크리스테바와 이리가레이, 식수의 논의를 통해서 이분법적인 젠더의 논리를 벗어나서 '대안적인 여성의 경제'나 '여성적 글쓰기' 등이 어떻게 가능할 수 있을지 전망해 볼 수 있을 것이다.

3장에서 브리스토우는 프로이트의 죽음 충동 모델을 시작으로 섹슈얼리티와 쾌락의 문제를 짚어 간다. 그는 오르가슴이 죽음을 향한 탈성적 하강과 생존을 향한 리비도적 흥분을 한데 묶어주는 유일한 행위라고 주장한다.

프로이트, 라캉 등 욕망을 결핍과 연관시켰던 초기 이론들에 대한 가장 논쟁적인 도전으로는 질 들뢰즈와 펠릭스 가타리의 《반오이디푸스: 자본주의와 정신 분열증》을 들 수 있다. 들뢰즈와 가타리는 오이디푸스 콤플렉스에 관한 프로이트의 이론이 핵가족의 존속을 요구하는 자본주의적 구조와 공모하고 있다고 주장한다. 그들은 정신 분석학이 성적 욕망을 해방시킬 수 있는 방법을 제시한 것이 아니라 에로티시즘을 처벌적인 문화적 법칙에 복종시켰으며, 나아가 오이디푸스적 드라마가 일종의 '공갈'의 형식이라고 비판한다. 브리스토우가 볼 때 그들의 '반오이디푸스' 프로젝트는 욕망이 결핍에 입각한 것이라고 본 모든 이론적 모델들을 완전히 뒤집는 것이다.

흥미로운 것은 들뢰즈와 가타리의 이론에 대한 페미니스

트들의 반응이다. 페미니스트들은 두 사람의 실험적인 사고가 '여성'이라는 범주를 해부학적 성 범주에서 해방시켰다는 점을 높이 평가하지만, 반면에 그들이 여성성이라는 관념을 형태가 없는 '생성'의 상태로 해방시켜 버리기 때문에 자칫 여성들의 투쟁을 제거하거나 주변화시켜 버리는 결과를 낳을 수도 있다고 비판한다.

사실 20세기 중반 이래 페미니즘 내부에서 가장 활발했던 논쟁 영역은 여성들의 성적 자유와 이성애적 욕망 간의 관계였다. 이러한 논쟁들은 에로틱한 잠재력을 극대화시키려는 욕구를 점점 더 강조한 성 과학적 연구와 함께 1940년대 이후 강화되었고, 1960년대의 자유주의적인 성 혁명 속에서 정점에 달하게 된다. 포르노그라피에 관한 페미니즘 논쟁은 섹슈얼리티에 대한 페미니즘 내부의 격렬한 분열 현상을 보여 준다.

급진적 페미니스트들은 포르노그라피의 문제가 외설성이나, 도덕적 타락에 있는 것이 아니라 여성을 성적 대상으로 격하시킬 뿐만 아니라 여성의 체계적인 종속을 더욱 극적으로 만든다는 점, 즉 그것에 내포된 성 차별주의를 집중적으로 공격하였다. 포르노그라피의 다양한 스타일과 장르를 강조한 수잔 손택과 달리, 안드레아 드워킨과 캐서린 매키넌은 포르노그라피가 어디까지나 '성적 현실'임을 강조하고, 포르노그라피야말로 여성의 성적 종속에 대한 '원인과 결과' 모두를 표현한다고 믿는다.

그런데 여성들의 시민권이라는 관점으로 포르노그라피에 접근했던 이러한 페미니스트들에 대한 반대는 레스비언과 게이 해방론자들뿐만 아니라 페미니스트 내부에서도 제기되었다. 표현의 자유를 옹호하고 어떠한 검열에도 반대하는 이들 페미니스트들은 포르노그라피가 성 차별주의를 반영하고 있을지는 몰라도, 그것을 만들어 내지는 않았다면서, "포르노그라피는, 그것이 아니었다면 폭력적인 행위를 저지를 수도 있는 사람들에게 일종의 해방을 제공한다"라고 주장한다. 이처럼 드워킨-매키넌과 검열을 반대하는 페미니스트들의 주장은 성적 불평등 및 성적 욕망과 포르노그라피의 복합적인 관계에 대한 매우 날카롭고도 극단적인 견해를 보여 준다.

한편 푸코는 억압과 해방의 장으로서의 섹슈얼리티에 대한 오늘날의 인식을 만들어 내는 담론적 작용에 눈을 돌리기를 요구한다. 4장은 삶과 죽음의 문제로서의 섹슈얼리티에 대해 푸코가 품고 있는 극도의 회의주의에 대한 검토이다. 푸코는 《성의 역사》를 통해서 19세기에 섹슈얼리티라는 용어가 등장한 배경과 이것이 사회 질서를 규제하는 권력의 작동 수단으로 동원된 방식에 대해 선구적인 업적을 제시함으로써 이제까지 섹슈얼리티에 대한 이해 방식을 완전히 변화시켰다.

그는 권력이 어떻게 담론을 통해서 사회 질서 및 욕망의 구조화에 영향을 미치는지에 대해 자세하게 검토함으로써 정상적인 성 행위를 강화하고 당연시하는 전제들에 대항하고 이성애의 지배를 유지시키는 제도적 전략들 및 권력/지식의 구조들을 추적하는 급진적인 주장들이 나올 수 있게 하였다. 하지만 그는 동성애자 소수 집단에게서 섹슈얼리티의 새로운 자유의 실천 형태를 볼 수 있다고 생각하면서 '예측할 수 없는' 관계들의 존재를 부각시켰음에도 불구하고 자신의 작업 속에서 배제한 것들, 즉 젠더와 성차의 문제에 대한 무감각으로 인해 페미니스트들의 비판의 대상이 되었다.

그러나 그의 작업은 시대와 계급, 문화적 차이에 따른 여성들 간의 차이를 파악할 수 있게 하고, 권력의 작동과 연관된 담론 구성체를 통해 사회적 현상을 이해할 수 있게 함으로써 페미니스트들에게 중요한 이론적 토대를 제공하였다. 그의 이론은 여성성과 남성성이 오랫동안 어떻게 재정의되어 왔는가에 주목하기 때문이다. 이러한 푸코의 이론적 영향을 통해서 젠더와 섹슈얼리티에 대한 반본질주의적 접근이 가능하게 되었고, 1980년대 중반에는 레스비언과 게이의 연구 영역이 출현하였으며 1990년대에 이르러서는 좀더 포괄적인 형태의 퀴어 이론이 대두될 수 있었다.

푸코의 이론적 사유를 적극적으로 수용하고 있는 루빈이나 세지윅, 버틀러 등은 섹스와 젠더, 욕망을 이해하기 위한 범주의 구성이 어떻게 이루어지고 있는지에 대한 흥미로운 분석을 제시한다. 이들은 서구 문화의 섹스/젠더 체제에 근본적인 의문을 제기하면서 이성애를 자연스러운 제도로 포장하는 논리에 대해 날카로운 공격을 시작하였다.

브리스토우가 결론적으로 제안하는 것은 성 과학이 어떻게 시작되었으며, 섹슈얼리티라는 용어가 왜 후기 빅토리아 시대에 생겨났는지에 대해서는 하나의 근원적인 이유를 가정하기보다는 '중층 결정론'으로 이해해야 한다는 것이다. 즉, 진화론적이고 우생학적인 사고, 여성의 참정권 운동의 발달, 성적으로 다른 하위 문화들의 발달 모두가 이러한 연구의 시대를 개척하는 데 일부분을 담당했다는 것이다.

그는 "단편적이며, 탈근대적인 사고 유형의 영향을 받는 후기 자본주의 사회"에서 "성 정체성이 너무나 급속하게 변형되고" 있기 때문에, 이 책이 다루는 성 과학적이고 정신 분석학적인 유형화가 "장황해 보이기 시작"함을 인정한다. 그러면서 그가 꿈꾸는 것은 "예측할 수 없는 성적 쾌락"과 "아직 실현되지 않은 에로틱한 잠재성들"에 대해 "건설적으로 대응하는 것"이다.

사실 선사 시대를 그린 만화의 성적 표현이 지나치게 노골적이라는 이유로 유죄 판결을 내리는 사회, 즉 아직도 '외설성'이라는 것이 예술적 표현을 평가하는 중요한 잣대인 사회에서 브리스토우식의 '에로틱한 잠재성의 개발'이란 아직 요원한 목표인 것처럼 보인다. 그러나 우리 사회에도 신체, 욕망 등에 대한 관심이 점차 높아지고 있고, 연구자들이 따라 잡기 힘들 정도로 성에 대한 사고 역시 급격하게 변화하고 있는 만큼, 섹슈얼리티라는 개념이 등장했던 시기에서부터 최근의 논의에 이르기까지 일관되게 짚어 보고 있는 이 책의 가치와 중요성은 결코 적지 않다고 할 것이다.

이연정, 공선희

# 머리말

《섹슈얼리티》를 쓴 목적은 하나의 핵심적인 비평 용어에 결부된 의미와 신화를 간결하고 명료하게 소개하고자 한 것이다. 나는 광범위한 이론서들을 두루 섭렵하여, 다양한 학술적 입장들에 대해 공정하고 균형잡힌 표현을 제시하고자 노력해 왔다. 지면상의 한계를 감안한다면, 논의는 가능한 한 엄청나게 복잡한 논점들을 가장 직접적인 방식으로 압축해야 했다. 따라서 독자들이 이 다양한 영역에 대해 좀더 많은 통찰력을 가질 수 있도록, 가치있는 2차 자료들을 참고 문헌으로 수록하였다. 나는 일부 독자들에게는 익숙하지 않을 수도 있는 문화적 암시들에 대해서는 가능한 한 설명을 덧붙였다. 논의 가운데 언급된 많은 역사적 인물들의 출생 및 사망 일자도 밝혀 두었다.

이 책은 내가 1995~6년까지 스탠포드 대학 인문학 센터에서 선임 외부 연구원 자격으로 있는 동안 완성되었다. 센터의 소장 키이스 베이커 Keith Baker 와 행정 직원들 — 수 댐브로 Sue Dambrau, 그웬 로레인 Gwen Lorraine, 수잔 세버드 Susan Sebbard — 은 내가 머무르는 동안 특별한 환영을 받는다는 느낌을 갖게 해 주었다. 이 연구를 위한 조사는 스탠포드에 있는 세실 그린 도서관 Cecil H. Green Library 과 헨리 메이어 기념 도서관 J. Henry Meyer Memorial Library 직원들의 도움을 받았다. 센터의 두 동료들 — 에릭 오벌 Eric Oberle 과 제임스 포터 James I. Porter — 은 어떤 식으로든 도저히 찾을 수 없었을 자료들이 어디 있는지 친절하게 알려 주었다. 인문학 센터의 리처드 스코흐 Richard W. Schoch

는 집필 기간 동안 따뜻하고 지속적인 우정을 보여 주었다. 센터의 부소장 수잔 던 Susan Dunn은 내가 이 프로젝트를 마칠 때까지 구하기 어려운 책들을 개인적으로 복사할 수 있도록 빌려 주는 등 큰 배려를 베풀었다. 순서상으로는 마지막이지만 결코 마지막이 아닌, 탈리아 로저스 Talia Rodgers는 이전 편집자 존 드래커키스 John Drakakis가 그랬듯이, 너무나 끈기있고 후원적인 편집자였다. 이들 모두에게 감사를 표한다.

스탠포드 대학, 1996년 5월

15

# 서론

**섹슈얼리티란 무엇인가?** 이 둔감한 질문에 대한 답변은 매우 명쾌한 것처럼 보인다. 섹슈얼리티는 분명 섹스와 관련되어 있다. 그러나 섹스가 의미하는 바를 규정해야 한다는 압박을 받게 되면 상황은 다소 복잡해진다. 영어에서 섹스라는 단어는 분명 모호하다. 다양한 의미를 함축한 기호 *sign* 인 섹스는 성 행위('**성교하다** *to have sex*')를 가리킬 뿐 아니라, 남녀의 해부학적 차이('**하나의 성을 갖다** *to have a sex*')를 표시하기도 한다. 따라서 섹슈얼리티가 이 구별되는 이해의 개념틀 내에서 결부되는 방식에 관해 한번 더 생각하는 것이 현명할런지도 모르겠다. 섹슈얼리티는 성적 욕망을 지칭하는 것인가? 아니면 어떤 사람의 성별 존재 *sexed being* 를 가리키는 것인가? 만일 우리가 두 가지 질문 모두에 그렇다고 답한다면, 섹슈얼리티는 쾌락과 심리학, 환상과 해부학에 관한 관념을 포괄하는 것처럼 보일 것이다. 숙고해 보면, 섹슈얼리티는 내적 현상과 외적 현상, 정신 영역과 물질 세계 모두를 가리키는 용어로 등장한다. 섹스의 모호한 의미를 일단 접어 두면, 섹슈얼리티는 성별 육체(그 모양과 크기에도 불구하고)와 성적 욕망(그 다양성에도 불구하고)이 교차하지만 결국 분리되는 곳에 자리잡고 있다고 제안할 수 있다. 이러한 이중 관점에서 본다면, 섹슈얼리티에 존재하는 성별 육체와 성적 욕망에는 매우 많은 종류가 있다. 지난 수십 년 동안 이 엄청나게 중요한 용어가 서로 갈등 관계에 있는 비판적 관점들 간에 엄청난 논쟁을 낳았다는 것은 별로 놀라운 일이 아니다.

섹슈얼리티에 대한 다양한 이론적 접근들은 일단 접어 두면서, 이 책의 서론에서는 빅토리아 시대 후기의 성 과학 *sexology*에서부터 퀴어 *queer* 이론에 이르기까지 에로티시즘에 관한 20세기의 주요 논쟁들을 간략하게 살펴볼 것이다. 각 장은 주요 이론가들이 성적 욕망을 해석하는 가장 적절한 방법에 대해 왜 여전히 일치점에 도달하지 못하는지를 보여 준다. 어떤 이론가들은 섹슈얼리티가 인간의 기본 욕구 *need*를 표명한다고 주장하는가 하면, 다른 사람들은 그러한 가정이 어떻게 해서 최초로 발생하게 되는가부터 면밀하게 검토해야 한다고 제안한다. 섹슈얼리티는 생리적인 충동에서부터 언어의 구조에 이르기까지 매우 다양한 현상들과 관련해서 이해할 필요가 있다는 논쟁적인 주장이 나오기도 했다. 섹슈얼리티란 무엇인가 — 혹은 그 문제와 관련해서, 무엇이 되어야 하는가 — 에 대한 동의가 힘든 상태라는 사실은 수많은 의문들을 불러일으킨다. 다양한 에로틱한 행위 유형에 대해 갖는 끝없는 환상이 20세기에 나타나는 이유는 무엇인가? 비평가들은 섹스를 이해하기 위한 정교한 이론적 모델들을 고안하면서 무엇을 발견하고자 하는가? 그리고 왜 현대 사상가들은 우리의 일상 생활 속에서 섹슈얼리티가 갖는 의미에 관해서 그렇게 모순적인 결론에 도달했을까?

이러한 근본적인 쟁점들을 파악하기 위해서 섹슈얼리티가 언제, 어떻게, 왜 일종의 비판적 범주로서 그 정당성을 독자적으로 획득하게 되었는지를 검토하는 데서부터 시작하는 것이 좋겠다. 섹슈얼리티는 상대적으로 새로운 용어다. 이 단어는 섹스에 관한 인류학·과학·사회학 연구들이 그 어느 때보다 풍성해진 19세기 말 유럽과 미국에서 보편적으로 통용되었다. 초기의 과학적인 용례에서 섹슈얼리티는 에로티시즘이라는 의미를 지녔는데, '양성적 bi,' '이성애적' 혹은 '동성애적' 등과 같은 접두사와 결합되면서 특정한 욕망을 지닌 인간 유형들을 묘사하는 단어가 되었다. 그러나 지난 수 십년 동안 섹슈얼리티라는 명칭은 약간씩 다르게 사용되었으며, 섹슈얼리티가 나타났던 초창기의 다소 예기치 못한 맥락을 간략하게나마 숙고해 보는 것도 가치 있는 일일 것이다.

《옥스퍼드 영어 사전》을 잠시 들여다보면, 당신은 섹슈얼리티에 관한 최초의 기록이 1836년에 등장했음을 알 수 있을 것이다. 이 단어는 18세기 영국의 시인 윌리엄 쿠퍼 William Cowper (1731~1800) 의 선집에서 느닷없이 등장한다. 쿠퍼 선집의 편집자는 이 저명한 작가가 "식물들의 섹슈얼리티"에 의거해서 "식물의 삶 The Lives of Plants"이라는 제목의 "시를 지었다"고 기록한다. 이 편집자 주에서 섹슈얼리티가 의미하는 것은 "성적 특질 혹은 성교 the quality of being sexual or having sex"라고 제안한다. 그러나 이 구문 속에서 '성교'라는 것은 주로 식물에서의 그것을 가리킨다. 이 사례 자체만으로도 섹슈얼리티가 언제나 인간 영역에만 배타적으로 귀속되는 것은 아니었음이 분명하게 드러난다.

이보다 얼마 후에 나타난 섹슈얼리티의 용례는 우리를 약간 놀라게 한다. 《옥스퍼드 영어 사전》은 이 단어에 대한 세 번째 정의를 훨씬 친숙한 방식으로 나열하는데, "성적인 것에 대한 인지 혹은 편견 recognition of or preoccupation with what is sexual"이 그것이다. 그러나 여기에서도, 이 정의를 보강하기 위해 도입한 사례는 보편적이지 않은 방식으로 '성적인 것이란 무엇인가'를 표현한다. 영국의 작가 찰스 킹슬리 Charles Kingsley (1819~75)가 영국의 상황에 관해 쓴 논쟁적 소설 《대소동: 어떤 문제점 Yeast: A Problem》(1851)의 머리말에서 인용한 문장이다. "마호메트의 개념만큼이나 매우 실체적인…… 천국과 지옥, (이것은) 전적으로 순수한 섹슈얼리티를 결여한 채, 그의 개념을 논리적이고 일관성 있게 만든다." 이 문장은 킹슬리가 왜 섹슈얼리티를 논쟁의 여지가 있는 합리성과 연관시켜야만 했을까 하는 의문을 품게 만든다. 20세기에는 성이 인지 능력의 토대라는 생각은 거의 존재하지 않았다. 이와는 반대로, 몇몇 이론가들은 섹슈얼리티가 이성에 대립된다고 확신했는데, 섹슈얼리티는 솟아올라서 논리적 사유력을 뒤집을 수 있는 수력 水力을 행사하기 때문이라는 것이다.

만일 《옥스퍼드 영어 사전》의 두 사례가 어떤 가치를 갖는다면, 그것은 우리가 현재 섹슈얼리티를 바라보는 관점이, 비록한두 가지 예외는 있다 할지라도, 대부분 지난 세기에 발생했다는 것을 확증한다는 점이다. 예를 들어, 이 사전의 증보판은 영국의 시인이자 수필가인 사무엘 테일러 콜리지 Samuel Taylor Coleridge (1772~1834)가 1804년에 이미 《성찰 돕기 Aids to Reflection》에서 양성성 bisexuality이라는 용어를 채택했다고 기록한다. 이책에서 콜리지는 "**양성적 인간** homo androgynous의 아주 오랜 전통, 즉 태초의 인간은…… 양성적이었다"는 것에 관해 언급했다. 콜리지에게 있어서 '양성적'이라는 것은 명백히 하나의 몸에 양성을 다 가지고 있다는 의미였다. 비록 이러한 용법이 오늘날 완전히 유행에 뒤떨어진 것은 아니라 할지라도, 양성성이란 남녀 모두에게 끌리는 것을 의미한다고 보는 현대적인 관점과는 분명히 동일하지 않다. 1890년대에 가서야 비로소 섹슈얼리티와 다양한 접두어가 결부된 형태들이 성적인 인간 유형 및 에로틱한 매력의 종류들과 연관지어진다. 《옥스퍼드 영어 사전》증보판은 이성성 *heterosexuality*과 양성성이라는 단어 모두 최초로 영어라는 언어 속에 진입한 것은 오스트리아의 성 연구자 리처드 폰 크라프트에빙 Richard von Krafft–Ebing (1840~1902) 의 《성 정신병 *Psychopathia Sexualis*》의 1892년 번역판에서였다고 기록한다. 따라서 이 단어가 광범위하게 알려지기까지는 다소 시간이 걸렸으며, 그것들이 일반적으로 받아들여졌을 때에는 단지 성적인 선택 *sexual options* 으로서 인지되었으리라는 점은 명백하다. (양성성은 전문가들의 의학 서적이나 정신 분석학적 저서에서나 쓰일 뿐 공적인 시야에서는 사라지는 경향이 있었다는 점을 주목할 필요가 있다.) 이 사실은 영국의 소설가 J. R. 액커리 J. R. Ackerley (1896~1967) 의 《내 아버지와 나 *My Father and Myself*》에 나온 일화에서 분명해진다. 이 유명한 회고록에서 액커리는 1차 대전 (1914~8) 직후 한 친구가 "너는 호모냐 헤테로냐?"라고 물었을 때의 당황스러움을 회상한다. 액커리는 "나는 그 이전에 두 단어 가운데 어느 것도 들은 적이 없었다"고 말한다 (Ackerley, 1992: 117). 그러나 액커리가 지적했다시피, "이 질문에 대해서는 단 한 가지의 대답밖에 없는 것처럼 보였다." 비록 그가 "'동성애적'이라는 단어나 혹은 다른 명칭을 좋아하지 않았다"고 할지라도, 이제 그 용어는 그 자신이 "성 지도 *the sexual map*" 속에서 어디에 위치하는지를 정확하게 식별할 수 있게 만들어 준다고 주장한다. 그 결과 그는 "그 속에서의 자신의 위치"에 대해 "자랑스러운" 상태로 남을 수 있었다(Ackerley, 1992: 118).
액커리의 언급은 문화 질서 내에서 일관된 위치를 부여하는 동
성애적이라는 용어의 힘을 드러냄과 동시에 개인의 에로틱한
취향을 특정한 분류표에 갖다 붙이는 것에 대한 약간의 불만을
표현하는 등 성적인 이름 붙이기와 성적인 존재 간의 야릇한 긴
장을 분명하게 보여 준다. 이러한 긴장은 에로티시즘을 경험하
는 것과 그 경험을 포괄하는 범주 간에는 언제나 간극이 존재할
수 있음을 보여 준다.

　　이러한 쟁점은 섹슈얼리티를 연구하는 몇몇 영향력 있는
사학자들에 의해 탐구되어 왔다. 오늘날과 같은 의미에서의 섹
슈얼리티라는 용어의 등장에 대해 탐구하는 데 많은 시간을 보
낸 제프리 윅스Jeffrey Weeks는 "우리가 '섹슈얼리티'로 규정하
는 것은 역사적 구성물이라는 점을 잊지 않는 것이 중요"하다고
말한다(Weeks, 1986: 15). 윅스는 섹슈얼리티가 시대를 통틀어 알
려져 온 본질적인 인간 자질을 언급하는 것이라는 믿음에 대해
경고하면서, 섹슈얼리티는 "한때는 존재하지 않았고 미래의 어
느 날에는 또다시 존재하지 않을지도 모르는 '허구 단일체
*fictional unity*'"라고 주장한다. 다시 말해서, 섹슈얼리티라는 용
어는 잡다한 성적 욕망을 분류하고 결정하며 심지어 생산하는
데 대한 구체적인 관심이 증대할 때마다 한번씩 뚜렷해지는 역
사적인 부산물이라는 것이다. 결과적으로 그는 섹슈얼리티가
그 현재적 이름을 획득한 빅토리아 후기 이전의 문화들 속에서
의 에로틱한 삶을 논의하는 데 있어 전적으로 맞는 표현인지에
의문을 표한다.

　　이와 유사한 의식에서, 미국의 고전학자 데이비드 M. 핼
퍼린David M. Halperin은 고대 그리스 시대의 남성들 간의 에로틱

한 행위를 묘사하면서 호모 섹슈얼리티(동성애)라는 용어를 사용하는 것에 대해 지적한다. 헬퍼린은 호모 섹슈얼리티가 명백히 근대적인 구조물이라는 점을 깨닫고는 다음과 같이 말한다. "서구 외부에서나 혹은 현세기가 시작하기 훨씬 이전에 호모 섹슈얼리티의 고유한 역사가 없다는 것은 당연하다"(Halperin, 1990: 18). 헬퍼린은 많은 문화사학자들과 마찬가지로 그렇게 부담스러운 관용구를 사용하는 데 있어 나타날 수 있는 치명적인 위험에 대해 매우 민감하다. 호모 섹슈얼리티라는 용어는 규범적인 이성적 욕망과는 의견을 달리하는 반테제로 종종 간주되어 왔기 때 문에, 과거의 사회들이 동일한 성을 가진 사람들 간의 에로틱한 관계를 어떻게 개념화했는지를 이해하는 데 있어서 그 용어가 총체적으로는 적절하지 않을 수도 있다. 윅스와 마찬가지로 헬퍼린도 섹슈얼리티라는 단어 그 자체는 현세기 이전의 성적 질서에 적용될 때 오직 제한적인 분석력밖에 갖지 못할 것이기 때문에, 무엇보다 우선적으로 고유의 특정한 역사적 맥락에서 이해할 필요가 있다는 관점을 발전시킨다.

1장은 섹슈얼리티의 부흥이 매우 근대적인 현상이라는 점을 부각시키기 위해서, 1860년대부터 20세기 초반이라는 특정한 시기의 성 과학의 발전에 대해 검토할 것이다. 성 과학은 다양한 욕망과 성적 유형의 명칭과 본질을 알고자 노력하는 과학이었으며, 성 과학이 창출해 낸 광범위한 용어는 오늘날까지 그 영향을 미치고 있다. 성 과학은 양성애, 동성애, 이성애적 현상들에 대한 공적인 관심을 끌어 냈을 뿐 아니라, 사디즘과 마조히즘을 포함하는 도착적 행위들에 대해서도 연구하였다. 성 과학 책들은 자신들의 에로틱한 욕망에 관해 놀랄 만큼 솔직하게 폭로하는 남녀들을 다룬 병력들을 집계하면서, 성 도착 행위들을 분류하는 데 지나치게 긴 언설을 늘어놓기도 했다. 셸 수 없이 많은 이런 종류의 책들은 광범위한 성적 유형과 관습들을 묘사하기 위해 인상적이고 때로는 경직된 용어 체계를 제공했다. 그러나 이러한 책들이 언제나 자신들이 탐구한 현상들에 찬사를 보냈던 것은 아니다. 초기 성 과학은 종종 의학에 상당히 의존했기 때문에, 특정한 성 행위들을 질병의 범주로 분류하는 경향이 있었다. 성 과학이 성적 행위의 병리학적 유형들로부터 그 강조점을 결정적으로 옮기게 되기까지는 수십 년이 걸렸다. 이에 비해 성 과학적인 전통 속에서 이루어지는 근대의 과학적 연구들은 흔히 일탈적인 욕망들에 대해 질병으로 표현하는 것을 삼가하려고 노력한다. 그러나 이러한 종류의 책들은 자신들의 자유주의적인 몸짓에도 불구하고 여전히 빅토리아 시대 조상들이 확립했던 연구 유형들을 추종하는 경향이 있다. 그들은 때때로 성 행위를 측정할 수 있는 규준을 찾기 위해 고심하면서, 에로틱한 현상의 놀랄 만한 영역을 유형화하려는 노력을 되풀이한다. 성적인 조언을 제공하는 대중적인 저작물들도 대체로 이와 동일하다. 오늘날 성에 관한 안내서를 쓴 저자들은 성 과학자들이 섹슈얼리티의 궁극적인 목적이라고 동의하는 이벤트인 오르가슴에 이르게 하는 테크닉들, 즉 이미 시도되고 검증된 테크닉들을 개발하는 데 초점을 맞춘다. 1장에서는 요즘의 성 과학적 연구들이 아무리 판단 배제적인 것이 되었다고 할지라도, 성 과학의 영역 내에 있는 연구들의 범위는 성적 자극의 형태들을 측정하고 성적 욕망의 종류들을 분류하는 것 이상은 하지 않는다고 설명한다. 에로티시즘에 관한 우리의 지식을 넓히고 싶어하는 분류학적인 *taxonomic* 열망에도 불구하고, 성 과학은 불행하게도 자신이 평가하려는 모든 유형의 성 정체성과 행위들을 연구하고자 할 때 제한적인 설명력만을 갖게 된다.

20세기로 전환된 이래, 만일 성 과학 이상으로 섹슈얼리티에 대한 우리의 이해를 높여 준 지식의 영역이 있다면, 그것은 분명 정신 분석학이다. 초기의 성 과학자 세대들을 매혹시켰던 연구 영역인 19세기 유전 과학으로부터 자신의 분석적 방법을 분리시키려고 지그문트 프로이트 Sigmund Freud (1859~1939) 가 얼마나 힘겹게 노력했는지 (그리고 때로는 실패했는지)를 드러내면서, 무의식에 관한 프로이트의 연구를 2장에서 가장 먼저 검토한 이유는 바로 이것이다. 프로이트의 오이디푸스 콤플렉스와 거세 콤플렉스 이론의 막강한 영향력을 설명하고 나서, 논의는 프로이트의 계승자인 자크 라캉 Jacques Lacan (1901~81) 에 의해 고안된 비판적 용어들의 난해한 영역 속으로 들어간다. 라캉의 연구는 욕망을 의미 작용 *signification* 의 영역 속에 위치지움으로써 정신 분석학을 그 과학적 유산으로부터 마침내 해방시켰다. 그의 연구는 많은 측면에서 프로이트에 의해 시작된 주요 과제들 가운데 하나, 즉 생물학적 기제로부터 에로티시즘의 분리를 완성한다. 정신 분석학은 섹슈얼리티가 재생산과 분리되어 이해되어야만 하는 이유를 상세하게 설명한 최초의 이론 체계였다. 장 라플랑시 Jean Laplanche 와 장 베르트랑 퐁탈리 Jean-Bertrand Pontalis 는 정신 분석학적 사고에 대한 가장 명쾌한 안내서에서, 성적 욕망은 인간을 종족의 영속으로 몰고 가는 생물학적 본능과 왜 화해할 수 없는지를 검토한다.

만일 누군가가 섹슈얼리티를 본능으로 규정하는 일반적으로 공유된 관점, 즉 그 종족을 상징하며 상대적으로 고정된 '대상 *object*' (반대 성의 파트너)과 '목적 *aim*' (성교를 통한 생식기의 결합)이 있는 이미 결정된 행위라는 의미에서의 섹슈얼리티 개념에서 출발한다면, 이러한 접근은 분석을 통한 것 못지 않게 직접적인 관찰을 통해 드러나는 많은 사실들을 매우 부적절하게 설명할 뿐이라는 점이 머지않아 명백해질 것이다 (Laplanche & Pontalis, 1973: 419).

섹슈얼리티가 왜 반드시 재생산적인 목적에만 맞추어지지는 않는가에 대해 주의를 기울임으로써, 정신 분석학은 에로틱한 쾌락의 기원을 유아기로까지 거슬러 올라가서 찾는 모델을 발전시킨다. 프로이트와 그의 뒤를 이은 라캉은 인간이 어떻게 특정한 성 정체성을 확립해 가는지를 이론화하면서, 성적 충동의 조직화는 우리가 세상에 나오는 순간에 시작된다는 점을 드러낸다. 정신 분석학에 의하면 성감대 *erogenous zone* 의 초기 발달은 성인기까지 지속되는 정신적 각인을 보유한다. 섹슈얼리티에 의해 만들어진 최초의 인상이 그렇기 때문에, 성인들이 그들 최초의 것이자 따라서 가장 강력한 무의식적 욕망을 관리하는 것은 때때로 힘든 것으로 판명될 수 있다고 정신 분석학은 믿는다. 이러한 중요한 발상들을 뒷받침하기 위해서, 프로이트는 자신이 오이디푸스 콤플렉스와 거세 콤플렉스라고 불렀던 두 개의 상호 의존적인 구조를 밝혀 냈다. 이와 유사하게도 라캉은 그가 남근 *phallus* 이라고 이름 붙였던 문화적 권위의 1차적 상징을 둘러싸고 섹슈얼리티가 구조화된다고 주장하였다. 두 사람 모두 해부학적 페니스의 중심성, 페니스 선망의 심리학, 남근의 상징적 권력을 전적으로 당연시하는 패러다임을 발전시켰다는 이유로 악명을 떨쳤다. 정신 분석학적 남근 중심주의 *phallocentrism* 는 1920년대 후반과 1930년대 초반, 그리고 1960년대 후반에 다시 시작되어 이후로 줄곧 페미니스트들 사이에서 격렬한 논쟁의 주제가 되었다. 2장의 종결부는 프로이트주의 이론과 라캉주의 이론을 각각 흡수하고 있는 페니스와 남근에 관한 서로 다른 페미니스트 관점의 범위에 관해 다룬다. 일부 페미니스트들은 이러한 복잡한 연구 체계가 대부분 가부장적 지배의 징후라고 주장하는 반면, 다른 페미니스트들은 정신 분석학이 서구에서 성적 불평등을 영속화시키는 데 일조하는 문화적 메커니즘과 정신적 메커니즘 둘 다에 관한 중요한 단서를 제공한다고 주장한다.

정신 분석학이 주는 주요한 교훈들 가운데 하나는 섹슈얼리티가 파괴적이라고까지는 할 수 없겠지만 거친 충동으로 구성되어 있으며, 이 충동의 초기 형성은 때로는 성인이 되어서도 제거할 수 없는 것으로 판명될 수 있다는 것이다. 서로 상반된 리비도가 사활을 건 투쟁에 휘말려 있다는 프로이트의 신념은, 에로티시즘이 폭발하기 쉬운 조건에 관한 후속 논의의 많은 부분을 형성하게 된다. 프로이트의 죽음 충동에 관한 강력한 이론으로 시작하는 3장은, 창조와 파괴의 역학 속에 사로잡힌 충동적 에너지의 무한한 원천으로서의 섹슈얼리티에 초점을 맞춘 두 개의 주목할 만한 논쟁을 끌어들인다. 논의의 첫번째 부분은 섹슈얼리티가 삶과 죽음 사이에서 격렬하게 동요하는 이유를 해명하려고 노력했던 조르주 바타이유 Georges Bataille (1897~1962), 질 들뢰즈 Gilles Deleuze (1930~95), 그리고 펠릭스 가타리 Félix Guattari (1930~92)를 포함하는 몇몇 아방가르드 이론가들의 저작을 살펴본다. 3장의 두 번째 부분은 욕망의 생명 부여적이고 죽음 관련적인 측면에 관한 이 풍부한 논의가 어떻게 해서 포르노그라피에 관한 현대의 페미니즘 논쟁에서 가장 선명하게 나타나는지를 드러낸다. 포르노그라피는 의심할 여지없이, 에로틱한 욕망의 유해하거나 해방적인 효과에 관한 페미니스트들의 의견을 지속적으로 분열시킨다. 포르노그라피를 반대하는 많은 급진적 페미니즘 운동가들은 한편으로는 포르노그라피가 폭력적인 성 범죄를 반복적으로 조장하며, 따라서 그것이 유발하는 심각한 해악에 대한 법적 보상이 요구되어야 한다고 주장한다. 다른 한편으로는 처벌에 중점을 둔 국가의 검열 제도에 대항해 싸우는 데 열심인 자유주의적 페미니스트들이 포르노그라피에 긍정적인 측면이 있다고 주장한다. 그들은 몇 가지 유형의 생생한 성적 표현물은 여성으로 하여금, 그것이 아니라면 가부장적 사회 속에서 억압되어 버렸을 욕망을 탐구하고 해방시킬 수 있게 한다고 믿는다.

그러나 섹슈얼리티가 어떻게 성적인 욕망을 억압하거나 혹은 자유롭게 하는가에 대한 이러한 광범위한 강조는, 프랑스 사회 이론가 미셸 푸코 Michel Foucault (1926~84) 에게는 서구 사회에서 권력이 조직화되어 온 수단에 지나지 않는 것이었다. 푸코는 《성의 역사 The History of Sexuality》(1976~84) 에서 에로티시즘의 폭발적 상황에 관한 정신 분석학자들과 철학자들의 주요한 논의 가운데 일부를 만들어 낸 역사적 상황을 눈여겨 보라고 말한다. 4장은 푸코가 섹슈얼리티를 비판적 범주로 탈신비화하기 위해 채택한 독특한 방법들을 검토한다. 권력 내재적인 power-laden 담론들이 어떻게 욕망을 구조화하는가에 대해 집중함으로써, 그는 프로이트에서부터 현대 페미니스트들에 이르기까지 많은 사상가들이 거의 동일한 결론, 즉 격렬한 성적 욕망은 필연적으로 억압과 해방의 체계에 갇혀 버린다는 결론을 내리게 했던 개념 체제 conceptual regimes 를 면밀하게 살펴본다. 푸코는 성이 "우리의 영혼보다, 우리의 생명보다 더 중요하다"고 믿게끔 현시대를 설득해 온 문화적 역학을 거듭 탐구한다 (Foucault, 1978: 156) . 이러한 발상은 너무나 강력한 것이어서, 우리로 하여금 "인생 전체를 성과 맞바꿔야" 한다고 생각하게 만든다고 푸코는 말한다. 그는 20세기의 수많은 지식인들로 하여금 "성 [s]ex 이란 목숨을 결 만한 값어치가 있다"는 생각에 동의하게끔 만든 것은 무엇이었을까라고 질문한다.

섹슈얼리티 같은 개념들이 얼마 만큼 강력하게 우리들의 삶을 지배하는가를 날카롭게 인식한 푸코는 에로틱한 행위와 정체성, 그리고 스타일이 인간 존재에 근본적인 것이라고 공언하는 영향력 있는 신념들의 정치적 허구를 검토한다. 그 과정에서 푸코는 섹슈얼리티가 어떻게, 그것의 광범위한 수용이 사회 질서를 규제하는 데 있어 결정적인 역할을 담당해 온 명료한 범주로 등장하게 되었는지에 대해 지속적으로 관심을 기울인다. 비록 푸코는 에로티시즘을 마치 젠더 *gender* 로부터 분리된 것처럼 다룬다는 이유로 종종 강력한 비판을 받기도 하지만, 그럼에도 불구하고 그는 성적 욕망에 부여된 의미들에 의해 지지되는 문화적 이해에 대항하고자 하는 후세대 페미니스트와 퀴어 이론가들에게 영감을 불러일으켰다. 이러한 측면에서 주디스 버틀러 Judith Butler, 게일 루빈 Gayle Rubin, 이브 코소프스키 세지윅 Eve Kosofsky Sedgwick 같은 비평가들은 근대 사회가 남성 혹은 여성, 남성적 혹은 여성적, 이성애적 혹은 동성애적인 것의 의미에 대한 본질주의적인 정의를 기꺼이 받아들여 온 이 문제투성이 방식에 대해 깊은 관심을 기울여 왔다. 그들의 연구는 우리가 왜 에로틱한 정체성과 관습들에 관한 근대적인 접근을 지배해 온 욕망에 관한 본질주의적 가정을 부자연스러운 것으로 만들 필요가 있는지를 밝혀 주는 일련의 활기찬 비판적 탐구의 최선두에 서 있다.

다음 세기를 앞둔 이 시점에서, 서구가 오랜 세월 동안 섹슈얼리티를 이해해 왔던 기존 범주들이 이제는 상당한 긴장 속에 놓여 있다는 것을 의심할 사람은 거의 없을 것이다. 단편적이며 탈근대적인 사고 유형의 영향을 받는 후기 자본주의 사회에서 성 정체성은 너무나 급속한 변형을 경험하기 때문에, 한때 쉽게 받아들여졌던 성 과학적이고 정신 분석학적인 유형화가 이제는 장황해 보이기 시작한다. 현재 성 정체성이 얼마나 다양화되고 있는지를 보여 주기 위해서, 결론부에서는 양성성, 성 전환 *transgender* 논쟁, 그리고 유색 인종의 성적 공동체 등에 관한 풍부한 논쟁들을 간략하게 살펴보는데, 이 모든 것들은 계속해서 자신들의 욕망을 그릇되게 표현하는 시대 착오적인 용어들에 대해 이의를 제기한다. 이렇게 점점 더 가시화되는 에로틱한 소수 집단들은 현재의 연구에 중요한 함의를 지닌다. 이 책은 섹슈얼리티라는 범주가 사용되어 왔던, 때로는 강압적인 이론적 용법을 검토함으로써 많은 것을 얻을 수 있다는 가정에서 출발한다. 만일 우리가 이 개념에 어떤 일이 일어났는가를 이해할 수 있다면, 예측할 수 없는 성적 쾌락과 아직 실현되지 않은 에로틱한 잠재성들에 대해 건설적으로 대응하는 것도 틀림없이 가능해질 것이다.

# 1

## 성 과학적 유형들

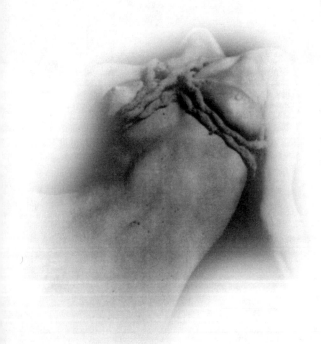

**성적 분류들**

산업화된 나라의 대형 서점에 가 보면, 성 행위에 관한 연구서
들이 비치된 서가 서너 개 (비록 그 이상은 아닐지라도) 정도는
어느 곳에서도 쉽게 발견할 수 있다. 그런 책들은 심리학 코너
에 있는 경우가 많지만, 성 과학이라는 보다 전문적인 제목 아
래 함께 묶여 있는 경우도 있다. 여기에서 당신은 동성애자나
이성애자들에게 성적 기교에 관한 통속적인 조언을 제시하는
알렉스 콤포트 Alex Comfort 의 《섹스의 기쁨 *The Joy of Sex*》(1972)
최신판을 포함하는 일련의 저서들을 발견할 수 있을 것이다. 특
히 1960년대에는 성 행위와 성적 쾌락의 증대에 관해 지도해 주
는 '비법'류의 책들이 그 어느 때보다 증가하였다. 그런 책들은
적어도 마리 스톱스 Marie Stopes (1880~1958) 가 쓴 《부부애: 성 문
제의 해결을 위한 새로운 헌사 *Married Love: A New Contribution to the
Solution of Sex Difficulties*》(1918) 가 나온 이래 꾸준하게 인기를 누려

왔다. 이 베스트셀러는 인간의 성적 잠재성에 관한 일반 지식을 확장시킨 최초의 책에 속한다. 그리고 성적 만족이 인간의 근본 욕구라고 거듭 주장하는 그런 책들이 궁극적으로 해방적인 것인가 혹은 억압적인 것인가에 대해서는 여전히 의문의 여지가 있다. 성 문제에 관한 비슷한 종류의 안내서는 젊은 사람들을 겨냥한 잡지의 상담 칼럼에서부터 생방송으로 진행되는 '성인용' 라디오 토크 쇼에 이르기까지 대중 매체 속에서 끊임없이 유포된다. 지금은 에로티시즘에 관한 다양한 정보를 얻을 수 있는 기회가 충분하다는 점을 전제한다면, 성 과학 — 섹슈얼리티에 관한 과학 — 이 19세기 후반에 처음 나타났을 때 이런 종류의 지식이 얼마나 위험한 것으로 간주되었을지를 가늠하는 것은 힘들 수도 있다.

　　재니스 어빈 Janice Irvine에 따르면, 현재 성 과학은 "섹슈얼리티와 관련된 연구자, 임상 의학자, 교육자 등 여러 전문 분야로 구성된 집단의 활동을 가리키는 포괄적 용어"로 기능한다 (Irvine, 1990: 2). 오늘날 성 과학 관련 회의들은 좀더 안전한 섹스를 주창하는 사람들에서부터 비뇨기과 의사에 이르기까지 매우 다양한 기술을 가진 광범위한 부류의 사람들을 함께 불러모은다. 그러나 언제나 그랬던 것은 아니다. 성 과학은 무엇보다도 성병의 여러 측면들을 연구하는 과학자들의 논쟁적인 연구와 관련되었다. 독일어로는 *Sexualwissenschaft*로 알려진 성 과학이라는 단어는 독일의 의사이자 역사가이며 성 연구자인 이반 블로흐 Iwan Bloch (1872~1922)에 의해 이름 붙여졌는데, 그의 연구 가운데는 영국인의 성 습관에 대한 익살스럽지만 매력적인 연구가 있다(1901~3년 발행). 성 과학은 본래 인간의 성적 유형(양성애, 이성애, 동성애 그리고 그 변형들)과 성적 욕망의 형태들(페티시즘 *fetishism* [이성의 몸의 일부나 옷 따위로 성적 만족을 얻는 심리. ─옮긴이], 마조히즘, 사디즘 등)의 범위를 분류하는 정교한 서술 체계를 개발하는 일종의 과학을 가리켰다. 블로흐의 《우리 시대의 성 생활The Sexual Life of Our Times》(1907)은 다양한 성적 현상을 과학적으로 설명하려 했던 탁월한 저작 가운데 하나이다. 그러나 자신의 주장을 뒷받침하기 위해 과학적 권위에 의지했던 많은 연구서들과 마찬가지로, 그의 책 역시 사회 곳곳에서 상당한 적대감에 직면했다. 1880년대부터 1920년대까지 나온 많은 성 과학 텍스트들의 과학적 의도와 그 도덕주의적 평가 간의 불일치가 너무 심했기 때문에, 이 비중 있는 학술서들은 서구 문화의 주요한 불안거리의 중심을 향해 내달렸다고 말할 수 있다. 스스로를, 성 과학이 그 과학적 권위 속에서 발견하게끔 되어 있는 것을 숨겨 버린 존경받을 만한 사람으로 간주하는 사람들 간에 지속적인 투쟁이 있었기 때문이다.

바로 이러한 이유 때문에 하브록 엘리스Havelock Ellis (1859~1939)가 비평가이자 시인인 존 애딩턴 시몬즈 John Addington Symonds(1840~93)와 함께 쓴, 가장 상세한 성 과학적 연구서 가운데 하나인 《성 도착 Sexual Inversion》(1897)의 복사본을 판매했던 런던의 서점 주인을 1898년 비밀 조사중이던 경찰이 체포한 것이다. 당시에는 동성애same-sex 욕망의 복잡한 유형을 드러내는 일련의 사례 연구를 세상에 내놓는 것이 결코 순조롭지 못했다. 그 때는 아일랜드 출신의 작가 오스카 와일드 (1854~1900)가 언론으로부터 대대적인 비난을 받았고, 급기야 다른 남자들과 '엄청난 외설'을 범했다는 이유로 2년 형을 받고 감방으로 보내진 지 겨우 3년이 지난 뒤였다. 그러한 '엄청난' 동성애 행위는 1885년 형법 개정안에 따라 — 공적으로든 사적으로든 — 범법 행위로 규정되었다. 책이 압류된 이래, 동성애에 대한 엘리스의 자유주의적 탐구는 영국에서 다시는 출판되지 못했다. 나는 이것이 1967년에 최초로, 그리고 1994년에 다시 한 번 남성 동성애를 부분적으로만 해금한 나라에서, 동성애 욕망에 관한 진지한 공적 논의를 철저하게 금지하는 신호였다고 생각한다.

성 과학적 책들은 근대 사회의 좀더 보수적인 분파 가운데 상당수는 듣지 않으려고 할 성 행위에 관한 사실들을 밝힌 것으로 명성을 떨쳤다. 예를 들면, 20세기 중반에 나온 최초의 킨제이 보고서 《남성의 성 행위 Sexual Behaviour in the Human Male》 (1948)는 미국의 성인 남성 가운데 37%가 동성애적인 행위를 통해 오르가슴에 도달한다는 것을 보여 주기 위해 엄청난 양의 통계 자료를 첨부하였다. 하지만 그러한 자료는 당시 지독히 동성애 혐오적인 미국 문화에 맞닥뜨려져서 사라져 버리고 말았다. 이로부터 몇십 년 후, 《하이트 보고서: 여성 섹슈얼리티에 관한 전국적 연구 The Hite Report: A Nationwide Study of Female Sexuality》 (1976)는 대부분의 미국 여성이 이성 간의 성교를 통해 오르가슴에 도달하지 못한다 — 베스트셀러가 되지 못했던 이전의 많은 성 과학적 연구들도 밝혀 보려고 노력했던 사항이다 — 고 발표하여 엄청난 반향을 불러일으켰다. 전문 학술지들뿐 아니라 신문, 여성 잡지들도 쉬어 하이트 Shere Hite 의 발견에 신속하게 반응했다. 이러한 종류의 성 과학적 책들은 통계적 분석에 익숙지 않은 대부분의 사람들로서는 평가하기 힘들 만큼 엄청난 양의 정보를 담고 있음에도 불구하고 점점 더 대중적인 관심을 끌었다. (사실 사회 과학자들은 하이트의 연구 방법에 상당한 문제점이 있다고 지적했다.) 기념비적인 '보고서'로 표현된 이들 책들은 사회에서 흔히 처음에는 받아들이기를 꺼려하는 유쾌하지 않은 성적 진실들을 폭로하는 것에 대한 공식적인 승인을 받고자 했다. 그러한 연구의 방대함과 중량감은, 만일 연구자들이

점증하는 자료들을 계속 축적해 간다면 그것에 관해 그만큼 더 많이 알 수 있을 것이라는 확실한 인상을 여러 방식으로 심어 주었다.

성 과학은 그 태동에서부터 근대 사회에 모순적인 유산을 남겨 주었다. 성 과학은 한편으로는 성적인 문제를 정서적으로 혹은 육체적으로 해결하는 방법에 대한 유용한 기교적 조언까지 제공해 주고, 사회의 모든 수준에서 성에 관해 보다 광범위하고 진지하게 토론할 수 있게 하는 데 중요한 역할을 담당해 왔다. 다른 한편으로는 성적 적합성이나 부적합성, 일탈이나 정상을 가늠하기 위해 사용하는 과학적 방법들의 역사적 우연성에 대해 종종 걱정스러울 정도로 둔감하다. 사람들은 — 1890년대부터 1990년대까지 내내 — 성 과학적 저술들이 인간의 성적 능력에 관한 어떤 영원한 진실을 만들어 내고자 한다는 것을 거듭 발견한다. 그런 책들은 우리의 섹슈얼리티를 측정할 수 있는 보편적인 기준이 존재한다고 암시하면서, 에로틱한 감흥의 빈도와 강도라는 측면에서 평균적인 행위를 구성하는 것으로 간주되는 것에 관한 거짓된 관념들로 언제나 가득 차 있다. 성 과학적 책들은 곧잘 성 행위와 기능에 관한 자료의 양에 관심을 집중시키기 때문에, 성 과학 *sexual science*이 기하 급수적으로 증가시킨 범주화 체계에 대해 섹슈얼리티가 어떻게 혹은 왜 저항할 것인지에 대해 지속적으로 고려한다. 사회 과학자들이 자신들의 통계적 증거를 '정확한 정보'라고 제시하면서 갖는 확신을 보려면, 1994년에 발간된 《섹슈얼리티의 사회적 구조 *The Social Organization of Sexuality*》 같은 매우 간결한 책을 보기만 하면 된다. 비록 그 저자들은 "사람들이 성적으로 무엇을 해야만 하는지에 관한 판단"을 내리는 윤리적인 일이 자신들의 임무는 아니라고 주장하지만, 그들은 섹슈얼리티가 모든 유형의 '성 행위 *sexual conduct*'를 포함하는 완벽하고 가능한 범주라고 가정한다(Laumann et al., 1994: xxx xxxi, 31). 그들은 섹슈얼리티가 성적 활동성 *sexual activity*을 의미한다고 가정하기 때문에, 성적 파트너의 (교체) 빈도, 성적 접촉으로 전염된 질병들, 섹스와 생식력, 섹슈얼리티에 대한 규범적 지향 같은 제목으로 집단적으로 분류한다. 그들은 이러한 자료들을 체계화하는 자신들의 방법 속에 존재하는 1세기 이상이나 각인되어 온 편견들에 대해서는 거의 의문을 제기하지 않는다. 따라서 그 책을 읽은 사람들이 섹슈얼리티라는 개념을 최초로 발생시킨 문화적 조건과 이데올로기적인 압력을 이해하기는 여전히 어렵다.

성 과학적 전통에 대해 가장 예리하게 설명한 비평가는 레오노르 티퍼 Leonore Tiefer인데, 그는 비뇨기과적 의료 행위에 대한 해박하고 전문적인 경험이 있었다. 알프레드 C. 킨제이 Alfred C. Kinsey (1894~1956)와 그 후계자들의 연구를 소상히 알고 있던 티퍼는 이런 연구들이 분석 영역 속에 무엇을 포함해야 하는지를 정확하게 밝혀 내는 데 계속 실패하고 있다며 불만을 표시했다.

> 섹슈얼리티 연구에 있어 가장 기본적이고, 또한 가장 어려운 측면은 주제를 정하는 것이다. 무엇이 포함되어야 하는가? 육체는 얼마나 관련되어 있는가? 인생 주기는 얼마나 관련되어 있는가? 섹슈얼리티는 개별적 차원인가 혹은 관계의 차원인가? 어떤 행위, 사고, 혹은 감정을 성적인 것으로 규정할 것인가 — 일방적인 눈길? 포옹? 유명인에 대한 백일몽? 학대에 대한 두려운 기억? 만일 가능하다면, 우리는 언제쯤 동물과 인간에 대해 유사한 언어를 사용할 수 있을까? (Tiefer, 1995: 20)

티퍼가 말하는 것은, 성적인 것으로 해석되거나 해석될 수 없는 것의 한계가 어디까지인지를 거의 질문하지 않는 고도로 발전된 연구 전통으로부터 물려받은 가정과 편견, 그리고 명백한 선입견들에 관해 현대 성 과학이 조심스럽게 숙고해야 한다는 것이다. 그녀의 논점은 성 과학자들이 흔히 채택하는 모델은 그들이 설명하려는 현상들에 적합하지 않는 것이 당연하다는 것이다. 그녀는 사회학자 존 개그넌 John Gagnon과 윌리엄 사이먼 William Simon이 《성 행위: 인간 섹슈얼리티의 사회적 원천 Sexual Conduct: The Social Sources of Human Sexuality》(1973)에서 "우리들의 주의를 학습되고 계획된 외부 자료들 쪽으로 끌기 위해서 어떻게 연극 대본의 은유"를 채택했는지에 대해 주목한다. 그러한 은유들이 지닌 문제점은, 섹슈얼리티를 묘사하는 '충동 drive'과 '본능 instinct' 같은 용어의 일반적인 사용법과 마찬가지로, "연구자, 학자, 그리고 독자의 주의를 확실한 가능성 쪽으로 돌린다"는 것이다 (Tiefer, 1995: 20~1). 성적인 '충동'은 '선천적인' 것으로 간주될 경우 외적인 자극에 따라 특정한 목표를 향한 노선을 따르는 것처럼 보일 수 있다. 개그넌과 사이먼의 《성 행위》는 그처럼 유도적인 용어를 사용하면서 그 속에 담긴 가정들을 애써 엄밀하게 조사하지 않는다. 이런 종류의 수많은 연구서들은 아직 논의 중인 성적 현상과 그에 대한 적절한 이론적 모델 간의 부조화를 깨닫지 못하고 있다고 티퍼는 주장한다. 그녀가 보기에, 이러한 형태의 불일치가 가장 뚜렷하게 드러난 것은 1973년에 미국 정신 의학 협회 (American Psychiatric Association)에서 벌어진 싸움이었다. 그 한 해 동안, 동성애를 정신 장애로 분류하려는 노력이 경주되었다. 티퍼가 말하는 것처럼, 특정한 성 행위나 성 정체성, 성 유형이 정상이냐 변태냐 하는 것은 그것을 관찰하는 해석 렌즈에 크게 의존한다.

이러한 일반적 진술 가운데 일부를 상세히 논하기 위해서, 나는 무엇보다도 성 과학의 일부 주목할 만한 초기 저작을 괴롭히는 보다 뚜렷한 문제점들을 탐구하고자 한다. 비록 우리에게는 최초의 성 과학자들이 먼 과거의 유물처럼 느껴지지만, 그들의 개념과 서사적 구조는 많은 측면에서 오늘날까지 지속되고 있다. 이러한 성 과학의 기초 저작들 속에서 우리는 문화적 현상으로부터 자연적 진실을 도출하려는 엄청난 노력을 발견하게 된다. 이들은 서구 사회가 특정한 역사적 조건 속에서 발생한 풍습과 관행들을 발전시켜 왔다는 생각을 진척시키기보다는, 자신들의 문화가 인간 본성을 해석하는 매우 알기 쉬운 지도를 제공했다고 종종 믿었다. 이러한 목적을 위해서 그들은 논쟁의 여지없는 자연스러운 섹슈얼리티 상태에 이르는 명료한 접근법을 제공해 줄 것이라고 생각되는 장치를 채택하였다. 그들은 무엇보다도 개별적인 인간 주체의 내부로부터 분출되는 욕망의 핵심을 끌어 내기 위해서 육체적 행위들을 면밀히 검토하였다.

성 과학적 연구에서 특히 중요한 것은 병력 *case history*이라고 알려진 장르이다. 여기에서 연구의 주체는 그녀 혹은 (보다 일반적으로는) 그의 정신적 – 성적 *psycho – sexual* 발달에 관한 전기적 사실들을 구성할 수 있다. 이러한 주목할 만한 담론 형식은 흔히 남성과 여성이 자신들의 성적 존재의 부끄러운 내면의 진실을 증언하는 고백 형태를 띤다. 병력이 어떻게 장르적이고 서술 관습에 따라 정보를 형성하며 조작하는 표상의 구조 그 자체가 되는지에 대해 성 과학자들이 숙고하는 것을 발견하는 것은 정말 흔치 않은 일이다. 성 과학자들은 연구 중인 주제가 특정한 결론 쪽으로 유도될지도 모른다는 것에 대해 서슴지 않고 의문을 나타낸다. 결국 성 과학자들에 의해 사용되는 관습이 각각의 사례를 담고 있는 역사를 특징짓는 선형적 *linear* 이고 발전적인 형태 속에서 말해질 수 있는 것과 말해질 수 없는 것을 어느 정도 결정한다.

그러나 성 과학자들이 자연적 사실로 간주되는 것을 문화적 현상으로부터 추출하기 위해 채택하는 탐색 도구로 병력만이 유일한 것은 아니다. 초기의 성 과학적 책들은 1860년대에 정립된 학문 분과인 비교 인류학에서 엄청나게 분류된 자료들을 광범위하게 — 무차별적이라고 말할 수도 있는 — 끌어들임으로써 자신들의 주장을 구체화시키기도 한다. 우리는 그러한 저작들에서도 역시 성적 행위의 문화적 표출 *manifestation* 과 자연적 조건으로 간주되는 것을 연관시키는 경향이 뚜렷이 나타남을 확인할 수 있다. 연구가 이어지면서, 성 과학자들은 사회 진화론이라는 견지에서 섹슈얼리티를 설명하는 단어인 성 본능의 원초적 특징을 보여 주고자 했다. 영국의 저술가 허버트 스펜서 Herbert Spencer (1820~1903) 에 의해 발전된 사회 진화론은 1870년대부터 1930년대까지 엄청난 영향력을 입증한 바 있는 학설인 '적자 생존'을 강조한다. 성 과학자들은 문명 사회의 본원적 핵심에 관한 논의를 추구하지 않았을 때에도 종종 교미와 짝짓기, 그리고 재생산적인 목적을 관찰하기 위해 생물학적 자료들을 널리 끌어들였다. 이러한 측면에서 보면 킨제이 — 20세기에 등장한 가장 특출한 성 과학자 가운데 한 사람인 — 가 동물학자로 학계에 입문한 것은 우연이 아닐 것이다. 그의 초기 연구는 다름 아닌 장수말벌에 관한 것이었다.

그렇다면 이러한 쟁점들을 염두에 두고 성 과학의 일반 영역에 속하는 4개의 상이한 저작들의 몇 가지 주목할 만한 측면을 검토해 보기로 하자. 나는 독일 성 해방론자인 칼 하인리히 울리히스 Karl Heinrich Ulrichs (1825~95)의 용기 있는 연구에서부터 시작해서, 정신과 의사인 리처드 폰 크라프트에빙이 《성 정신병》(1886년에 초판을 발행한 후 많은 후속판을 내어 개정 및 증보함)에서 세운 가정들을 대조하는 것으로 옮겨 가고자 한다. 이에 더해 이 시기 동안 또 다른 두 편의 독일 저작들이 성 과학적 사고의 복합성을 개척하였는데, 첫번째는 이반 블로흐의 《우리 시대의 성생활》(1907)이고, 두 번째는 오토 바이닝거 Otto Weininger (1880~1903)의 《섹스와 성격 Sex and Character》(1975 [1903])이다. 이런 저술의 대부분이 여성의 섹슈얼리티에 관한 상당한 혼란을 드러내기 때문에, 나의 논의는 그 다음으로 두 명의 저명한 여성 작가들에게로 나아간다. 이 두 작가는 바로 사회 변화에 관한 진보적 정치학이라는 이름 아래 당대의 과학적 사고의 여러 측면들을 끌어들였던 올리브 슈라이너 Olive Schreiner와 레스비어니즘의 존엄성과 고결함을 표현하기 위해 부분적으로 성 과학적 사고에 의존했던, 금지된 소설 《고독의 샘 The Well of Loneliness》(1928)의 작가 래드클리프 홀 Radclyffe Hall (1883~1943)이다. 비록 성과 인종에 관한 수많은 유사한 가정들을 성 과학자들과 공유하지만, 슈라이너의 관점은 섹슈얼리티가 최초로 광범위한 연구와 고찰의 주제가 되었던 그런 시기에 여성의 욕망에 관한 대안을 제시한다. 마찬가지로 홀의 논쟁적인 소설은 여성의 욕망이 얼마나 그리고 왜 지배적인 이성애적 관습과 조화될 수 없는지를 드러낸다. 동-성애 Same Sex적 욕망에 대해 강렬한 흥미를 지닌 페미니스트 '신여성들 New Women' (사라 그랜드 Sarah Grand[1854~1953] 같은)과 '유미주의자들과 퇴폐주의자들' (마이클 필드 Michael Field라는 이름으로 함께 작업했던 이모와 조카[1846~1914, 1862~1913] 또는 오스카 와일드 같은)이 쓴 소설, 희곡, 시가 등장했다는 점을 고려하여, 엘라인

쇼월터 Elaine Showalter 는 성 과학이 출현했던 이 시기를 '성적 무질서 sexual anarchy' 의 시기라고 적절하게 특징지었다 (Showalter, 1990을 보라).

성 과학자들에 의해 고안된 성적 다양성에 관한 유형론 가운데 가장 정교한 것은 아마도 1860년대와 1870년대에 울리히스에 의해 고안된 유형론일 것이다. 그가 만들어 낸 난해한 용어들이 오늘날 우리에게는 다소 기괴하게 다가올지는 모르겠지만, 그의 연구는 수많은 종류의 성적 다양성을 구체화하기 위해 용어를 정교화하려고 했다는 바로 그 점 때문에 여전히 매우 중요한 것으로 남아 있다. 하노버 왕가 출신의 법무 공무원인 울리히스는 남성 간 성 관계의 자연스러움을 정당화하기 위한 캠페인을 독일에서 평생 동안 벌여 나갔다. 그는 1864~79년 사이에 출판된 12권의 시리즈로 된 짤막한 책 속에서 자신의 관점을 피력했는데, 그 가운데 대부분은 국가의 입법을 변화시키고자 한 것이다. 그 분야를 개척했던 울리히스의 책들은 훗날의 많은 연구자들, 특히 크라프트에빙에게 주요한 준거점이 되었을 것이다. 사실 울리히스는 '남성 간의 사랑'의 형태를 건강하고 정상적인 것으로 옹호하고자 최선을 다했던 열성적 연구자들 가운데 선두자였다. 하지만 이들의 급진주의는 이러한 형태의 사랑을 병리적으로 규정하려 했던 사상가들에 의해 점차 그 빛이 가려졌다. 울리히스의 책은 자신들의 성적인 상황을 설명해 주고 동시에 정당화해 줄 지식을 찾고 있던 남성 동성애자들 사이에서 특히 널리 읽혀졌다. 울리히스는 팜플렛 시리즈 속에서 남성 동성애에 관한 중요한 항목들을 밝히는데, 그 항목들은 전 유럽의 열성적인 통신원들이 보내 온 수많은 편지들 속에서 발견된 것들이었다. 영국의 전통에서 그의 영향력을 가장 뚜렷하게 느낄 수 있는 것은 빅토리아 시대의 비평가이자 시인인 존

애딩턴 시몬즈의 고백적 회고록 속에서이다. (시몬즈의 회고록은 1926년에 런던 라이브러리 출판사에 원고가 넘겨졌을 때 품위라는 문제 때문에, 50년 간 출판 금지 명령이 내려졌다. 시몬즈에 관해서는 Bristow, 1995: 127~46을 보라.)

그러나 울리히스가 남성들 간의 성적 욕망을 분석하면서 사용했던 용어는 동성애가 아니었다. 그의 연구는 그 용어보다 몇 년을 앞선 것이었기 때문이다. 울리히스는 플라톤의《심포지엄 *Symposium*》에 나오는 명명법을 따라, 우라노스적 사랑 *Uranian love*과 디오니소스적 사랑 *Dionian love*이라고 칭한 것들을 뚜렷하게 구별하였다. 울리히스의 모델에서 우라노스적 욕망을 가진 사람은 우르닝 *Urnings*으로 표현된다. 이들은 우라노스 Uranus 신 [가이아 Gaea (지구)의 남편. — 옮긴이]처럼 자신과 같은 성의 사람을 사랑하는 사람들이다. 이와 대조적으로 다른 성에게 매력을 느끼는 사람은 디오네 Dione 여신의 이름을 본따 디오닝 *Dionings*이라고 이름 붙였다. 울리히스는 '우르닝'이 "모든 지역, 고대, 미개한 유목민들 사이에 존재해 왔으며, 실제로 동물들 사이에도 존재한다"고 주장한다(Ulrichs, 1994: 34). 원시인들 사이에서나 역사의 모든 시기에 그리고 자연 그 자체에서도 발견되는 우라노스적 사랑은 일반적으로 알려진 것보다 독일에서 더 널리 퍼져 있는 것으로 말해지며, 또한 증가하는 것이 당연하다. 울리히스는 "이러한 성향의 맹아 *germ*가 자기 자식들 가운데 하나에게 잠재되어 있을지, 그리고 그것이 과연 사춘기에 나타날 것인지 아닐지는 어떤 아버지도 확신할 수 없다"고 말한다(Ulrichs, 1994: 35). 울리히스는 자신의 단편적 연구들 속에서, 동-성애적 욕망의 '맹아'가 어떻게 남성을 사랑하는 남성의 심리 그 자체 속에 처음부터 *ab ovo* 심어지게 되는지를 보여 줌으로써 우라노스적 성향의 정확한 본질을 명료화하고자 노력했다.

울리히스는 우르닝적 욕망의 선천적인 특질을 주장함으로써 남성 간의 사랑을 옹호하기 시작한다. 그는 "선천적인 우르닝의 부류, 즉 남자의 몸을 가졌으면서 여성의 성적 욕망을 가지고 태어난 개인들이 있다"고 말한다. 이러한 토대 위에서 그는 "그 자신의 전체적인 몸의 구조뿐 아니라 사랑에 관한 성적인 느낌, 전적으로 타고난 자신의 기질과 재능까지 감안한다면, 우르닝은 남자가 아니라 일종의 여성적인 존재"라고 주장한다 (Ulrichs, 1994: 36). 우르닝은 성별화된 육체와 이 에로틱한 유형의 젠더화된 정신이 본질적으로 뒤바뀌어져 있기 때문에 **제3의 성**을 구성한다고 울리히스는 주장한다. 즉, "전적으로 남자도 아니고 여자도 아니다"라는 것이다. 울리히스는 우르닝이 자신의 고유한 육체와는 반대 성의 영혼을 지닌 존재라고 믿게 된 근거를 제시한다. 이러한 발상은 그 목적과는 달리 동성애에 대한 20세기의 편견에 지속적이고도 해로운 영향을 미치게 된다. 그것은 레스비언과 게이 남성들을 '성 도착자'라고 생각하는 경향을 만들었기 때문이다. 레스비언들과 게이 남성들에 관해 가장 광범위하게 회자되는 신화 가운데 하나는 이 두 가지의 성 정체성이 모두 가정된 성 역할 규범을 뒤집고 있고, 따라서 남자 역할을 하는 레스비언과 여자 역할을 하는 게이 남성은 종종 동성애적 불일치 유형을 풍자하고 비난하는 데 일조하는 스테레오타입이 되어 왔다.

울리히스는 우르닝들이 디오니소스적인 욕망을 뒤집어 버린 욕망을 가지고 있는 별개의 성적 종족이라고 확신했기 때문에, 우라노스적인 기질의 핵심적인 표식으로서 연약함에 초점을 맞추었다. 그는 "우르닝들은 함께 살 때 대부분 스스로에게 여성적인 별명을 붙인다. 내가 생각하기에 이것은 그들이 잠재의식적으로도 자신들을 여성으로 느끼기 때문인 것 같다"고 말한다(Ulrichs, 1994: 60). 울리히스가 이러한 모델을 발전시키면 시킬수록, 그는 (제3의 성에) 상응하는 '제4의 성,' 즉 "여성 간의 성적 욕망을 가진, 즉 남성의 성적 지향을 가진 여자로 자란 사람들의 성"이 존재할 수 있다고 쉽게 주장할 수 있었다 (Ulrichs, 1994: 81). 그러나 사색이 진척되면서, 울리히스가 순수하게 남녀 우르닝과 디오닝이라는 차원만으로 성 행위의 다양성을 설명하는 것이 어려워졌다. 예를 들면, 그는 훗날 양성애로 알려진 것을 고려해야 한다는 점을 발견했다. 그리고 그는 그 형태에 맞게 양성애자들을 가리키는 단어인 우라노디오닝 *Uranodionings*을 고안해 냈다.

남성 간의 사랑에 대한 일곱 번째 논문을 쓸 즈음 울리히스는 우라노스적 욕망과 디오니소스적인 욕망의 가능한 한 많은 — 비록 전부는 아닐지라도 — 순열을 포함할 수 있는 정교한 체계를 구축했다. 그가 다음과 같은 다양한 성적 유형의 도표를 어떻게 짜 맞추었는지를 보는 것도 이해하는 데 도움이 될 것이다.

Ⅰ. Men

Ⅱ. Women

Ⅲ. Urnings

　1. Mannlings

　2. Intermediaries

　3. Weiblings

Ⅳ. Urningins

Ⅴ. Uranodionings

　1. Conjunctive

2. Disjunctive

Ⅵ. Uranodioningins

Ⅶ. Hermaphrodites

(Ulrichs, 1994: 314)

만일 적절한 하위 범주와 결합된 이 7개의 표본 목록이 이 상하게 보인다면, 인간 섹슈얼리티에 관한 20세기 후반에 나온 백과 사전 가운데 하나라도 펼쳐서, 사회 과학자와 의학자들이 이 무한한 것처럼 보이는 성적 유형과 행위에 관한 목록을 확인 하고 이해하기 위해 얼마나 많은 노력을 기울이는지, 또 그 엄 청난 양에 대한 감이라도 잡는다면 독자들에게 도움이 될 것이 다. 울리히스가 성적 유형에 관해 꼼꼼하게 확장시켜 놓은 목록 은 현상을 적절하게 묘사할 수 있는 언어를 찾아 내고자 할 때 초래되는 위험을 보여 준다. 비록 우라노스적인 욕망과 디오니 소스적인 욕망 간의 분명한 대립에 대해서는 이미 묘사된 바 있 지만, 그가 다른 욕망의 형태들을 가리키기 위해 사용한 그 밖 의 용어들을 주의 깊게 관찰해 보면, 그것들이 표현하는 양극성 은 한꺼번에 불안정해진다.

예를 들면, 우르닝 사이에는 내적으로 대립되는 두 유형, 즉 맨링 *Mannlings* (남성적인 동성애자) 과 바이블링 *Weiblings* (여성적 인 *effeminate* 동성애자) 이 존재한다. 이 둘 사이에는 현저하게 주 변적인 범주에 속하는 인터미디어리 *Intermediaries* 가 있는데, 울 리히스의 구도 속에서 이 범주는 남성적인 우르닝이 성 관계에 서 어떻게 수동적인 역할을 취할 수 있으며, 반면에 여성적인 우르닝은 어떻게 능동적인 지위를 점할 수 있는지를 이해할 수 있게 해 준다. 목록의 더 아래쪽에 있는 우르닝킹 *Urningings* 은 이보다 훗날인 20세기 초반에 레스비언으로 명명된 바 있는데, 울리히스가 레스비어니즘이나 혹은 그가 때때로 '여성 간의' 욕망이라고 불렀던 것에 대해 거의 알지 못했다는 것은 그의 저작 전체를 통틀어 보아도 분명하다. 그 다음으로 우리는 양성애자들 *bisexuals* 을 발견하게 되는데, 이 역시 두 개의 범주로 나뉜다. 즉, 결합형('양 방향으로 관능적인 사랑'을 경험하는 사람)과 분리형('젊은 남성에게 단지 낭만적이고 온화한 사랑을 느끼는' 사람)이 그것이다. 분리형과 관련해서 울리히스는 다음과 같이 단언한다. "아마도 셰익스피어가 이 범주에 속할 것이다"(Ulrichs, 1994: 313~4). 울리히스가 나이 든 남자와 젊은 남자 간의 성적 사랑에 관해 숙고하면서 염두에 둔 것은 의심할 여지없이 셰익스피어의 소네트를 둘러싸고 벌어진 19세기의 비판적 논쟁들이었다. 마지막의 두 범주는 여성 양성애자와 양성의 신체적 특징을 모두 가진 양성인 *intersexual persons* 을 의미한다.

이 모든 성적 변이들에 이름을 붙이는 울리히스의 독특한 체계 속에서 한 가지 점이 분명해진다. 울리히스는 모든 섹슈얼리티가 성적 차이라는 원칙에 기반을 둔다는 점을 당연시하지 않고서는 에로틱한 정체성에 관한 모델을 구성하기가 불가능하다는 것이다. 울리히스는 언제나 모든 사람의 욕망이 반대의 극에 대한 이끌림에 입각한다고 가정한다. 그는 자신의 첫번째 분석에서 우라노스적인 사랑 혹은 남성 간의 사랑을 인식 가능하게 만들었는데, 이는 우라노스적인 사랑은 여성적인 영혼이 어떻게 남성적 대상을 찾게 되는지를 보여 주기 때문이다. 이와 마찬가지로 적극적이거나 소극적인 동성애적 행위를 설명하라는 압력에 처했을 때, 울리히스는 각각의 파트너가 취한 입장을 여성적인 것 혹은 남성적인 것 가운데 하나로 해석한다. 성 관계에 대한 그의 구도를 들여다보면 어디에나 동일한 원칙이 퍼져 있다. 우라노스적인 형태이건 디오니소스적인 형태이건 간에, 여성적 욕망은 남성적 보완물을 원하며, 그 역도 성립한다는 것이다. 울리히스의 관점에 의하면, 성은 언제나 두 개의 반테제로 나뉘어지지만, 그럼에도 불구하고 보완적인 형태이다. 우르닝이 전도된 성 정체성을 체현하고 있다는 그의 믿음은, 성에 관한 서구적 관념에 있어 결정적으로 새로운 단계를 기록하는 것이라고 간주된다. 우리는 이를 섹슈얼리티에 관한 정신 의학적 모델이라고 이름 붙일 수 있는데, 우라노스적인 욕망에 관한 울리히스의 이론에서는 성적인 정신과 성적인 육체 간에 불일치가 존재하는 것처럼 가정되기 때문이다. 성 생리학에 관한 이전의 저자들은 남성이나 여성의 성별화된 육체나 성별화된 존재 간의 일치에 대해서는 거의 의문을 제기하지 않았다. 동성애에 관한 성 과학적 담론은 그러한 가정을 깨뜨리는 데 커다란 역할을 했다.

1860년대의 어떠한 문화적 조건이 이러한 독특한 사고 유형을 만들어 냈을까? 성이란 서로에게 자석처럼 이끌리게 되는 양극적 대립물이라고 보는 발상이 19세기 당시의 문화에서 너무나 강력한 이데올로기적 힘을 가졌기 때문에, 그것이 논쟁의 여지가 없는 자연스러운 사실로 믿어졌다는 것이 가능한 답변 가운데 하나일 것이다. 울리히스가 에로티시즘에 관한 자신의 사고를 여성성 *femininity*과 남성성 *masculinity*에 관한 매우 전통적인 관념에 기초를 두었다는 점에 비추어 볼 때, 그는 성적 급진주의자들 사이에서 전적으로 혼자가 아니었다. '제3의 성'에 관한 울리히스의 주장을 옹호했던 영국의 사회주의 수필가이자 시인이며, 사회주의 정치가인 에드워드 카펜터 Edward Carpenter (1844~1929)와 울리히스의 저술들을 비교해 보는 것도 유용할 것이다. 카펜터도 울리히스처럼 남성과 여성 간의 양극적 대립은 현존하는 사회적 관계 때문이라는 것을 기꺼이 받아들일 것이다. "그들(소년, 소녀)은 대체로 서로에 대해 거의 알지 못한다. 즉, 사회는 두 성을 떼놓았다……. 그들은 서로를 거의 이해하지 못한다." 그러나 이러한 언급이 〈여성, 그리고 자유로운 사회에서의 여성의 위치 *Woman, and Her Place in a Free Society*〉(1894)라는 제목의 급진적인 팜플렛에서 그가 다음과 같이 주장하는 것을 막지는 못했다. "남성은 더욱 적극적인 가치를, 여성들은 더욱 소극적인 가치를 발전시켜 왔다." 사실 카펜터는 다음과 같은 관점을 지지하기 위해 최근의 과학적 연구들을 끌어들일 것이다. "여성의 경우…… 일반적으로 더 근본적이고 원초적인 신경 중추와 신경계의 거대한 혈관 운동이 남성보다 훨씬 더 발전되어 있다." 이러한 토대 위에서 그는 다음과 같이 주장할 수 있었다. "여성은 더욱 원초적이고 더욱 직관적이며 더욱 감정적이다. 엄청나게 무의식적이고 조화로운 자연의 과정이 왜인지는 모르지만 그녀와 더 가까이에 존재한다"(Carpenter, 1894a: 6; 1894b: 22; 1894c: 8~9). 카펜터는 비록 자신이 '중간적인 성 *the intermediate sex*'과 '동성의 사랑 *homogenic love*'이라고 부른 것의 존엄성을 옹호한다는 측면에서 울리히스를 추종하기는 했지만, 그의 연구는 호의적인 자유주의적 성 정치학이 어떻게 해서 매우 교조적인 용어로 성 간의 차이를 해석해 내는지를 보여 준 고전적인 사례들을 담고 있다. 감정성, 수동성, 원시성은 결코 여성들에게 자연스럽게 귀속되는 자질들이 아니라는 것에 대한 동의가 이루어지기까지는 정말 수십 년이 걸렸다. 성 도착에 관한 울리히스의 도식적 개념에 포함된 문제점들은 섹슈얼리티에 관해 전혀 급진적이지 않은 크라프트에빙의 연구에 의해 배가되었다. 빈 대학의 정신 의학 교수인 크라프트에빙은 지그문트 프로이트의 훌륭한 동료 가운데 한 사람이었다. 그의 주요 저작인 《성 정신병》(1894)이라는 책 제목은, 욕망에 관한 이러한 검토가 에로틱한 생활의 심리적이고 병리적인 조건에 대해 의학적인 관점을 채택하고 있음을 분명히 보여 준다. 블로흐가 쓴 것처럼, "크라프트에빙은 현대 성병리학의 진정한 창시자이며, 여전히 그런 채로 남아 있다" (Bloch, 1908: 455). 종종 흥미를 자아내는 크라프트에빙의 연구 영역은 울리히스의 일련의 단편적인 연구들보다 훨씬 광범위하다. 다섯 분야로 나뉘어 있는 그 책은 성적 사랑의 심리학과 생리학에 관해 주의를 기울이고 있을 뿐 아니라 '병리적 징후들 *pathological manifestation*' — '성적 노이로제'에서부터 '남녀의 음란증 *satyriasis and nymphomania*' (즉, 남녀의 이성애적 이상 성욕 *erotomania* 형태)에 이르기까지 — 을 목록화하는 데에도 엄청난 공간을 할애한다. 이 책의 결론에서는 성 행위, 특히 사악한 본성을 가진 것들에 대한 법적 규제에 대해 검토한다. "범죄 통계는 성 범죄가 우리의 현대 문명 속에서 점차 증가한다는 서글픈 사실을 보여 준다"고 크라프트에빙은 말한다(Krafft-Ebing, 1894: 378). 이것은 '도덕'으로 귀결되기 쉬운 '비정상성'에 대해서는 국가 권력이 가능한 한 통제해야 한다는 그의 명쾌한 주장이다. 그는 "경험적으로 보면, 성 행위 가운데 강간, 사지 절단 *mutilation*, 항문 성교 *pederasty*, 여성 동성애 *amor lesbicus*, 수간 *bestiality*은 정신병리적인 토대를 가진다고 말할 수 있다"고 주장한다(Krafft-Ebing, 1894: 382). 레스비어니즘이 어떻게 수간 및 강간과 비슷한 병리적 위치를 차지하게 되었는지 현대의 독자들이 이해하려면 분명 상당한 상상력의 도약이 필요할 것이다.

　　나는 크라프트에빙이 인간 섹슈얼리티의 병적인 특징에 대해 느꼈던 매력의 모든 측면을 요약하기보다는 에로티시즘은 언제나 정신적 육체적인 질병에 근접해 있다는 그의 생각을 뒷받침해 주는 주요한 가정들에 주목하고자 한다. 《성 정신병》 전반에 걸쳐, 그는 문명이 길들이고자 해 왔던 잠재적으로 폭발적인 힘을 성적 욕망이 가지고 있다는 생각을 확고하게 고수한다. 그는 바로 첫 페이지에서 "섹슈얼리티는 개인적·사회적 존재에 있어 가장 강력한 요소"라고 선언한다. 그는 다음과 같이 덧붙인다. "고삐 풀린 정열로서의 사랑은 모든 것을 태워 없애는 불과 같다. 마치 명예, 재산, 안녕 등 모든 것을 삼켜 버리는 심연처럼"(Krafft-Ebing, 1894: 1~2). 이러한 언급은 남자들의 성적 감정의 근원적인 힘을 너무나 강조하는 것이기 때문에, 그는 이런 발상이 그가 저술하던 시기에 있어서 독특한 것인가 아닌가에 대해 끝없이 생각했다. 대신 크라프트에빙은 서구에서 문화 조직의 최고 형태가 분명 위험스러운 성적 에너지들을 어떻게 비록 완전하게는 아닐지라도, 상당 정도 누그러뜨렸는지를 보여 주고자 한다. 그는 자신의 주장을 뒷받침하기 위해서 탁월한 북유럽 사회들과, 이 사회들만큼 고귀한 수준의 교양과 고상함을 획득하는 데는 분명히 실패한 사회들을 비교해야 했다.

"원초적인 토대 위에서 볼 때, 남성이 성욕을 만족시키는 것은 동물의 그것과 유사하다"고 크라프트에빙은 주장한다. 도덕이 출현하고서야 비로소 인류는 이러한 불명예스러운 상황으로부터 자신들을 분리시킬 수 있었다. 첫째, 도덕적으로 수치감의 수준이 높아졌기 때문에 생식기를 가리게 되었다. 둘째, 여성들이 점차 존중되었으며, 더 이상 '육욕을 충족시키거나 부려먹는 것(들)'으로 학대당하지 않았다. 마지막으로, 일부일처제가 완전히 정착되자 문명화의 과정이 완성되었는데, 이는 크라프트에빙이 기독교도와 회교도의 결혼에 대한 태도를 비교하려 했을 때 핵심이 되었던 지점이다.

따라서 고도의 문명에서는 인간의 사랑이 일부일처제이어야 하며 지속적인 계약에 의거해야 한다는 사실이 인식되었다. 만일 자연이 생식을 위한 생산 이상을 하지 않는다면, 자손이 육체적으로, 도덕적으로, 그리고 지적으로 번영할 것이라는 보장없이 공공의 부(가족 또는 국가)는 존재할 수 없다. 기독교도들은 남녀 간의 평등을 통해서, 그리고 일부일처제를 확립하고 그것을 법적·종교적·도덕적으로 추구함으로써 일부다처제의 종족들, 특히 회교도들보다 정신적으로나 물질적으로 우위를 획득했다.

만일 모하메드가 여성을 노예이자 성적 충족의 도구로서의 지위에서 보다 높은 사회적 수준과 결혼에서의 지위로 상승시키려는 욕망을 지니고 있었다 할지라도, 회교 사회에서 여성은 여전히 남성보다 훨씬 낮은 지위를 유지했으며, 오직 남성에게만 이혼이 허락되었고, 또한 매우 쉽게 할 수 있었다(Krafft-Ebing, 1894: 5).

이러한 관점에 의하면, 기독교도들은 회교도들보다 더 수준 높은 일련의 성적 질서를 조장하는데, 이는 남성을 끊임없이 타락시키려 위협하는 동물적인 열정을 단혼제가 통제하기 때문이다. 이러한 주장을 통해 크라프트에빙은, 남성은 본질적으로 공격적인 성적 충동을 지니고 있는 반면, 여성은 겸손함과 수동성을 내면화한다는 빅토리아 시대의 평범한 금언을 고수한다. 크라프트에빙은 "아마도 여성적인 겸손함은 문명의 발전 과정에서 세습적으로 진화된 산물일 것"이라고 추측한다(Krafft-Ebing, 1894: 15). 남성의 난폭한 섹슈얼리티와는 달리, 여성은 '사랑' 속에 있는 '본래적 요소,' 즉 남편의 보호에 대한 욕망을 가지며, 이것은 그녀가 그 남자의 모든 욕구에 대해 기울이는 주의와 보살핌으로 나타난다고 그는 주장했다. 그래서 크라프트에빙이 '남녀의 평등'을 추구하면서 기독교도의 '우월성'을 그렇게 강하게 주장한 것은 다소 이상하게 보일 수도 있다.

그러나 크라프트에빙은 양성 간의 그러한 '평등화' 조차도 불분명한 위험은 전혀 내포하지 않는다는 점을 밝힌다. 그가 욕망과 질병을 연결시키는 경향을 가졌다는 점을 일단 접어두기로 하면, 그는 문명화된 남녀가 어떻게 거의 병적인 것에 근접한 어떤 개념에 호소함으로써 존경할 만하고 사랑스러운 결혼을 만들어 내는지에 대한 자신의 이해를 잘 보여 준다. 문제의 개념은 페티시 *fetish*, 즉 1927년에 발간된 논문에서 프로이트가 이론화했던 현상이다. 《성 정신병》에 의하면, 성적 사랑은 한 남자가 자신의 애정을 부여하는 대상으로부터 도출해 내는 대단히 개별화되고, 특징적이며, 따라서 페티시즘적인 쾌락을 통해 정점에 도달한다. 다시 말해, 결혼에 있어서 성적 사랑은 남성에 의해 향유되는 독특한 페티시즘에 기반해 있다. 이러한 이론은 남성들이 어떻게 음탕한 방식이 아니라 차별적인 방식으로 배우자를 선택하는가를 정확하게 설명하는 데 도움이 된다.

우연이 이러한 정신적 결합을 결정하며, 페티시의 대상은 개인적으로 매우 다양할 수 있고, 따라서 가장 독특한 교감(그리고 반감)이 발생한다는 것은 경험적으로 잘 알려져 있다.

페티시즘의 이러한 심리학적 사실들은 남편과 아내 간의 개인적 교감을 설명해 준다. 동일한 성을 가진 다른 모든 사람들보다 어떤 특정한 사람을 선호하는 것. 페티시는 완전히 개인적인 상징을 표현하는 것이기 때문에, 그 효과는 분명 개인적인 것이다. 그것은 가장 강렬한 쾌감에 의해 채색되기 때문에, 사랑하는 대상에게 있을 수 있는 결함은 간과되고('사랑은 눈을 멀게 한다'), 다른 사람에

게는 이해되기 어렵고 어떤 상황에서는 심지어 어리석어
보이기조차 하는 대상에 대한 찬양 *exaltation*이 초래된다
(Krafft-Ebing, 1894: 19).


크라프트에빙의 연구에 일관되게 나타나는 근본적인 두려
움, 즉 모든 성적인 사랑은 가장 특별하고 칭찬받을 만한 결혼의
형태에서조차도 어느 정도는 병적인 것이라는 생각을 유지하기
위해서 이러한 이론적 모델을 어떻게 고안해 냈는가를 살펴보는
것은 그다지 어렵지 않다. 그것이 바로 남성의 경우, "병적으로
되지 않고서도 페티시의 중요성이 지속적으로 유지된다"라고
그가 애써 주장한 이유이다. 그러나 이것은 향기, 발의 모양, 머
리카락의 색깔이나 결에 대한 사랑 같은 '특정한 개념'이 '일반
적인 개념으로 발전'될 경우에만 타당할 것이다. 만일 매우 섬세
한 특성을 지닌 남자의 이성애적 욕망이 페티시에 대한 병적인
사랑과 일정한 거리를 유지하는 것이 궁극적으로 불가능하다면,
그러한 에로티시즘은 비난받을 만한 도착으로 남을 것이다.

크라프트에빙이 성적 도착이라는 주제에 관해 후속적으로
생산해 낸 엄청나게 많은 증거들에 의거해 볼 때, 《성 정신병》
이 주는 뚜렷한 인상은, 가장 고귀한 형태의 이성애적 사랑이
도착적인 성 행위의 유행으로 인해 사방에서 위협받는다는 것
이다. 사디즘, 마조히즘, 페티시즘 그리고 동성애에 관한 이 책
의 장章들에 포함된 무수한 병력들은 그가 남자들 사이에 널리
퍼져 있는 성적 장애를 염두에 두었음을 증명해 준다. 크라프트
에빙이 도착적 욕망에 대한 소설 《모피를 입은 비너스 *Venus in
Furs*》(1870)로 인해 기억되는 작가 레오폴드 자허 마조흐 Leopold
Sacher-Masoch(1836~95)의 이름을 따서 붙인 도착, 즉 마조히즘
에 관한 장에서 연구된 다소 긴 사례들 가운데 하나인 '사례

50'은 어렸을 때부터 쭉 매질과 관련된 환상에 의해서 흥분된다고 밝힌 어느 35세의 남자에 관한 것이다. 다음은 그의 이야기 가운데 일부이다.

> 나는 어린 시절에도 한 사람이 다른 사람들을 절대적으로 지배하는 것에 관한 생각에 몰두하는 것을 좋아했다. 내게 있어서 노예 상태에 관한 생각은, 주인의 관점에서든 노예의 관점에서든 그 속에 똑같이 중요한 것을 담고 있었다. 한 사람이 다른 사람을 소유하거나, 팔거나, 혹은 매질할 수 있다는 것은 나를 극도로 흥분시켰다. 그리고《톰 아저씨의 오두막》(해리엇 비처 스토우가 쓴 미국 노예제에 관한 소설)을 읽으면서…… 나는 발기되었다……. 비록 이런 생각들이 발기하게 만들었지만, 그럼에도 나는 일생 동안 한 번도 자위를 하지 않았다. 그리고 열아홉 살때부터는 이런 생각의 도움 없이 그리고 그것들과 아무 관련 없이 성 관계를 가졌다. 나는 나보다 젊은 여자들을 경멸하지는 않았지만, 언제나 연상의, 관능적이며 체구가 큰 여자들을 훨씬 선호해 왔다(Krafft-Ebing, 1894: 105).

그의 진술에서 나타난 바와 같이 '사례 50'은 그가 어떻게 창녀들의 서비스를 받음으로써만 그의 환상들을 실행에 옮길 수 있었는지를 보여 준다. 그러한 경험들은 단지 2주일 정도만 그의 욕망을 진정시켜 주었으며, 그 후에 그는 항상 자신의 '여주인들 mistress'로부터의 또 다른 처벌을 찾아 매춘굴로 돌아가게 만드는 일련의 또 다른 '후속 공격 next attack'을 겪어야만 했다. 그가 비록 결혼 초기 몇 달 동안 만족스러운 성 관계를 누렸다고 할지라도, 그의 마조히즘적인 욕망이 더 강한 것으로 판명되었다. 그러나 '사례 50'은 자신의 마조히즘이 문제라고 인정하기보다 오히려 그의 상태에 대해 자부심을 가지고 있는 것처럼 보인다. "마조히즘의 뚜렷한 병리적 특성에도 불구하고, 그것은 내 인생에 있어서 쾌락을 파괴하지 못했을 뿐 아니라 나의 외적인 생활에 조금도 영향을 미치지 못했다"(Krafft‑Ebing, 1894: 108). 사실, 이 병력을 들여다보면 볼수록, 이 남성이 관여했던 마조히즘적인 의례들 *rituals* 은 그의 생활에 있어 역동적이고 힘찬 부분을 형성했다는 사실이 더욱 명백해 보인다. 비록 그가 다른 식으로 믿게 만드려는 굉장한 문화적 압력이 존재한다고 해도 말이다.

성 도착의 억제할 수 없는 힘에 관해 그의 동시대인들이 알고 있던 지식을 확장시킨 자료들에 직면해서, 사람들은 마땅히 크라프트에빙이 그러한 병적인 에로티시즘의 문화적, 정신적, 혹은 생리적 원천들에 대한 상세한 분석을 제공할 것으로 기대할 수 있다. 그렇다면 크라프트에빙은 도착적 욕망의 원인에 관해 정확히 무엇이라고 말해야만 할 것인가? 놀랍게도 할 말이 거의 없다. 사디즘적 실천과 마조히즘적 실천에 관해 그가 쓴 장들에는 병력들, 증명서들, 그리고 그 주제에 관해 이미 상당한 자료를 수집한 연구자들로부터 가져온 다른 문서들이 거의 막힘 없이 연속적으로 등장한다. 우리는 어떤 설명에 도달하기 전에, 이 엄청난 자료를 참고 읽어야 한다. 그리고 무엇이 그런 도착적 행위들을 유발하는지에 관해 정확한 판단을 내려야 할 순간이 왔을 때, 크라프트에빙은 유전에 의지함으로써 다수의 그의 지적 동료들을 따른다. "선천적인 성적 도착으로서의 마조히즘은 (거의 절대적으로) 유전적인 흔적에 있어서 퇴화를 나타내는 기능적 신호이다. 그리고 이러한 임상적 추론은 마조히즘과 사디즘에 관한 나의 사례들 속에서 확인된다"(Krafft‑Ebing, 1894: 147).

의미 심장하게도, 크라프트에빙은 동성애에 직면해서는 다소 다르게 분석한다. 확실히 그는 대체적으로 동성에 대한 욕망이 다른 모든 성 도착과 마찬가지로 선천적인 조건이라고 주장한다. 그러나 때때로 그의 증거는 동성에 대한 욕망이 타고나는 것이 아니라 어쩌다가 '획득되는' 계기를 가리킨다. 그는 문화적 요소들이 반대 성에 대한 정상적으로 보이는 욕망의 노선을 압도할 때 동성애적 성교에 관한 비정상적 에피소드들이 발생한다고 믿는다.

> 반대 성을 향한 고도로 성적인 감정의 발전은 성교를 통한 감염에 대한 심기증적인 *hypochondriacal* 두려움 때문이거나 혹은 실제 감염 때문에 때때로 저지된다. 혹은 그런 위험을 강조하고 과장하는 잘못된 교육의 결과 때문에 그렇게 된다. (특히 여자들의 경우) 성교의 결과(임신)에 대한 두려움이나 남성 혐오는 정신적 혹은 도덕적 결점으로 인해 비정상적으로 강렬하게 느끼게 만드는 본능 쪽으로 또다시 향할 수 있다. 그러나 너무나 성급하고 도착적인 성적 만족은 정신뿐 아니라 신체에도 상처를 입힌다. 그것은 성적 기관의 노이로제(발기 및 사정을 통제하는 신경 중추의 민감성 허약, 즉 성교 시의 불완전한 만족감)를 유발하는 것만큼이나, 지속적인 흥분에 대한 상상과 리비도를 동시에 유지한다(Krafft-Ebing, 1894: 189).

이 발췌문은 크라프트에빙이 병리적인 동성애적 욕망과 건강한 이성애적 사랑 간의 불안정한 분리를 얼마나 열성적으로 다루는지를 잘 표현하고 있다. 그는 일단 선천적 조건이 모든 성적 도착을 설명할 수 없다는 것을 인정한 다음, 여성들로 하여금 남성들과의 성적 동반자 관계를 창조하지 못하게 만드는 환경적인 요인들이 정말 존재 할 수 있음을 깨닫는다. 이 문단 전체에서 우리는, 그가 여성들의 도덕적 취약함에 대한 전통적인 편견과 여성적 이성애라는 자연적 상태를 연결시키는 것이 얼마나 어려운지를 알 수 있다. 아무튼, 여성은 그녀 자신에게 자연스러운 욕망은 고도로 결핍하기 쉽다. 이런 점에서 크라프트에빙은 당대에 팽배했던 여성 섹슈얼리티에 관한 걱정스럽고 모순적인 사고들을 표명하고 있다. 그럼에도 불구하고 그의 논평은 19세기 후반의 문화 속에서 훨씬 더 많은 가능성을 가지고 있다는 것을 드러내는데, 이것은 여성이 남성과의 관계보다는 자신과 동일한 성을 가진 사람들과의 긴밀한 관계를 더 선호하는 것이 왜 당연한지에 대한 그럴싸한 사회적 이유가 있기 때문만은 아니다.

그러나 《성 정신병》이 정상적이고 건강한 이성애적 욕망을 결혼 속에 붙잡아 두기 위해 할 수 있는 모든 것을 했다고 할지라도, 크라프트에빙의 연구는 매우 혹평을 받았다는 점을 염두에 두어야 한다. 1902년에 이 영향력 있는 책의 10판이 등장했을 때, 〈영국 의학 저널 British Medical Journal〉은 "이런 종류의 책들 가운데 가장 혐오스러운" 것이었다고 전한다. 레슬리 홀 Lesley Hall 과 로이 포터 Roy Porter 는 그 책이 영국에 나타난 이후 십여 년 동안, 크라프트에빙의 연구는 결국 "포르노그라피에 대한 과학적인 연구에 지나지 않는" 것으로 간주되었다고 말한다(Porter & Hall, 1995: 163). 섹스를 입에 담을 수 조차 없는 주제라고 생각하는, 점잖은 사람들의 엄격한 사회적 코드들은 종종 성 과학적 저술들이 광범위하게 유통되는 것을 방해했다. 그 분야에 속하는 관련 책들의 운명도 이와 비슷했다. 이반 블로흐가 쓴 《우리 시대의 성 생활》의 영어 번역판이 1907년에 나왔을 때, 런던 보우 가 [영국의 수도 경찰 법원의 소재지. ─ 옮긴이]의 치안 법원은 이 책 전부를 불태워 마땅하다고 생각했다.

그러나 그러한 책들이 에로티시즘을 논했다는 이유로 법정에서 비난받았던 반면, 성 과학자 자신들 사이에는 많은 견해 차가 있었다는 점을 잊어서는 안 된다. 비록 블로흐가 크라프트에빙의 선구적 연구에 대해 정중한 찬사를 표했다 하더라도, 그는 《성 정신병》의 초점이 지나치게 의학적인 데 대해 계속 불만족스러워 했다. 그는 크라프트에빙이 특히 많은 성 행위들을 성 도착이라고 이름 붙이려고 고집한 것은 잘못이라고 느꼈다. 그는 도착적 성 행위라고 해서 반드시 질병은 아니라는 것을 보여 주기 위해서 인류학적 연구의 풍부한 영역으로 방향을 선회했다. 그는 바로 거기에서 인간 에로티시즘의 생물학적 기초에 관해 논쟁의 여지가 없는 진실을 발견했기 때문이다. 블로흐는 "문명화된 인간의 섹슈얼리티와 야만인의 그것을 비교해 보자. 그러면 우리는 성 정신병을 이해하는 데 도움이 되는 가시적 영역이 엄청나게 확장됨을 깨닫게 될 것"이라고 주장한다(Bloch, 1908: 456). 《우리 시대의 성 생활》은 종의 진화와 성적 본능을 규제하고 고귀하게 만드는 데 기여해 온 문명화의 조건 간의 상호 작용에 많은 주의를 기울인다. 블로흐는 에로티시즘이 문화적 환경에 의해서 어떻게 만들어져 왔는지를 밝히기 위해 노력하면서 섹슈얼리티를 두 가지의 대립적이지만 선천적인 충동에서 형성된다고 본다. 당시의 풍부한 과학적 저술들에 의거하여, 그는 육욕과 수치심 모두 선천적인 자질이라고 주장한다. 그는 옷을 입는 관습이 욕망을 불러일으키는 타고난 수치심에서 비롯된 것이라고 본다. 다시 말하자면, 생식기를 가리는 문화적 관습은 두 가지의 자연적인 근원, 즉 고유의 에로틱한 충동과 생물학적으로 결정된 정숙에 대한 감각으로부터 나온다는 것이다. 이른바 원시 문화에서 문신과 신체 장식은 이와 동일한 이

중의 기능을 가지고 있는 것으로 간주될 수 있다고 그는 주장한다(Bloch, 1908: 149~57을 보라).

섹슈얼리티가 어떻게 육욕과 자기 규제적인 수치심에서 동시에 발생하는지를 드러내기 위해서, 블로흐는 에로티시즘과 연관된 불안한 느낌의 원천은 전적으로 무해하다는 자신의 믿음을 고수하기 위해서 엄청난 양의 증거를 모은다. 블로흐가 편견의 부담을 깨뜨려 버리고자 한 것은 무엇보다도 자위라는 주제에 관해서다. 이 자위에 대한 편견으로 인해 빅토리아 시대의 몇몇 의사들은 여성의 자기 성애*autoeroticism*에서 발생하는 것으로 간주되었던 위험 천만의 흥분을 억제하기 위해서 음핵 절개 *clitoridectomy*를 시행하였다. 그러한 흥분은 정신 이상을 유발한다고 생각되었는데, 블로흐는 이 관점에 대해 조심스러우면서도 다소 변명하는 어조로 반박하기 시작한다.

> 자기 성애(이것의 더 상스러운 형태인 자위까지 포함해서)는…… 어느 정도는 생리적 발현이다. 그것은 특정한 조건, 즉 이전에 병에 걸렸던 사람들이라는 조건에서만 병적인 것이 된다. 다시 말해서, 어쩔 수 없는*faute de mieux* 생리적인 자위가 존재하며, 신경 쇠약증, 정신병, 그리고 다른 문제들이 있는 경우에 병적인 자위가 존재한다는 것은 정말로 오래 된 의학적 교의이다…… '악덕 *vice*'이나 '범죄'라는 범주 가운데 어느 것에도 속하지 않는 그러한 자기 성애적 발현의 궁극적 원인은…… 성적 민감성의 조숙한 발전이라는 측면에서 다수의 본성에 있어서의 부조화 속에서 발견된다. 이러한 이유 때문에 우리는 문명화된 사람들 속에서 발견하는 것과 마찬가지로 가장 열등한 종족 속에서도 이러한 발현들과 맞닥뜨리게 된다. 즉, 동물들 사이에서도 자기 성애는 광범위하게 퍼져 있는 현상이

다. 이것은 대중 앞에서 공공연히 자유롭게 자위하는 런던 동물원의 원숭이들(아마도 이미 약간은 문명화된) 사이에서 뿐 아니라 말들 사이에서도 발견할 수 있다(Bloch, 1908: 411).

블로흐는 "코끼리조차도 자위를 한다"고 주장하며 우리를 확신시키기 위해서 노력했는데, 이는 그의 동시대인들 대부분이 '상스러운' 관습으로 간주했던 것을 자연스러운 것으로 만들기 위한 것이다.

블로흐는 여기 저기에서 자신 있게 크라프트에빙의《성 정신병》과는 반대되는 주장을 했다. 그러나 블로흐가 욕망을 병리적으로 보던 기존의 성 과학의 경향을 아무리 뒤흔들고자 노력한다 하더라도, 이와 같은 문구들은 자연 세계에 호소함으로써 획득한 대단히 제한적인 설명을 넘어설 수 있는 분석이 필요함을 항변하고 있다. 그래서 1905년 빈에서 발간된 프로이트의 혁신적 저서《섹슈얼리티에 관한 세 편의 에세이 *Three Essays on the Theory of Sexuality*》를 블로흐가 여러 페이지에 걸쳐서 간단하게나마 언급한다는 점은 중요하다. 블로흐는 프로이트의 연구에 비추어서 자기 성애가 정신적 – 성적 발전의 한 유형에 속한다는 것을 깨닫는다. 즉, "자기 성애는 거의 언제나 완전하게 발달된 섹슈얼리티의 전조前兆이며, 사춘기 훨씬 이전에 나타난다." 블로흐는 이에 덧붙이기를, "프로이트는 신체의 부위 가운데 자극에 의해서 성적 쾌락이 가장 쉽게 획득되는 곳, 즉 유아의 입술을 들고 있다. 그것은 어머니의 젖이나 그 대용품을 빠는 것을 통해 쾌락에 대한 본능적인 직관을 받아들이며, 여기에는 젖의 따뜻한 흐름에 의해 생기는 자극도 일정한 역할을 하게 된다"(Bloch, 1908: 413). 이러한 논평은 정신 분석학이 자기

성애적 쾌락의 기원을 이론화하면서 성 과학을 능가하기 시작하는 토대를 정확하게 지적하는데, 그 이유는 생물학에 근거한 이론들은 문화와 자연이 얼마나 분리될 수 있으며, 또한 얼마나 분리되었는지를 설명할 수 없다는 것이 판명되었기 때문이다.

그러나 블로흐가 생물 과학이 특정한 성적 행위를 완전하게 설명하지 못한다는 것을 새롭게 인식한다고 할지라도, 다른 곳에서는 《성 정신병》이나 심지어 성 도착에 대한 울리히스의 옹호에 대해서조차 일정한 한계가 있다고 보는 훨씬 반동적인 다수의 사고 방식을 흡수한다. 블로흐의 책은 성 과학의 전통 안에 있는 전임자들을 뒤따르면서, 동성애의 선천적·후천적 형태를 논하는 데 많은 지면을 할애한다. 그와 동시대인이면서 성 급진론자인 마그누스 히르쉬펠트 Magnus Hirschfeld (1868~1935)와 마찬가지로, 블로흐는 선천적으로 남성을 사랑하는 남성 속에서 특정한 육체적 도착의 증상들을 발견한다. 동성애자의 육체는 분명 면밀한 의학적 시선의 초점이 된다.

> 우리는 턱수염이나 콧수염을 제거한 후에 특히, 남자 동성애자의 얼굴에서 훨씬 명백하게 여성적인 표정을 발견하곤 한다. 반면 그런 수염이 제거되기 전에는 남자처럼 보인다. 여성적 아비투스 *habitus*를 결정하는 데 이보다 더 중요한 것은 직접적인 육체적 특징이다. 이런 것들 가운데 분명히 언급되는 것이 바로 상당한 지방의 축적인데, 그것에 의해서 여성적 유형과의 유사점이 만들어지고, 정상적인 남자의 경우보다 몸의 외형이 훨씬 곡선적으로 된다. 이에 상응하여, 근육 조직은 이성애적 남성들보다 덜 강하게 발달되며, 피부는 섬세하고 부드러우며, 살결도 보통 남성들보다 훨씬 깨끗하다(Bloch, 1908: 498~9).

오늘날의 시각에서 보면 우스꽝스러운, 남자 우르닝에게서 나타나는 여성스러운 지방의 분포에 대한 이렇게 공공연한 의학적 찬사는, 블로흐가 일군의 남자 동성애자들을 한 무더기 *en masse* 로 본 것을 회상할 때 그 관음증적인 환상을 무심코 드러낸 것이다. "지난 겨울 우르닝들의 무도회에서 어깨와 목, 그리고 등이 참으로 흰 — 또한 파우더를 바르지 않은 — 데콜테 *décolleté* [여자용 이브닝 드레스. — 옮긴이]를 입은 남성들을 보았을 때, 그리고 보통 남성들에게는 거의 항상 남아 있는 작은 여드름 자국이 이들에게는 없다는 사실이 매우 인상적이었다." 또한 창백하고 섬세한 이들 우르닝들은 그들을 별종으로 만드는 또 다른 특징들을 가지고 있다. 즉, "여성들에게서 볼 수 있는, 어깨의 독특한 둥근선 역시 뚜렷하다"고 블로흐는 말한다(Bloch, 1908: 499).

이러한 관찰을 통해서, 블로흐가 동성애의 도착적 속성에 관한 크라프트에빙의 신념에 대항하고자 했음은 의심할 여지가 없다. "내게는 동성애가 완전한 정신적·육체적 건강과 양립할 수 있다는 것에 대한 어떠한 의심도 남아 있지 않다"고 블로흐는 주장한다(Bloch, 1908: 490). 그러나 남자들의 여장 무도회에 대한 묘사는 이 당시 성 과학적 사고에 존재하는 혼란스런 영역을 보여 준다. 과학적 관찰자로서의 블로흐의 입장이, 그를 그들의 서클로 유혹했던 그 즐거운 성적 전시 형태에 의해 매료되었다는 것은 너무나 명백하다. 바뀐 성 역할을 즐기는 일군의 남성들을 관찰하면서, 블로흐는 이런 행사의 이국 정서 *exoticism* 에 반해 버린다. 그의 책은 데콜테를 입은 남성들의 성적 조건에 관해서는 거의 드러내지 않는다. 대신에 그는 남자 동성애자의 몸에 대한 자신의 격정적인 환상을 드러낸다. 지난 100년 동안 엄청난 두려움과 매력이 투사되어 왔던 몸, 그리고 에이즈가 처음으로 나타났던 10년 동안 엄청나게 그 투사의 강도가 높아진 몸.《우리 시대의 성 생활》이 동성애는 '완전한 정신적·육체적 건강'의 신호라는 믿음을 제시했다고 하더라도, 그것은 남성 동성애자들과 그들에 대한 이성애적 반대자들 간의 명백한 정신적·육체적인 차이를 설정하는 것에 대해 음란한 관심을 표현한다. 블로흐는 자신의 주장을 지지할 수 있는 성적 차이의 뚜렷한 징후들의 미세한 증거를 찾기 위해 분명히 분투하고 있다.

그러나 지금은 기이하게 보이는 성적 현상에 관한 주장들을 과학자들만이 규칙적으로 만들어 낸 것은 아니었다. 철학자 오토 바이닝거의 《섹스와 성격》(1903)은 여성 혐오와 반유태주의적인 성격으로 악명이 높은 책이다. 그는 이 책에서 성적 차이를 설명하는 현저하게 다른 이론적 모델을 만들어 내었다. 대체로 철학적인 성격을 지닌 이 책은 성적 욕망을 이해하기 위한 제한적인 어휘를 참기 어려운 한계까지 시종일관 밀고 나간다. 수많은 재판을 찍어 냈을 만큼 광범위한 인기를 누린 이 책을 개신교로 개종한 직후인 23세의 나이에 권총 자살을 한 젊고 자기 혐오적인 유태인 동성애자에 의해 씌어졌다. 빈 대학교에 제출한 박사 논문에 토대를 둔 바이닝거의 이 평판 나쁜 책은 섹슈얼리티에 관한 크라프트에빙과 프로이트의 각기 다른 사고의 흐름을 조장한 지적 분위기 속에서 나타났다. 《섹스와 성격》은 몇 가지 특이한 점에서, 이 책에 따라다니는 평판보다 어쩌면 훨씬 더 과격할 것이다. 그 엄청나게 공격적인 문구들에도 불구하고, 바이닝거의 연구에 나타나는 뒤틀린 논리는 흥미롭게도 크라프트에빙과 블로흐 같은 초기 성 과학자들이 만들었던 남성과 여성, 이성애와 동성애 간의 뚜렷한 대립에 도전한다.

《섹스와 성격》은 엄밀하게 성 과학적 연구는 아니지만, 성은 고정된 대립항이라기보다 언제나 정도의 문제라는 중심 신조를 지지하기 위해 유전 과학에 뿌리를 둔 동시대의 논쟁들을 자유롭게 끌어들인다. 다음은 바이닝거가 성과 관련해서 남녀의 상대적 지위에 관한 자신의 입장을 어떻게 정리하고 있는지를 보여 준다. "사실 남자와 여자는 서로 다른 비율로 결합되었지만 어느 쪽의 요소도 완전히 없어지지 않는 두 개의 존재와 같다. 다시 말해서, 우리는 결코 한 남자 혹은 한 여자를 발견할 수 없으며, 단지 남성 상태 *male condition*, 여성 상태 *female condition* 를 발견할 뿐이다"(Weininger, 1975: 8). 바이닝거는 이러한 관점을 발전시키면서, 고전 철학자 갈렌 (c.130~200 AD) 시대부터 해부학자들에 의해 고수되어 온 신념, 즉 남성성과 여성성은 두 개의 성이 아니라 하나의 성에서 나온 것이라는 신념을 근대적 형태로 확장시킨다. (그런데 갈렌의 관점은 남성과 여성의 근원인 그 한 가지 성이 양성 간의 평등을 보증하는 것이라고 가정하지는 않는다. Laqueur, 1990: 25~8을 보라.) "성적 분화 *differentiation* 는 결코 완전하지 않다. 남자라는 성의 모든 특성은 아무리 약하게 발달된다고 하더라도 어떤 형태로든 여자 속에서 나타날 수 있다. 그리고 이와 마찬가지로 비록 그렇게 완전히 미발달된 것은 아닐지라도 여성의 성적 특징들이 남성 속에 존재한다. 상대 성의 특징들은 한 성 속에서 흔적의 형태로 나타난다"(Weininger, 1975: 5). 따라서 이 모델에 기반할 때, 남성의 젖꼭지는 그 종족의 암컷에서는 젖으로 발달하는 세포로 만들어져 있다. 마찬가지로 매우 여성적인 여성들에게서도 발견되는 얼굴에 난 약간의 털은 남성들에게 공통적인 무성한 턱수염의 흔적이다.

바이닝거는 결과적으로 모든 인간은 '영구적으로 양성적 상황,' 즉 양성성 *bisexuality* 에 머무른다고 주장하는데, 그는 이것

이 자웅동체 *hermaphroditism* 와 혼동되어서는 안 된다고 역설한다. 바이닝거는 만일 인류의 근본적인 '양성적' 상태를 받아들인다면, 우리는 '남성과 여성 간의 모든 종류의 중간적인 상황들, 즉 성적 전이의 형태들'을 인정할 수 있을 것이라고 말한다. '이상적인 남성형'과 '이상적인 여성형'이 존재한다는 것을 우리가 믿고 싶어 하더라도, 그러한 유형들은 단지 상상일 뿐이다. 그러나 여기에서 바이닝거의 이론은 가장 악명 높은 전환 가운데 하나를 시도한다. 그는 모든 성적 변이의 '중간적'이거나 혹은 '양성적인' 본성은 그 다양성이라는 측면에서 찬사되어 마땅하다는 입장을 유지하기보다, 남성과 여성의 '이상적인' 형태는 "구성될 수 있을 뿐 아니라 구성되어야만 한다"고 주장하는 것이다. 그는 "예술에서와 마찬가지로 과학에서도 진정한 목적은 플라톤의 이데아와 같은 유형에 도달하는 것" (Weininger, 1975: 7) 이라고 말한다. 그러한 관점은 사회 공학 *social engineering* 에 관한 매우 걱정스러운 변형이 시작됨을 보여 준다. 즉, 그는 사회가 잠재적으로 혼란스러운 '양성적' 질서로부터 '이상적인' 성적 반테제를 생산하는 쪽으로 이끌어져야 한다고 믿기 때문이다.

바이닝거는 동성애적 욕망에 깊은 흥미를 가졌던 D. H. 로렌스(1885∼1930)와 거트루드 스타인(1874∼1946) 같은 많은 모더니즘 작가들에 의해 읽혀지고 논의되었다. 《섹스와 성격》이 지닌 매력 가운데 일부는, 인간이 어떻게 많은 동시대인들이 생각하는 것만큼 성적으로 분화되지 않았는가에 대한 확고한 강조에서 나온다. 그는 동성애를, 남성성과 여성성의 절대적 형태 사이에 펼쳐진 성적 정체성의 광범위한 영역 가운데 전적으로 이해할 수 있는 부분으로 간주한다. 그러나 이것이 곧 그가 동성애적 에로티시즘을 승인했음을 의미하는 것은 아니다.

동성애는 하나의 이상적인 성적 조건으로부터 다른 성적 조건으로까지 펼쳐진 이러한 중간적인 성적 형태들의 성적 조건일 뿐이다. 내 생각에는 모든 활동적인 유기체들은 동성애적이면서 동시에 이성애적이다.

　동성애의 흔적은 아무리 약한 형태일지라도 모든 인간에 내재하며, 반대 성의 특징들이 얼마나 많이 혹은 조금 발달하느냐에 상응한다는 것은 다음과 같은 사실에서 결정적으로 증명된다. 즉, 여전히 미분화된 섹슈얼리티가 상당 정도 존재하는 사춘기에는, 그리고 내분비 작용이 자극적인 힘을 행사하기 이전에는, 감각적인 측면에 대한 열정적 집착이 소녀들 사이에서뿐 아니라 소년들 사이에서 지배적이라는 것이다.

　그 나이 때부터 눈에 띄게 자신과 같은 성의 사람과의 '우정'에 대한 취향을 유지하는 사람은 그의 내부에 다른 성의 강한 흔적을 가지고 있음에 틀림없다(Weininger, 1975: 49).

바이닝거는 자신이 남성들 간의 '우정'을 언급할 때 동성애적 욕망만을 언급하는 것처럼 보이지 않게 하기 위해서, "섹슈얼리티의 요소를 가지고 있지 않은 남성들 간의 우정이란 없다"고 계속해서 주장한다(Wininger, 1975: 49). 다시 말해서, 모든 종류의 남성들 간의 친밀성은 매력이라는 요소를 동반하기 때문에, 성과 우정을 구별하는 것은 정말로 어려워진다. 그의 관점에 의하면, 각각의 그리고 모든 동성 간의 관계는 언제나 이미 에로틱하다. 완전히 소모적인 성적 도착으로부터의 탈출구는 없는 것처럼 보인다.

동성애적 에로티시즘 *homoeroticism*의 도착적인 위협이 인간 사회에서 완전히 표현되지는 못했다는 것을 확인하기 위해

서, 바이닝거는 남성과 여성 간의 성적 차이가 더욱더 벌어져야 한다고 주장한다. 남자와 여자는 인간이 끊임없이 대항해서 싸워야 하는 '양성적' 상태에 의해 조장된 무질서를 극복할 수 있는 이상적인 반테제적 절대치들로 구성되어야만 한다고 그는 주장한다. 결국, 바이닝거는 남자의 정신의 힘과 여성의 관능의 힘 사이의 엄격한 분리를 고수하려 한 것이다.

> 남성과 여성 사이의 부조화는 상당 정도 다음과 같은 사실에 의존한다. 즉, 남성이 사고하는 내용은 여성의 사고가 고도로 분화된 상태일 뿐 아니라, 양자는 동일한 대상에 대해 완전히 다른 사고의 경로 *sequences*를 가지게 되는데, 한쪽은 개념적인 사고이고 다른 한쪽은 희미한 감지 *sensing*라는 것이다(Weininger 1975: 191).

바이닝거가 보기에는 남자의 지성이 정확히 어떻게 그리고 왜 여성의 관능으로부터 성공적으로 분리될 수 있고, 또 분리되어야 하는지를 보여 주는 어떤 현상들이 존재한다. 그는 남성성의 가장 고도의 형태는 천재성인데, 이는 여성들이 쉽게 열망할 수 없는 상황이라고 주장한다. 천재성은, 그가 '*henid*'라고 부른 것 혹은 성적으로 중간적인 인간의 상태로부터 스스로를 가장 멀리 떼어놓은 남성의 승리를 뜻한다고 바이닝거는 주장한다. "천재성은 이런 방식으로 자신을 일종의 고도의 남성성이라고 선언하며, 따라서 여성은 천재성을 소유할 수 없다"고 그는 말한다(Weininger, 1975: 111). 여성은 대신 "그녀가 혼자 있을 때조차도, 언제나 그녀가 알고 있는 모든 인간과 융화된 상태에서 살고 있다." 바이닝거는 여기에 덧붙여서 "여성들은 명확한 개인적 한계를 가지고 있지 않다"고 했는데, 그들은 자아와 이성의 능력을 둘 다 결여하고 있기 때문이다. 이 지점을 밀고 나가면서 바이닝거는 다음과 같이 결론내린다. "여성은 섹슈얼리티 그 자체이다." 그러나 이러한 주장은 바이닝거를 점차 왜곡된 주장으로 이끌었는데, 그 이유는 그가 (1) 그 이상적 운명이 모성인, 존경할 만한 여성들에게 귀속되는 훌륭한 섹슈얼리티와, (2) 창녀들에게서 나타나는 천박한 섹슈얼리티를 구별해야 한다는 것을 발견했기 때문이다. 이렇게 서로 경쟁하는, 성적으로 분류된 *sexualized* 여성성 간의 갈등은 그가 갑자기 다음과 같이 선언했을 때 정점에 이른다. "아마도 대부분의 여성들은 그들 속에 어머니와 창녀라는 두 가지 가능성 모두를 가지고 있을 것이다"(Weininger, 1975: 217).

이러한 극단적인 주장이 빅토리아 시대에 확립된 성 차별적 사고의 오랜 전통의 결과물이라는 것은 의심할 여지가 없다. 19세기 동안, 유럽과 미국의 문화는 좋은 여성들과 나쁜 여성들이라는 이 뚜렷한 양극점이 어떤 측면에서는 상호 의존적이라는 것을 암시하면서, 여성성을 천사 같은 유형과 악마적인 유형, 정숙한 유형과 사악한 유형으로 나눌 것을 주장했다. 바이닝거는 심지어 존경할 만한 여자들이라고 할지라도 자신들의 지칠줄 모르는 에로티시즘을 억누를 수 없기 때문에, 남성들은 언제나 모든 여성들의 정열 세례를 받을 위험에 처해 있다는 대담한 결론으로 나아간다. 여성은 자신의 욕망을 충족시키기 위해서는 전적으로 남성에게 의지해야 하며, 유혹에 빠지기 쉬운 남성의 성적 본능을 조작함으로써 남성을 약하게 만든다고 주장한다. 결론적으로, 바이닝거는 남성들이 몸에 해로운 과잉 성교의 유혹에 넘어가지 않기 위해서는 고도로 도덕적인 순결이라는 이상을 열망해야 할 것이라고 충고한다. 그는 남성들까지 섹슈얼리티의 노예로 만들려고 위협하

는 것은 섹슈얼리티에 대한 여성들의 미치광이 같은 노예화라고 가정한다.

> 만일 그가 도덕적 이상이 요구하는 대로 그녀를 다루려고 한다면, 그는 그녀 속에서 인간 *mankind*이라는 개념을 보려고 노력해야 하며, 그녀를 존중하려고 노력해야 한다. 비록 여성이 남성의 기능, 즉 그가 자신의 뜻에 따라 낮출 수도 있고 높일 수도 있는 기능에 불과하다고 할지라도, 그리고 여성들이 남자가 만들고자 하는 것과 다르게 되려고 하지 않는다 해도, 그것은 자발적이건 강요된 것이건 간에 인디언 과부들의 순장旬葬이 끔찍한 야만인 것과 마찬가지로 도덕적 질서가 아니다 (Weininger, 1975: 338).

이 발췌문은 분명히 바이닝거의 연구에서 가장 갈등적인 부분 가운데 하나이다. 그는 남성이 여성을 정복할 수 있고 정복해야 한다는 것을 증명하고자 할 때, 그러한 '도덕적 질서'가 영국의 식민주의자들이 미개한 야만성의 끔찍한 표현으로 인식했던 인디언들의 순장 ― 과부 태워 죽이기 ― 의 '끔찍한 야만성'과 매우 흡사하다는 것을 즉각 깨닫게 되기 때문이다. 다시 말해서, 바이닝거는 그가 비인간적인 처벌이라고 간주한 것과 자신의 높은 도덕적 이상 간의 균형을 맞추어야 했던 것이다. 결국 여성에 대한 문명화된 태도와 야만적 태도 사이에는 진정 아무런 차이도 존재하지 않는다. 이는 적어도 그의 주요한 주장들을 영구히 위태롭게 만드는 논의의 한 가지 결과이다.

바이닝거가 서구에 존재하는 가장 심한 불평등 가운데 일부로 기록될 당시 문화의 세 가지 영역들을 연결시키는 데로 나아간 것은 결코 우연이 아니다. 유태인, 아프리카 노예, 그리고

여성은 모두 동일한 모순적 법규 *rubric* 아래 놓여 있는데, 그것
은 바로 자신들의 종속을 정당화 시키는 도덕 정신 속에서 다루
어진다는 것이다.

> 유태인, 흑인, 그리고 특히 여성은 많은 비도덕적 충동들
> 에 의해 더 심하게 인간성을 무시당한다. 이 경우 비록 아
> 리안 남성의 경우보다는 맞서 싸워야 할 것이 훨씬 많지
> 만, 우리는 여전히 인류를 존중하고, 인간성이라는 관념을
> 존중하고자 노력해야 한다……
>
> 여성 문제와 유태인 문제는 노예 문제와 절대적으로
> 동일하며, 같은 방식으로 해결되어야 한다. 만일 그런 류
> 의 억압이 억압으로 느껴지지 않는다고 할지라도, 그 누구
> 도 억압되어서는 안 된다. 집에서 기르는 동물들은 '노예'
> 가 아니다. 그들은 강탈될 수 있다는 본연의 의미에서의
> 자유를 가지고 있지 않기 때문이다(Weininger, 1975: 338).

여기에서 현저하게 파시스트적인 사고 방식의 토대를 발
견할 수 있다. 바이닝거는 한편으로는 '존중'이라는 고상한 언
어를 사용하면서, 다른 한편으로는 모든 예속된 집단들은 집에
서 키우는 애완 동물과 같다고 말한다. 결론적으로 아리안 지배
종족의 남자들에 의해 정복당한 사람들을 향한 '존중'은 각각
의 열등 집단의 선천적 종속에 대한 점잖은 인정과 같다. 따라
서 1945년 1월까지만 해도 바이닝거의 연구가 나치의 선전문에
서 언급되었다는 것은 전혀 놀랍지 않다(Hyams, 1995: 155~68을
보라).

칼 테벨라이트 Karl Theweleit 는 1920년대와 1930년대의 나치
'의용군 *Freikorps*' 에 대한 자신의 인상적인 연구에서, 이러한 방

식의 성적 사고가 어떻게 파시스트 군사 이데올로기를 길러 내는지를 정확히 보여 준다. 이 엘리트 구성원들은 자신들이 여성들의 특징이라고 느끼는, 탐욕스럽고 (인간을) 타락하게 만드는 섹슈얼리티로부터 스스로를 보호하기 위해 형제애라는 고귀한 유대를 만들어 내도록 고무시켰다.

> '좋은 여성'이라는 이미지 가운데 어느 것과도 일치하지 않는 여성들은 (의용군에 의해) 자동적으로 창녀, '충동'의 매개물로 간주된다. 그들은 악마이고, 거세되었으며, 그에 상응하게 취급된다. 남성은 군인이다. 전투는 그들의 인생이며, 그들에게 무서운 일이 일어날 때까지 기다리려고 하지 않는다. 그들은 이 여성들이 자신들의 무시무시한 계획을 실천에 옮길 수 있기 전에 공격을 가한다(Theweleit, 1987: 171).

많은 화랑에 걸려 있는 세기 말 *fin-de-siècle*적인 많은 요부 *femmes fatales*의 이미지와 마찬가지로, 의용군의 전투적인 정신을 위협하는 '나쁜' 여성들은 여성적 섹슈얼리티의 복수심을 나타냈다. 바이닝거가《섹스와 성격》에서 남성들은 여성들에 의한 성적 노예화에 저항해야만 한다고 선언했던 것과 마찬가지로, 엘리트 나치 군인들은 여성의 파괴적인 욕망에 빠져들까 두려워했다.

우울하게도, 바이닝거의 사고 체계의 잔여적 형태들은 대중적인 문화 비평의 몇몇 영역 속에서 특정한 흐름으로 여전히 존재한다. 카미유 파길랴Camille Paglia의《성적 페르소나: 네페르티티에서 에밀리 디킨슨까지의 예술과 데카당스 *Sexual Personae: Art and Decadence from Nefertiti to Emily Dickinson*》(1990)는 그 의도가 비록 파시스트적이지는 않다고 할지라도, 《섹스와 성격》을 뒤따라서 남녀의 성적 예술적 능력이 다르다는 발상을 개진하였다. 파길랴의 모델에 의하면, 남성들은 바로 자신들의 성 해부학, 즉 그들이 문명에 대한 끊임없는 위험으로 존재하는 여성의 힘에 대항해 그들을 방어할 수 있게 해 주는 특징 때문에 천재성을 획득하게 된다.

> 자연은 남성이 여성들에 대항해 자신을 방어할 수 있도록 만들기 위해서 무엇을 주었는가? 여기에서 우리는 남성의 문화적 성취의 원천에 도달하게 되며, 그것은 그의 고유한 *singular* 해부학으로부터 나오는 것이다. [……] 남성은 성적으로 구획되어 *compartmentalized* 있다. 그는 생식적으로 단선성, 집중, 겨냥, 방향성의 영속적 유형을 갖도록 운명 지어져 있다. 그는 겨냥하는 것을 배워야 한다. 목표가 없다면, 방뇨와 사정은 환경이나 자아에 대한 유아적인 더럽힘으로 끝나 버리고 만다(Paglia, 1990: 12).

이러한 음경의 수직성과는 대조적으로, 여성들의 섹슈얼리티는 "그녀의 몸 전체에 퍼져 있다"고 말해진다. "전희에 대한 여성의 욕망은 양성 간의 잘 알려진 불일치의 영역으로 남아 있다"고 파길랴는 덧붙인다. 남성들이 급강하적인 섹스를 원하는 반면, 여성들은 끝없는 쾌락의 고조를 필요로 한다. 혹은 우리가 그렇게 믿기를 파길랴는 원한다.

파길랴에 따르면, 서구의 문화는 무한하고 내재적이며 보편적인 남성적 힘과 여성적 힘 사이에서 치뤄진 영속적인 전쟁 위에 건설되어 왔는데, 이 힘들은 두 가지의 원천 속에서 발견된다. (1) 융(1875~1961)에 의해 개척된 심리학적 원형을 특징

짓는 증오*animus*와 영혼*anima*, 그리고 (2) 예술을 향한 남자의 아폴로적인 열망과, 니체에 의해 논의된 원시적 본성 속에서의 여성의 디오니소스적 머무름 사이의 격렬한 변증법. 파길랴는 이러한 영속적 법칙을 받아들여서, "여성은 원시적 가공자 *fabricator*, 진정한 주동자 *First Mover*"라고 주장한다. 여성은 자연적 존재의 무형적 상태와 연관이 있기 때문에 — 파길랴의 섬뜩한 문장에 의하면 — "모든 남자들을 속박하는 뱀같이 생긴 생명줄 위에 떠다니면서, 감각적 존재의 펼쳐진 그물 속으로 쓰레기 더미를 던진다." 따라서 이 관점에 의하면, 자신을 뱀처럼 칭칭 둘러싸고 있는 덫으로부터 스스로를 해방시키는 것은 남자의 임무로 남는다. "이성과 논리는 하늘을 숭배하는 최고의 신, 즉 아폴로의 열망에 의해 고무된 영역"이라고 파길랴는 주장한다. 이와는 대조적으로 "디오니소스적인 것은 유동적인 본성을 가진, 즉 그 전형을 자궁이라는 고요한 연못에서 찾을 수 있는 유독성의 늪이다"(Paglia, 1990: 12). 우리가 그녀의 시적 표현에 의해 현혹되는 만큼 역설적이게도, 파길랴는 자신이 생각하기에 위대한 예술을 생산할 수 없는 여성들의 자연스러운 성향을 드러내는, 언제나 퍼져 있는 무형의 여성성만큼이나 정체적인 이론을 만들어 낸다. 파길랴는 서구에서 눈에 띄게 남아 있는 영속적인 성적 불평등을 설명할 수 있는 사회학적 성찰을 어디에서도 제시하지 못한다. 오히려《성적 페르소나》는 남성성과 여성성을 인간 본성에 깊게 내재된 반테제적인 에너지에 위임시켜 버리는, 시대에 뒤떨어진 사고의 전통에 속하게 된다.

# 페미니즘적인 주장들

성 과학자들이 현대 문화에서 누리는 영향력에도 불구하고 성 과학적 저술들에서 행해진 주장들에 대한 도전은 거의 없었는데, 적어도 페미니즘 사상가들은 이 점에서 예외였다. 사실 페미니스트들은 수십 년 동안 다른 어떤 집단보다도 이러한 주요 연구와 활발하게 대화해 왔다. 따라서 나는 이 장에서 페미니스트들이 성 과학과 싸우면서 행했던 대조적인 개입의 일부를 잠시 성찰해 보고자 한다. 이러한 논의의 일부는 페미니즘 이론가들이 성 과학적 전통 안에서, 그리고 그것에 대항해서 저술해 왔음을 보여 준다. 초기의 남성 성 과학자들과 마찬가지로, 후기 빅토리아 시대의 몇몇 페미니스트들은 찰스 다윈의 《인간 유전, 그리고 성과 관련된 선택 The Descent of Man, and Selection in Relation to Sex》(1871)에서 개진된 '성적 선택 sexual selection'이라는 영향력 있는 이론에 매력을 느꼈다. 이와 유사하게, 그들은 (1862년에 발간된 허버트 스펜서의 《제1 원리 First Principles》로 유명한) 사회 다윈주의와 (다윈의 조카 프란시스 갈통 Francis Galton [1855~1920]이 창시한) 우생학 혹은 '인종 위생 race-health'의 과학 가운데 일부분을 흡수했다. 1918년에 여성들이 참정권을 획득했을 때, 영국에서는 성 과학이 페미니즘 사상에 상당한 영향력을 미치게 되었다는 주장이 제기되었다. 쉴라 제프리스 Sheila Jeffreys는 성 과학적 담론의 성 차별주의 가운데 많은 부분이 해방을 위한 페미니즘 운동을 무력화시켰다고 믿는다(Jeffreys, 1985). 비록 다른 역사가들이 제프리의 의견에 의문을 품어 왔다고 할지라도(Bland, 1995: 308을 보라), 1920년대의 페미니즘적 사고가 종족을 재생산하는 데 있어서 이성애적 여성의 힘을 진작시키는 데 종종 찬동했다고 주장하는 것은 정당하다. 결과적으로 모성은 여성의 문화적 권위를 나타내는 가장 진정한 기호가 되었다. 이러한 관점은, 독신 여성들과 레스비언들이 때때로 여성다움 womanhood 이라는 적절한 열매를 생산하는 데 실패한 하잘것없고 열등한 존재들로 간주되었음을 의미했다. 그러나 동일한 시기에, 레스비언 스스로가 자신들의 정치적 세력화라는 미명 아래 성 과학적 연구의 다소 상이한 측면들을 수정하고자 했음이 분명하다. 유명한 여성 저자들이 성 과학적 논쟁에 개입하는 이러한 두 가지 갈등 방식을 살펴보자.

남아프리카의 정치 운동가이자 작가인 올리브 슈라이너는 여성 해방을 지지하기 위해 진화론적 사고의 특징을 비판적으로 끌어들인 저명한 급진적 사상가 가운데 하나였다. 훌륭한 실험적 소설 《어느 아프리카 농장 이야기 The Story of An African Farm》(1883)와 《꿈 Dream》에 나오는 몽상적인 알레고리의 독특한 귀결로 유명해진 슈라이너는 영국과 남아프리카를 오가면서 시간을 쪼개 썼던 정치 활동가였으며, 반식민지 투쟁으로 인해 수차례 죽을 고비를 넘겼다. 그녀는 자신의 첫 소설이 완성된 후 수 년 동안 성과 진화에 관한 야심찬 연구에 몰두했다. 그러나 그 원고의 첫 판은 영국 군인들이 그녀의 집을 기습했을 때 파손되었다. 슈라이너는 그 원고를 처음부터 다시 재집필했고, 1911년에 《여성과 노동 Women and Labor》이라는 제목으로 출간했다. 엄밀히 말해서, 이 책은 성 행위와 성적 유형들의 진화를 추적할 때 남자 성 과학자들이 수행한 연구들의 일반적인 유형을 따르지 않는다. 그 대신에 슈라이너의 연구는 중간 계급 여성의 삶을 향상시키기 위해서 미래가 어떻게 그리고 왜 변형될 수 있을 것인지를 보여 주고자 사회적 다윈주의의 유사한 이론 체계를 끌어들인다. 그녀가 조심스럽게 검토한 주장이 목표한 바는 근대 사회가 물질적 진보를 통해 특정한 이익을 추구해 온 반면, 남녀 간의 오랜 불평등을 개선하는 데는 실패했다는 것이다. 서구에서는 전문 계급의 노동에 의해 수행된 역할로 인해서 (남녀라는) 양성은 분열되었다. 오랜 동안 남성들에게는 일할 기회가 늘어난 반면, 여성들은 유용한 노동에서 점점 더 분리되어 왔다고 그녀는 주장한다. 슈라이너는 오직 중간 계급의 경험에 초점을 맞추는데, 다음은 그녀가 어떻게 가정하는지를 보여준다.

> 인류 역사상 남성의 임금 노동 영역이 이처럼 광범위하고 흥미 있고 복합적이며, 그 결과 사회에 이처럼 중요했던 적은 없었다. 즉, 남성 일반이 이렇게 충분히 그리고 활기차게 고용된 적은 없었다.
>
> 가장 중요한 육체적 노동이 과도하게 또 거의 압도적인 양으로 여자에게 넘겨졌던 사회의 초기 상황과 마찬가지로, 근대적으로 문명화된 상황에서는 더 부유하고 충분히 문명화된 계급들의 남자에게 지나치게 많은 노동량이 부과되는 경향이 있다. 근대 문명 사회에서 수천 명의 목숨을 단축시키고 신경계에 영향을 미치며, 일반적으로 '과로' 혹은 '신경 쇠약'으로 알려진 근대적인 병적인 상황은, 자기 자신을 부양해야 할 뿐 아니라 다수 혹은 소수의 기생적인 여자들이 곧잘 의지하는 고상한 계급의 근대적 남성에게 부과된 정신적 노동의 몫이 지나치게 많다는 하나의 증거일 뿐이다. 그러나 남자와 관련된 근대 문명의 변화 결과가 무엇이든 간에, 그것이 전반적으로 그에게서 노동의 영역을 빼앗았다거나, 삶을 이끌어 나가는 데 있어 그의 몫을 감소시켰다거나 하는 병적인 휴지休止 상태에 빠뜨렸다고 불평할 수는 없다(Schreiner, 1911: 48~9).

슈라이너의 비판적 저술이 페미니즘적인 목적을 분명히 밝혔다 하더라도, 이 단락은 그녀가 '성 기생주의*sex - parasitism*'라고 불렀던 것에 관한 자신의 사고가 여성의 섹슈얼리티의 소모적인 힘에 관한 바이닝거의 보수적인 성찰을 몇 가지 측면에서 어떻게 되풀이하는지를 드러내 보인다. 두 사람 모두 동일한 현상, 즉 여성이 남성을 약하게 만드는 효과에 대해 검토한다는 것은 흥미롭다. 그러나 슈라이너가 이러한 상황을 변화시키기 위해 끌어 낸 결론은 바이닝거가 《섹스와 성격》에서 도달한 최종 판단과 아주 뚜렷한 대조를 이루지는 못했다. 그녀는 특정한 종류의 일에 대한 적합성을 결정하는 데 있어서 성이라는 것이 부차적인 요소조차도 못 되는 영역이 인간 삶 속에 존재한다고 믿기 때문이다. "남녀의 두뇌가 언어를 습득하고, 수학 문제를 풀고, 과학적 세부 사항들을 습득하는 방식은 전혀 구별되지 않는다. 이는 근대 대학에서 남녀 지원자들이 제출한 논문의 유형이 대체로 동일하다는 사실에서 나타난다"(Schreiner, 1911:183).

그러나 슈라이너는 이 주장을 뒷받침하면서, 중간 계급 여성들이 사실은 성적으로 특정한 형태의 노동을 수행한다고 즉각 덧붙인다. 무엇보다도, 그런 여성들을 사회의 중심에 놓는 것은 문자 그대로 양육 노동이며, 따라서 그것은 종족을 영속시키는 데 있어서 여성의 중요성을 분명하게 보여 준다. 그러나 슈라이너는 양육과 모성이 피할 수 없는 여성의 노동이라고 할지라도, 부르주아 여성들이 관여해야만 하는 유일한 노동 형태일 수는 없다고 강조한다. 동시에, 만일 여성들이 정신적 노동에 접근하는 것이 금지된다면 그들의 인간성은 나약해질 것이라고 주장했다. 슈라이너의 진화론적 교훈이 독자성을 갖게 되는 것은 바로 이러한 쟁점에 관해서이다.

지금까지 어떤 남성도 그를 낳은 어머니의 몸에서 나온 탯줄의 길이 이상 삶에 진입한 사람은 없다. 그 인종의 최종 기준이 되는 것은 여성이며, 시간이 아무리 걸려도, 또 어떤 방향으로든 그녀로부터 조금이라도 떠나는 것은 불가능하다. 그녀의 두뇌가 약해지면, 그녀가 낳은 남자의 두뇌도 약해진다. 그녀의 근육이 물러지면, 그의 근육도 물러진다. 그녀가 쇠약해지면, 인간도 쇠약해진다.

다른 요인들도 한 계급 혹은 인종의 쇠약과 퇴화로 나아가게 할 수 있고, 또 나아가게 한다. 자녀를 키우는 여성들의 기생성이야말로 틀림없이 그렇게 한다(Schreiner, 1911: 109).

여기에서 그녀는 여성이 지적이고 전문적인 능력이 강해질수록 미래의 튼튼한 인류 구성원을 낳는 데 더욱 적합해질 것이라고 말한다. 따라서 여성의 정신력은 남성과 여성 모두가 더 건강하고 더 평등한 사회를 누릴 수 있게 함으로써 유전 형질을 강화시킬 것이다.

《여성과 노동》은 그 당시의 가장 페미니즘적인 저작들 가운데 하나이다. 루시 블랜드 Lucy Bland가 1880년대와 1차 세계대전 사이에 영국에서 섹슈얼리티를 둘러싸고 전개된 페미니즘 운동에 관해 쓴 포괄적인 역사서를 보면 슈라이너가 우생학적이고 유전론적인 사고의 측면으로 방향 전환을 한 급진적 여성들 가운데 한 명이었음을 분명하게 알 수 있다(Bland, 1995). 그러나 당시의 몇몇 페미니스트들은 슈라이너와 달리 남성과의 성교가 위험하다는 상상에 사로잡혀 있었다. 예를 들면,《엄청난 재앙과 그 종식 The Great Scourge and How to End It》(1913)에서 참정권론자 크리스타벨 팽크허스트 Christabel Pankhurst (1880~1958)는, 자신의 통계에 의하면 매우 높은 비율의 남성들이 성병에

감염되어 있기 때문에 결혼의 위험으로부터 여성들을 구출해야
한다는 논쟁적인 주장을 펼쳤다. 이와 유사하게 《거래로서의
결혼 Marriage as a Trade》(1909)에서 시슬리 해밀턴 Cicely Hamilton
(1872~1952)은 성교와 모성은 여성을 위험에 빠뜨린다고 말했
다. 그녀의 관점에 의하면, 독신이야말로 이성애의 훌륭한 대안
이었다. 비록 이러한 관점들이 압도적이지는 않았지만, 이들은
성적 행위에 대한 당시 페미니스트들의 태도가 얼마나 다양했
는지를 보여 준다. 이 들끓는 논쟁 속에서 여성의 섹슈얼리티에
새로운 가능성을 제시한 레스비언의 숫자는 이전보다 훨씬 뚜
렷해졌다.

　　테리 캐슬 Terry Castle 과 릴리언 페이더만 Lilian Faderman의 탁
월한 연구는 19세기와 20세기에 나타난 여성에 대한 여성의
woman-to-woman 욕망에 초점을 맞춘 풍부하고 다양한 문학
작품들을 보여 주었다(Faderman, 1981; Castle, 1993). 만일 이 저자
들이 공유하고 있는 관점이 있다면, 그것은 20세기 이전에 나온
문학 작품들에 여자의 동성애에 관한 근대적인 관념을 적용할
경우에 부딪히는 위험을 인식하는 방식이다. 성 과학이 섹슈얼
리티라는 용어를 만들어 냈듯이, 레스비언이라는 단어 역시 특
정한 역사적 순간에 나타났다. 레스비언이라는 명칭은 1920년
대까지만 해도 광범위하게 퍼져 있지는 않았는데, 이 시기는 유
럽과 미국의 몇몇 도시에서 여성을 사랑하는 여성들을 위한 공
동체와 네트워크가 형성된 때이다. 여성의 동-성애적 욕망을
공공의 관심사로 만들었던 그 소설은 그 십여 년 동안에조차도
그런 것을 레스비어니즘이라고 언급하지 않았다. 그 대신 래드
클리프 홀은 《고독의 샘》에서 여주인공 스티븐 고든을 성 도착
자, 즉 제3의 성 혹은 중간적 성을 나타내는 인물로 표현한다.
스티븐이라는 이름은 그녀가 여성의 몸에 갖힌 남성의 영혼을

가지고 있음을 가리킨다. 그러나 그녀가 아버지 — 열렬히 아들을 원했던 — 로부터 남자 이름을 부여받았다는 사실은 외적 요소들 역시 어느 정도는 특징적인 인물에 영향을 미쳤음을 보여준다. 사실 그 소설에서 스티븐은 자신과 도저히 동일시할 수 없는 여성성의 극단적인 형태를 나타내는, 친절하지만 소심한 어머니와는 거리를 유지한다. 반면, 소설은 그녀에게 강건한 일 *athletic pursuits*을 장려하는 아버지와 밀접하게 결합되어 있는 가족 내에서 스티븐의 성장을 기록하고 있다. 소설 전체에서 스티븐은 다른 여성들과 친밀한 관계를 형성하고자 하는 자신의 욕망에 대한 심한 사회적 압력에 직면한다. 최초의 기독교 순교자의 이름을 지닌 그녀는 결국 자신의 여자 친구가 남자와의 성관계에서 더 행복하고 안전할 것이라는 것을 알고는 자신보다 어린 여자다운 여자에 대한 깊은 사랑을 희생한다.

《고독의 샘》은 출간되던 날 이래로 가장 광범위하게 읽히고 논쟁되는 레스비언의 욕망에 관한 소설이며, 여성 성 도착자를 표현하려는 홀의 결정은 지속적으로 논쟁의 원천이 되어 왔다. 예를 들어, 몇몇 독자들은 스티븐의 남성적 몸가짐이 남자 역할을 하는 부치 *butch* 레스비어니즘에 대한 부정적 스테레오 타입을 영속시킬 것이라고 믿는 반면, 다른 사람들은 뉘우침 없는 홀의 주인공이 지배적인 성적 질서에 도전하는 막강한 인물이라고 주장한다. 그 밖에도 홀의 보수적인 정치학은 몇몇 독자로 하여금 여성을 사랑하는 여성에 대한 그녀의 표현에 대해 의심을 품게 만들었다. 그러나 동시에 홀의 작품은 여전히 정치적으로 중요하며, 여성들이 이성애의 규범에 저항할 수 있는 관습에 대해 관심이 있는 페미니스트들에게는 특히 그렇다.

에스더 뉴튼 Esther Newton 은 1984년에 처음으로 출판된 주

목할 만한 에세이에서 후자의 관점을 채택한다. "다른 성 과학자들과 마찬가지로, 홀은 레스비언 섹슈얼리티를 표현하기 위해 남장 *cross-dressing*과 젠더 역전 *gender reversal*을 사용한다. 그러나 홀은 성 과학자들과 달리 스티븐을 주체로 만들고 있으며, 적대적인 세계에 대항하는 그녀의 관점을 채택했다"(Newton, 1989: 290). 스티븐은 상류 계급으로서의 특권을 가지고 있음에도 불구하고 상당한 정서적 비참함을 경험한다. 홀의 소설은 성도착자의 욕망이 자부심과 고귀함 모두를 가지고 있음을 보여준다. 날 때부터 '작은 엉덩이와 넓은 어깨를 가진' 자신의 신체에 대해 성찰한 후(Hall, 1981: 13), 스티븐은 자신의 여성적 남성성에 대한 적개심을 내면화하려고 하지 않는다.

> 그녀는 일생 동안 자신의 영혼에 채워진 거대한 족쇄와도 같은 자신의 이러한 몸뚱어리를 끌고 가야 한다. 숭배되어야 할, 이 이상스러우리만치 열정적이면서도 중성적인 *sterile* 몸뚱이는 그 흠모 *adoration*의 창조물에 의해 전혀 숭배받지 못했다. 그녀는 그것이 자신을 비참하게 만들었기 때문에 그것을 손상시키려고 간절하게 노력했다. 그것은 너무나 희고, 너무나 강하고, 너무나 오만했다. 그러나 동시에 너무나 불쌍하고 불행한 것이어서 그녀의 눈동자에는 눈물이 고이고, 그녀의 미움은 동정으로 바뀌었다. 그녀는 자신의 가슴을 가련한 손가락으로 만지고, 어깨를 어루만지며, 자신의 손이 쭉 뻗은 허벅지를 미끄러져 내리도록 내버려 둔 채, 깊은 슬픔에 빠졌다. 오, 가련하고도 너무나 고독한 육체여!(Hall, 1981: 187)

이 감동적인 문구는 뚜렷한 심리적 갈등을 포착하고 있다. 스티븐은 비록 자신을 생리적으로 '중성'이라고 보고 있지만, 그럼에도 불구하고 그녀는 자신이 사랑할 수 있는 능력으로 충만해 있으며, 감정적으로 '열정적'이라고 주장한다. 만일 아무도 그녀를 흠모하지 않는다면, 그녀 스스로가 상처 입은 것처럼 보이는 자신의 육체를 존중할 수 있는 자원들을 찾을 것이다. 사실 스티븐은 그 소설에서 가장 신중하게 다루어지는 에피소드 속에서 마침내 육체적인 사랑을 경험한다. 그녀가 자신의 연인을 가까이 오게 한 바로 그 순간, 화자는 재빨리 덧붙인다. "그리고 그 날 밤 그들은 떨어지지 않았다"(Hall, 1981: 313). 400쪽이 족히 넘는 그 소설에서, 이 문구는 여성들 간의 성적 친밀성에 대한 암시를 주는 유일한 말이다.

그러나 바로 그러한 레스비언 섹슈얼리티에 대한 암시는 영국 언론, 특히 반동적인 〈선데이 익스프레스 Sunday Express〉의 노골적인 적개심을 폭발시키기에 충분했다. 그 논쟁은 홀의 작품에 대한 적대적이고 도덕적인 공격으로 촉발되었기 때문에, 검찰 총장은 《고독의 샘》에 대해 "음란물에 의한 명예 훼손" 죄를 적용하였다. 런던 보우 가의 치안 법원에서의 재판은 금지된 성 정체성을 표현하는 작품을 쓴 많은 작가들을 함께 불러들였다. E. M. 포스터(1879~1971)와 버지니아 울프(1884~1941)는 홀을 변호하는 편지를 공동으로 작성하여 언론사에 보냈다. 울프의 실험적 소설 《올랜도 Orlando》(1928)와 포스터의 《인도로 가는 길 A Passage to India》(1924)은 모두 동성에 대한 욕망의 유형에 뚜렷한 관심을 보인다. 그러나 두 작품 모두 동성애적 특징을 공개적으로 드러내지 않았다. 사실 포스터는 격렬한 동성애적 환상을 특징으로 하는 자신의 단편 소설들을 발표하지 않았다 (이에 관해서는 Lane, 1995: 145~75를 보라). 그런 작품들은 단지 사후에 출판되었을 뿐이다. 섹슈얼리티에 대한 의견이 다르다는 이유로 홀만큼 심하게 공개적인 악평을 경험한 작가는 없었

다고 주장하는 것은 정당할 것이다. 대중의 사나운 반응은 그녀가 쓴 소설의 도덕적 메시지, 즉 영국 사회에서 레스비언들이 박해받을 것임을 확실하게 입증하였다. 확실히 레스비언은 가부장적 가족의 안팎에서 제기되는 여성들의 자율성에 대한 요구로 인해 점점 더 흔들리는 문화에 대한 두드러진 위협을 체현하고 있었다.

이 시기가 지난 후, 성 과학에 대한 페미니즘적 대응은 섹슈얼리티에 관한 논쟁들이 자체 내에서 전환됨에 따라 변화했다. 이러한 맥락에서 보면, 20세기 중반 이래 가장 활발했던 논쟁 영역 가운데 하나는 여성들의 성적 자유와 이성애적 욕망 간의 관계였다. 이러한 논쟁들은 에로틱한 잠재력을 극대화시키려는 욕구를 강조한 성 과학적 연구와 함께 1940년대 이후 강화되었고, 1960년대의 자유주의적인 성 혁명 속에서 정점에 달했다. 한편으로 페미니즘적인 논의들은 두드러지게 남성들을 거부해 왔는데, 이는 여성으로 하여금 스스로를 성적으로 만들게 하려는 요구가 이미 착취적인 이성애의 틀을 심화시키기 때문만은 아니다. 정치적 레스비어니즘으로 알려진 분리주의 운동은 질 존스톤 Jill Johnston 의 《레스비언 국가 Lesbian Nation》(1973) 같은 작품에서 영감을 받고, 이성애라는 이 헤게모니적인 제도가 여성의 성적 복종을 지속시킨다는 판단 위에서, 이성애가 어떻게 '적과의 동침'을 내포하는지에 대해 강력히 비판했다. 다른 한편으로, 1990년대에는 페미니즘과 이성애가 반드시 양립 불가능한 것은 아니라고 주장하는 새로운 논의가 나타나는데, 이는 여성들이 남성들과의 친밀한 생활을 통제할 수 있는 더욱 강력한 지위를 차지하게 되었기 때문이다.

린 시걸 Lynne Segal 은 페미니즘이 성 과학적 사고의 모순적인 유산과 어떻게 싸워 왔는지에 관심을 기울이는 주요 비평가 가운데 한 사람이다. 시걸은 스톱스의 《부부애》 시대 이래의 성 안내서들의 영향을 나열하면서, 1960년대의 윌리엄 H. 마스터즈 William H. Masters 와 버지니아 E. 존슨 Virginia E. Johnson 뿐 아니라 1940년대에 킨제이 같은 연구자들이 어떻게 여성의 섹슈얼리티에 관한 두 가지의 상반되는 개념을 여성들에게 남겨 두었는지를 검토한다. 예를 들어, 킨제이는 여성들을 위한 성적 쾌락의 중요성을 강조하면서, 오르가슴에 도달하는 데 중심이 되는 것은 질 삽입보다는 클리토리스 자극이라고 주장한다. 그러나 그의 연구를 이끌었던 생물학적 정언들은 반대 성과의 관계에 포함되는 사회적 문제들, 특히 이성애적 성교가 어떻게 원하지 않는 임신과 질병으로 나아갈 수 있는 억압적인 관계를 포함할 수 있는가 하는 문제를 그가 비껴가게끔 만들었다 (Segal, 1994: 92를 보라). 그러나 시걸이 말하듯이, 그러한 결함에도 불구하고 킨제이 보고서 (1948, 1953) 와 마스터즈와 존슨의 《인간의 성적 반응 Human Sexual Response》 (1966) 은 후세대 페미니즘 성 과학자들이 성적 쾌락, 더욱 중요하게는 여성 스스로가 쾌락을 즐길 수 있는 권리를 강조하는 문건들을 생산할 수 있게 만들었다. 그럼에도 불구하고 1970년대 일부 페미니즘적인 성 연구는, 오르가슴이 섹슈얼리티의 궁극적 목표라고 주장하는 제한적인 행위주의적 틀에 의해 여전히 방해받았다. 예를 들어, 시걸은 《당신 자신을 위해서: 여성 섹슈얼리티의 충족 For Yourself: The Fulfilment of Female Sexuality》 (1975) 에서 로니 바바흐 Lonnie Barbach 가 어떻게해서, 여성들은 항상 '에로틱한 자극에 적극적으로 반응하기 위해 스스로를 조정할' 수 있다는 확신에 찬 주장을 했는지를 보여 준다. 다음은 성적으로 민감한 육체를 '조정'하

려는 성 과학적 요구와 관련된 이런 유형의 페미니즘적 개입에 대한 단서를 그녀가 어떻게 요약하는지를 보여 준다.

그런 일상적 명랑함에서 포기된 것은 여성의 복잡한 정서적 생활에 대한 전적인 관심이며, 여기에서는 그 대신 오르가슴을 위한 그녀의 생물학적 잠재력으로 간주되는 것들에 대한 그녀의 인지적 깨달음과 오르가슴에 도달할 그녀의 권리로 축소된다. 종종 문제를 일으키고, 비합리적이거나 '도착적인' 성적 욕망과 환상의 성격에 관한 아무런 힌트나 속삭임도 없으며, 이 세상을 살아가는 자율적 행위자로서의 우리의 의식적 이상과 몰입 commitment 과는 아무런 관련도 갖지 않을 것이다. [……] 거의 모든 여성들의 상상 fiction 이 그려 낼 수 있듯이, 욕망을 발생시키는 것은 의식적인 페미니즘적 추구가 명하는 바에 거의 복종하지 않지만, 부적절하게 복종적이고, 억압적이며, 적대적이거나 혹은 다른 면에서는 '일탈적인' 자극들을 종종 포함한다. 그러나 성 과학에서는 그것이 페미니즘적이건 아니건 간에, 모든 경험은 외부로부터 내부로 조작할 수 있는 것으로 간주된다. 그리고 모순적이고 갈등적이거나 문자 그대로 불가능한 자극으로부터 발생하며 그것을 표현하는 욕망의 가능성은 이 틀 내에서 설명되는 것은 물론이고 심지어 표현될 수도 없다 (Segal, 1994: 104).

시걸은 20세기 성 과학이 섹슈얼리티를, 오르가슴에 도달하게 만들어야 하는 외적 자극을 의미하는 완전히 육체적인 문제라는 식으로 잘못 가정한다고 계속 주장한다. 이 관점에 의하면, 성 과학은 인간의 육체를 욕망의 기계처럼 간주하는데, 그것의 성감대는 성적 성공을 배타적으로 규정하는 하나의 절정에 도달하는 행위를 불러일으킨다. 성 과학은 그 태동기부터 성적 유형을 분류하고, 성적 행위를 측정하며, 각각에 대한 규범과 목표를 설정하는 데 지나치게 초점을 기울여 왔다. 성 과학이 비록 개인의 에로틱한 만족이 우선한다는 점을 더욱더 강조함으로써 특정한 성적 욕망을 질병으로 규정하는 것과는 거리를 두어 왔다고 하더라도, 섹슈얼리티가 어떻게 신체적 기능을 넘어서고, 도전하며, 당황하게 만드는지를 이해하지 못한다. "남녀 간의 대립이라는 개념에 의거해서가 아니라, 남녀 간의 유사점과 차이점에 대한 상호 인식에 근거해서 젠더에 대한 새로운 개념과 관습을 우리가 만들어 낼" 수 있는 새로운 '젠더 질서 *gender order*'를 요구하면서 자신의 연구를 마무리했던 것은 바로 이 때문이다(Segal, 1994: 317). 대중적인 성 과학이 더 나은 그리고 더욱 만족스러운 에로틱한 삶의 전망을 갖고 있다는 것을 우리 문화가 더 이상 믿지 않는 바로 그 때, 아직 실현되지 않은 이 '젠더 질서'는 틀림없이 드러나게 될 것이다.

## 소비하려는 열정

지난 100여 년 동안 성 과학의 존속을 인정한다면, 독자들은 정확히 무엇이 이런 류의 연구를 맨 처음에 생겨나게 했는지, 그리고 왜 그렇게 지속적인 영향력을 누릴 수 있었는지를 아마도 궁금해 할 것이다. 섹슈얼리티가 이름을 가지게 된 것이 왜 이시기여야 했을까? 그리고 이론가들은 성적 차이와 에로틱한 욕망을 이해하기 위해 왜 그렇게 힘들게 나아가야만 했을까? 이러한 절박한 질문에 대한 답변들은 일반적으로 기대하는 것보

다 훨씬 덜 논쟁적인 주제였다. 사실 성 과학에 관한 많은 역사적 설명 가운데 매우 뛰어난 것이라 할지라도, 이러한 지식 체계가 왜 그렇게 발전해 왔는지를 우리에게 말해 주는 데는 실패해 온 것이 사실이다. 예를 들면, 포터와 홀은 매우 충실하게 기록한 자신들의 책《삶의 진실들 *The Facts of Life*》에서 "개인들이 자신들의 고유한 '성 지식'과 '삶의 진실'에 대한 감각을 도출해 내는 특정한 민족적 맥락에서, 특정한 역사적 순간에 떠다니는 몇몇 종류의 관념들을 가리키는 다소 조악한 도표"를 그려 낼 수 있었을 뿐이라는 결론을 내린다(Porter & Hall, 1995: 283). 그런 '조악한 도표'는 어떻게 그리고 왜 섹슈얼리티에 대한 공개적인 담론이 나타나게 되었는지 파악하는 것을 때때로 어렵게 만든다. 그들은 "섹슈얼리티는 그것을 표현하는 단어, 이미지, 은유, 상징 없이는 문화 속에 존재할 수 없다"는 것을 명백히 인정한다(Porter & Hall, 1995: 8). 그러나 포터와 홀이 이 일반적인 점에 깊은 주의를 기울였다고 할지라도, 그들의 매우 상세한 연구는 후기 빅토리아 시대에 발생한 이 섹슈얼리티라는 용어가 과학적 연구에서 왜 그렇게 중요한 주제가 되었는지에 관해서는 혼란스럽다.

이러한 성 과학적 연구들을 추동시킨 하나의 근원적인 이유가 틀림없이 존재한다고 가정하기보다는 섹슈얼리티에 대한 관심의 고조가 중층 결정되었다고 *overdetermined* 생각하는 편이 낫다. 즉, 내가 논의해 온 여러 가지 텍스트들 속에 함께 들어 있는 복합적인 원천들로부터 나온 것이라 할 수 있다. 진화론적이고 우생학적인 사고, 여성의 참정권 운동의 강화, 그리고 성적으로 다른 하위 문화들의 발달 모두가 이러한 연구를 개척하는 데 일부분을 담당했다는 것을 아무도 부인할 수 없다. 그러나 이렇게 상호 연관된 발전은 누군가 그것들의 공통된 특징들 가운데 일부를 규정할 수 있는 모델을 찾을 수 있다면 훨씬 이해하기 쉬울 것이다.

　　로렌스 버큰Lawrence Birken 의 《소비하려는 욕망: 성 과학 과 풍요의 문화의 출현, 1871~1914 *Consuming Desire: Sexual Science and the Emergence of a Culture of Abundance, 1871~1914*》(1988) 은 이러한 시도를 한 드문 연구 가운데 하나다. 버큰의 이 간결한 책은 섹 슈얼리티에 대한 과학적 연구들을 철학적 개념의 역사 속에 위 치짓는다. 그의 주장은 부르주아 사회에서 개인이라는 계몽적 범주의 출현이 세상과 자신들의 경제적 관계에 대한 사람들의 사고 방식을 어떻게 변화시켰는지에 초점을 맞춘다. 재산권의 발달을 전제로 할 때, 개인은 다른 개인들과의 자유로운 경제적 관계로 진입할 수 있는 기회를 점차 많이 갖게 되었다. 그리하 여 서구 문화가 선택, 쾌락, 그리고 취향을 점점 더 강조함에 따라 소비의 경제는 생산 관계에서 근본적인 것이 되었다. 이 모델에서, "성 과학은 특이한 소비자들이 다른 사람들과의 에 로틱한 관계를 서로 자유롭게 맺게 되는 더 넓은 사회를 구상하 고 있다"(Birken, 1988: 49). 따라서 마조히즘은 비록 병리학적으 로 비난받는다고 할지라도 어느 정도는 성적 취향의 일종으로 간주될 수 있었다. 그러나 버큰이 말하듯이, 새로 등장한 시장 원리에 의해 유지되는 자유는 그 심리학적 특이성이 전체로서 의 사회 질서를 위협할 수도 있는 개인 주체들을 보상해 준다. 자율성에 대한 강조가 증가하자 개인적 욕망의 증식으로 인해 유발된 잠재적 혼란을 통제하기 위한 보다 규제적인 법률이 요 구되었으며 이에 상응하는 반응이 나타났다. 다음의 문장은 이 점을 잘 보여 준다.

*Sex*

경제적 인간이 시장의 법칙에 복종함으로써만 자신의 자유를 실현하는 것처럼, 심리적 남성과 여성 역시 성 시장의 법칙에 복종함으로써 자신들의 자유를 실현한다.

다시 말해서, 성 과학은 특이한 소비자를 발견함과 동시에 규제하려는 시도를 한다. 성 과학은 한편으로 개인적 선호의 복합성과 개별 인간의 '다양한 소비'나 '사례'의 독특성을 강조한다. 그래서 미국의 내과 의사 프랭크 리드스톤 Frank Lydston이 1890년경에 주장하기를, "우리가 다양한 신체 형태와 정신적 속성을 가질 수 있는 것과 마찬가지로, 우리는 다양하고 도착적인 성적 친화성을 가진다"고 했다. 성 과학자들은 다른 한편으로 이러한 다양한 욕망들을 성의 내재적 법칙 속에 복속시키려 했다 (Birken, 1988: 49).

만일 누군가가 경제적 영역 내에 있는 문화적 소비의 유형을 보다 폭넓게 검토한다면, 19세기 사회는 한 인간 주체가 그것이 욕망하는 대로 될 수 있다는 개념을 확장시켰다는 점이 분명해질 것이다. 주체는 소비할 수 있는 힘을 통해 욕망을 표현한다는 관념은, 19세기와 20세기 문화에서 가시적으로 나타나는 일반적인 발전 — 백화점에서 물건을 사는 것에서부터 포르노그라피처럼 이전보다 영역이 더 넓어진 성 상품을 구입하는 것에 이르기까지 — 속에서 이해될 수 있다. 동시에, 모든 종류의 전문적인 일을 따내려는 중간 계급 여성들의 권리를 위한 후기 빅토리아 시대의 페미니즘 운동은 성적 욕망과 경제적 권력 간의 연합을 점점 더 긴밀하게 만드는, 사회의 서로 연관된 측면을 가리킨다. 슈라이너는 자신의 성을 대표하여 "우리에게 일을 달라"고 주장한다 (Schreiner, 1911: 33). 슈라이너는 여성들이 수행해야 할 근본적인 재생산 노동이 있고, 여성들은 또한 시장의 공정한 몫을 가져야만 한다고 주장한다. 즉, 전문직 여성 노동자들이 만인의 선을 키울 수 있는 세계가 필요하다는 것이다.

버큰과 비교할 때, 존 데밀리오 John D'Emilio 는 유사하면서도 훨씬 마르크스주의적인 방식으로 시장의 힘과 욕망에 대한 분석을 제시한다. 데밀리오는 고전적인 에세이 〈자본주의와 게이 정체성 Capitalism and Gay Identity〉(1983)에서 성 과학의 성장에 대해 명시적으로 언급하지는 않았지만, 그가 개발한 개념틀은 19세기에 성적 소수 집단이 왜 더욱 눈에 띄게 되었고, 그 결과 자신들을 과학적 연구의 주제로 만들게 되었는지에 대한 몇 가지 단서를 가지고 있다. 그는 '영원한 동성애자 eternal homosexual' 에 관한 어떠한 개념도 타파하고자 노력하면서, 19세기 미국 자본주의에서 발생한 '자유 노동 체제'라는 맥락 속에서 게이의 하위 문화들이 발전하게 된 이유를 검토함으로써 그러한 본질주의적인 가정들에 맞서 싸운다(D'Emilio, 1992: 5). 그는 백인 가족이 원래 사회의 주춧돌을 형성한 독립적인 생산 단위였다가 어떻게 해서 구성원의 애정을 키워 나가는 집단으로 그 지위가 변화하게 되었는지를 검토한다. 가족은 더 이상 '상품을 제공하는 제도 institution'가 아닌 '정서적 만족과 행복'을 제공하는 제도였다(D'Emilio, 1992: 7). 그 결과, 결혼의 강조점은 생식으로부터 자녀를 양육하는 제도 쪽으로 옮겨졌다. 자본주의가 노동이라는 공적 세계와 사적인 가정 생활 간의 분리를 만들어 냄으로써 가족의 구조를 변화시키자, 남성들과 여성들이 가족적 질서로부터 분리된 친밀한 관계를 창출할 가능성이 생겨났다. 자족적인 가족의 외부라는 맥락에서 자신의 노동을 팔 수 있는 기회가 증가한 것은, 특히 도시 중심부에서, 대안적인 성 생활 양식이 이전보다 훨씬 더 많은 사람들에게 가능하게 되었음을 의미한다고 데밀리오는 주장한다.

그러나 후기 자본주의라는 국면에서 동성애에 대한 공언된 적대감을 전제한 다음, 데밀리오는 경제적 생산 양식과 당시의 지배적인 도덕 간의 구조적 모순에 대해 언급해야만 했다. 그가 이 문제에 어떻게 접근했는지를 보여 주는 글이 여기에 있다.

> 자본주의와 가족 간의 관계는 근본적으로 모순적이다. 자본주의는 한편으로는 개인들이 가족 바깥에서 사는 것을 가능하게 함으로써, 그리고 레스비언과 게이 남성의 정체성이 발전할 수 있게 함으로써 가족 생활의 물적 토대를 끊임없이 약화시킨다. 다른 한편, 그것은 적어도 다음 세대의 노동자들을 재생산할 수 있을 정도의 기간 동안만이라도 남성과 여성을 가족 속으로 밀어넣을 필요가 있다. 가족을 이데올로기적 우월성으로 격상시키는 것은, 자본주의 사회가 단지 자녀들을 재생산할 뿐 아니라 이성애주의 *heterosexism*와 동성애 혐오를 재생산할 것이라는 점을 보장한다(D'Emilio, 1992: 13).

다른 식으로 말하자면, 변화하는 경제적 환경이 상이한 섹슈얼리티의 등장을 허용한 것과 마찬가지로 그것은 가족에게 스스로를 재생산하라는 압력 또한 강화했다. 그러나 이러한 마르크스주의적 접근에는 눈에 띄는 한계들이 존재한다. 동성애 혐오의 증가와 동성애적 하위 문화의 발전을 어떻게 조화시킬 수 있는가? 사실 우세한 도덕 관념들이 생산 관계의 변화에 뒤쳐질 수 있는 것 아닌가? 혹은 엄격한 도덕성을 고취시키는 자유로운 노동 시장의 다소 예측 불가능한 조건이야말로 운명을 통제할 수 있다는 느낌을 사회에 부여하는 것 아닌가? 여러 생각을 불러일으킨 데밀리오의 에세이에는 그러한 질문들에 대한 답이 없다. 궁극적으로, 레스비언들과 게이 남성들이 변화하는 자유 노동 경제 아래 자신들 고유의 관계망을 만들어 내면서 왜 동시에 "자본주의가 만들어 내는 사회적 불안정성의 정치적 희생물"이 되어야 하는지 정확히 알아 내는 것은 여전히 힘들다 (D'Emilio, 1992: 13).

몇 가지 측면에서, 버큰과 데밀리오의 존경할 만한 에세이가 서로 다른 정도로 경제 결정론을 용인하고 있다고 주장할 수 있을 것이다. 즉, 경제적 변화가 필연적으로 다른 모든 사회적이고 문화적인 관계들을 다스린다는 믿음, 이러한 사고 방식은 성적 현상들에 대한 접근에서는 확고하게 기능주의적으로 될 수 있다. 그러한 분석은 일련의 특정한 경제적 원인들이 동일한 문화적 효과를 갖는다고 가정함으로써, 동성애와 동성애 혐오 간의 모순적 동학이 전적으로 외재적인 문제라는 제안을 하게 된다. 특정한 자본주의적 조건들에서 성적 일탈자들이 어떻게 자신들의 공동체 속으로 진입하는지에 대해서 경제사가 밝혀 줄 수 있다고 하더라도, 에로틱한 자기 동일시를 만들어 내는 복잡한 메커니즘을 규정하는 데 있어서 그 방법은 분명히 성 과학의 그것만큼이나 제한적이다. 가족이 어떻게 축복받은 이성애적 이상을 따를 수 없는 욕망을 가진 사람들을 만들어 내는지에 대해 어떠한 이론도 한꺼번에 설명할 수는 없다.

그렇다면 이론가들은 이성애적 지배와 동성애적 이견 간의 극심한 갈등을 설명하는 데 도움이 되는 분석적 모델을 다른 어떤 곳에서 찾을 수 있을까? 수많은 성 정체성과 행위들을 발생시킨 조건들을 검토하기 위해서는 어떤 도구들이 있어야 할 것인가? 가장 영향력 있는 대안들 가운데 하나는 정신 분석학이었는데, 이는 성 과학자들을 매혹시킨 현상들의 많은 부분을 검토하는 비판적 방법이자 의학적 조치이지만, 그 기원은 과거에 탐구되지 않았던 영역, 즉 무의식적인 정신 *unconscious mind* 속에 놓여 있다. 프로이트에 의해 고안되고 라캉에 의해 더욱 발전된 정신 분석학은 성 과학만으로는 밝혀 내지 못한 것들에 대해 의문을 제기한다. 정신은 어떻게 종종 사회적으로 반역적인 방식으로 성적 충동을 조직하는가? 다음 장은 정신 분석학적 연구가 진정으로 성 과학을 능가할 수 있게 한 비판적 용어들의 독특한 앙상블을 어떻게 개척해 왔는지를 밝혀 준다.

## 2

# 정신 분석학적 충동

# 프로이트의 콤플렉스

프로이트는 생애 말기에 "관례적인 견해에 따르면 인간의 성 생활은 본질적으로 자신의 성기를 반대 성을 가진 사람의 성기와 접촉하려고 노력하는 것에 있다"고 말했다(Freud, 1964, XXIII: 152). 또한 종래의 '관례적인 견해'는 이성 관계의 욕망이 사춘기에 발생해서 재생산이라는 자연스런 결과에 도달한다는 것을 전제한다고 말한다. 하지만 프로이트가 계속 말하듯이, "이러한 견해의 좁은 테두리에 맞지 않는 어떤 사실들"이 있다. 따라서 그는 설령 이성애적 성교가 인간의 정상적인 발달의 필연적인 결과처럼 보일지라도, 다음과 같은 세 가지 중요 현상은 에로티시즘이 성적으로 성숙한 성인의 생식 기능을 훨씬 벗어나 있음을 보여 준다고 덧붙인다. 첫째, 동성애가 광범위하게 존재한다. 둘째, '성 도착자'로 분류될 만한 사람들이 존재하는데, 이들의 욕망은 "성적인 욕망과 똑같이 움직이지만 성기와 그것의 정상적 사용에 전혀 관심이 없다." 셋째, 어린아이들이 흔히 그들의 성기에 관심을 보이고 그것을 통해 흥분을 경험하는 이유가 무엇인지의 문제가 있다. 일단 이러한 '세 가지의 간과되었던 사실'이 고려되면 다음과 같은 몇 가지 점들이 명백해진다. (1) 성 생활은 유아기에 시작된다. (2) '성'과 '생식'은 별개의 의미이다. '성'은 '생식'과 아무런 관련이 없는 많은 활동을 포함하기 때문이다. (3) 성적 쾌락은 성감대를 발달시키지만 이것들은 재생산에 이르게 할 수도 있고 그렇지 않을 수도 있다. 요컨대 이런 사실들은 프로이트가 정신 분석을 통해 탐구한 결정적으로 새로운 발견들이다. 그가 이러한 통찰을 이론화하기 위해 사용했던 모델에 대해서는 처음부터 논란이 많았지만 그 모델의 결정적인 영향은 오늘날까지 여전하다. 이 장에서는 이러한 영향력이 어디에서 기인하는지 살펴볼 것이다.

프로이트가 표명한 이 최종적인 견해는 1938년에 집필하기 시작한 〈정신 분석학 개요 An Outline of Psycho - Analysis〉라는 그의 미완성 논문에 나타나 있는데, 이것은 그가 오랫동안 환자들의 정신적 삶을 연구한 성과들을 간결하고 이해하기 쉽게 묶은 것이다. 어쨌든 정신 분석학은 이보다 50년 이상 전인 1880년대에 시작되었다. 빈 대학에서 신경 병리학자로 훈련받은 프로이트는, 1880년대의 그의 초기 저작에서는 운동 신경 마비와 같은 의학적 문제에 몰두했다. 이 저작들에는 최면과 히스테리 증상에 관한 연구들이 포함된다. 하지만 파리의 살페트리에르 병원에서 연구하는 기간 동안 그의 연구 방향은 극적으로 전환되었다. 거기에서 그는 저명한 의사인 장 마르탱 샤르코 Jean Martin Charcot (1825 ~ 93)가 여성 환자들의 히스테리 증상을 치료하기 위해 최면술을 이용하는 것을 목격했다. 1890년대 전반 그는 대부분 히스테리 연구에 몰두하였고, 그 결과 히스테리

를 신경 질환의 일종으로 볼 수 있다고 한 샤르코의 혁신적인 생각에 점점 동의할 수 없게 되었다. 프로이트는 그와는 완전히 다른 결론을 도출하면서 선배 연구자인 조세프 브로이어 Josef Breuer (1842~1925)와 함께 히스테리 증상이 성적 감정의 갈등에서 기인한다는 점을 보여 주는 다섯 가지 증례를 제시한 중요한 저서를 발표했다. 1895년에 출판된 《히스테리 연구 Studies in Hysteria》는 프로이트가 무의식이라고 칭한 정신적 영역에 대한 깊이 있는 연구의 출발점이 되었다.

뒤이어 발표된 프로이트의 주요 저작인 《꿈의 해석 The Interpretation of Dreams》(1900)은 무의식이 의식적 정신과 나란히 존재하지만 자신만의 독특한 논리에 따라 움직이는 방식에 대한 급진적인 주장을 담고 있다. 문화가 요구하는 이성적 질서에 따라 움직이는 의식적 정신과 달리, 무의식은 고통스럽지만 피할 수 없는 억압 과정을 겪은 정신의 영역이다. 주체가 세계 안에서 가능한 한 성공적으로 활동하기 위해서는 이러한 억압의 기제들이 반드시 작동해야 한다. 의식의 차원에서 금지된 욕망과 소원들이 무의식에 침전되는 것은 바로 억압을 통해서이다. 하지만 이것은 무의식이 의식적 정신에서 완전히 배제된다는 의미가 아니다. 오히려 무의식은 흔히 실수 parapraxes나 잘못 말하기(보통 '프로이트적 말 실수'라고 일컬어지는), 꿈의 기억(무의식적인 소원 성취가 드러나 있는), 몸짓(의식적 정신이 억압할 수밖에 없는 것을 드러내는) 같은 현상들을 통해 나타난다. 하나의 이론 체계로서 그리고 임상적 실천으로서 정신 분석은 이러한 가시적이고 육체적인 기호를 조심스럽게 살펴보지 않고서는 제 기능을 다할 수 없으며, 이를 통해 무의식의 이해하기 힘들지만 그럼에도 해독 가능한 활동을 해석할 수 있다.

무의식에 관한 이러한 선구적 이론은 프로이트가 1905년에 처음으로 정교화한 이래 그의 생애 동안 많은 관심을 기울였던 섹슈얼리티에 대해 새로운 설명을 제시할 수 있게 한 주요한 근거가 되었다. 1905년에 발표된 《섹슈얼리티에 관한 세 편의 에세이》는 인간 주체가 자신의 정체성을 유지하기 위해서는 다양한 성적 충동을 억압해야 하고, 무의식은 바로 그러한 성적 충동을 억압해 있는 불안정한 영역이라는 사실을 드러낸다. 이러한 과정의 첫번째 단계는 유아기 초기에 일어나고, 그 두 번째 단계는 사춘기에 일어나며 두 단계 사이에는 잠복기가 존재한다. (따라서 프로이트는 이것을 성적 발달의 2단계 모델이라고 부른다.) 그러나 프로이트가 거듭 밝히듯이, 유아가 처음에 획득하는 성적 정체성은 결코 쉽지 않은 과정의 산물이다. 성 정체성은 어떠한 예정된 발달 경로도 따르지 않기 때문이다. 프로이트는 생물학적 본능이 섹슈얼리티를 결정하는 배타적인 권리를 가질 수 없다는 점을 계속 강조하면서, 유아의 신체는 양성의 해부학적 차이에 대해 양가적인 정신적 반응을 보이면서 성화 *sexualized* 된다고 주장한다. 그는 어린아이가 섹슈얼리티를 형성하는 과정에서 반드시 통과하는 복잡한 동일시 과정들을 이해하기 위해 오이디푸스 콤플렉스와 거세 콤플렉스라는 두 가지 상호 의존적인 구조를 이론화했다. 그 후 1920년대와 1930년대에 발표된 몇몇 논문들에서 아주 상세하게 설명되는 이 두 콤플렉스는 프로이트의 놀라운 분석 범위를 넘어 확장된다. 여러 가지 점에서 오이디푸스 콤플렉스와 거세 콤플렉스는 그가 주로 몰두한 문제이면서 가장 오래 붙들고 있던 문제였다. 암시적이지만 도식적이고, 독창적이지만 분노하게 만드는 이 개념들은 프로이트가 섹슈얼리티를 설명하는 데 있어서 두 가지 중요한 토대를 제공한다. 하지만 각각의 콤플렉스가 함의하는 바를 이해하기는 쉽지 않다. 그것은 그의 방대한 저서 곳곳에 단편적으로만 나타나 있기 때문이다. 즉, 《섹슈얼리티에 관한 세 편의 에세이》의 네 차례의 거듭된 수정 보완판(마지막 판은 1924년에 발행됨)에 첨부된 각주들에 처음 나타나 있고, 그 후 〈오이디푸스 콤플렉스의 해소 The Dissolution of Oedipus Complex〉(1924) 와 〈여성의 섹슈얼리티 Female Sexuality〉(1931) 같은 논문 곳곳에 나타나 있다. 따라서 프로이트의 저서 한 권이나 논문 한 편을 통해 섹슈얼리티에 관한 그의 견해 전체를 파악할 수 없다는 점을 염두에 두는 것이 중요하다.

프로이트의 작업이 욕망에 대한 이전의 성 과학적 설명과 정확히 어떻게 다르고, 오이디푸스 콤플렉스와 거세 콤플렉스를 주장할 수 있는 근거들을 어떻게 제공하는지 살펴보기 위해 무엇보다 먼저 그가 《섹슈얼리티에 관한 세 편의 에세이》에서 추진하기 시작한 새로운 연구 방법을 살펴보는 것이 유용하다. 이 논문은 '성적 이상'과 '유아기의 섹슈얼리티,' '사춘기의 변화들'을 차례로 다룬다. 프로이트는 '성적 이상'을 고찰하면서 하브록 엘리스와 크라프트에빙 같은 성 과학자들이 축적한 병력들에 관해, 특히 성 도착이나 동성애에 관한 이들의 분석에 관해 몇 가지 포괄적인 주장을 끌어 낸다(두 연구자에 관해서는 1장을 참조하라). 프로이트는 이 성 과학자들이 발견한 사실들을 요약한 후에, 유아기에는 동성애자와 이성애자가 함께 경험할 수 있는 성 경험이 많기 때문에 '선천적' 성 도착과 '후천적' 성 도착을 아주 엄격하게 구분하는 것은 불가능하다고 결론짓는다. 마찬가지로 그는, 과학은 '여성의 머리'를 구성하는 것이 무엇인지에 대해 정확히 규명하지 못하는 상태에 있기 때문에, 남성 성 도착자는 남성의 육체에 여성의 머리를 갖고 있다고 말한 울리히스의 견해에 심각한 의문을 제기한다(Freud, 1953: VII,

142) . 다시 말해서 프로이트는 성 도착 *inversion*이 정신적 양성성의 형태(즉, 여성적 특징과 남성적 특징이 결합된)일 것이라는 생각 — 이는 점차 그에게 중요해진다 — 을 갖게 되는데, 이는 주로 이 개념[성 도착]이 성 **본능**과 성 **대상**의 차이를 강조하기 때문이다. (이 점에서, 프로이트는 원래 독일어로 *Instinkt*보다 *Trieb*이란 말을 사용했다는 점에 주목할 필요가 있다. *Trieb*은 대충 *drive*로 번역되고, *'Instinkt'*는 영어의 *'instinct'*가 내포하는 생물학적 의미와 연결된다. 프로이트 연구자들은 프로이트의 성 이론이 특히 생물학적 결정론과 단절하려고 했기 때문에 성 '충동*drive*'이라고 해야 할지 성 '본능*instinct*'이라고 해야 할지를 둘러싸고 여전히 논쟁 중이다. 이 쟁점에 관해서는 Bowie, 1991: 161을 참조하라.) 프로이트는 "성 본능은 우선 그 대상과 독립적이며 또한 그 기원도 성 대상의 매력과 무관한 것 같다"고 말한다(Freud, 1953: VII, 148). 다시 말해서 성 도착은 성 충동과 궁극적인 리비도적 애착 간에는 자의적인 연관성만 있을 뿐이라는 점을 보여 준다.

이 점을 분명히 함으로써 프로이트는 '정상적인 성 생활' — 즉, 이성애적 성교에 도달한 — 에도 생식과 직접적인 관련이 없는 행동들이 있다고 말한다. 프로이트는 그러한 '예비적인' 혹은 '중간적인' 성 목적에는 성 대상을 만지거나 보는 행위 그리고 키스와 같은 대단히 유쾌한 행위로 나아가는 것이 포함된다고 주장한다. 그는 냉정한 과학의 엄격한 시선에서 보면 키스도 '성 도착*perversion*'으로 볼 수 있다고 말한다. "신체의 그 부분이 생식기의 일부가 아니라 소화관의 입구에 해당하기" 때문이다(Freud, 1953: VII, 150). 이러한 사실을 바탕으로 프로이트는 신체의 여러 부위가 성적으로 높이 평가받는 자리가 될 수 있다고 주장하는 것이 가능하다고 생각한다. 비록 특정한 신체 부위(입, 생식기, 항문 같은)에 대해 역겨워하는 사람들도 있지만, 리비도는 통상적으로 이러한 신체 부위에 대한 혐오감을 압도해 버린다. 이러한 주장의 근거로 프로이트는 남성의 동성애와 가장 흔히 연관되는 기관인 항문에 대한 통상적인 혐오감에 초점을 맞춘다. 그는 사람들이 흔히 항문 성교를 혐오하는 것은 약간 비논리적이라고 주장한다. 하지만 다음을 보면 알 수 있듯이, 프로이트는 이렇게 대담한 발언을 했지만 성 차별주의를 완전히 반대한 것은 아니다.

> 항문과 관계되는 성 행위는 혐오감을 주기 때문에 성 목적 자체가 성 도착으로 낙인 찍힌다. 하지만 나는 문제의 그 기관이 배설 기능을 하며 배설물 — 그 자체로 역겨운 것 — 과 접촉하게 된다고 말함으로써 항문 성교의 역겨움을 설명하려고 드는 사람들이, 남성의 생식기가 오줌을 누는 데 쓰인다는 말로 남성의 생식기에 대한 혐오감을 설명하는 여성 히스테리 환자들보다 더 정곡을 찔렀다고는 생각하지 않는다. 이런 주장을 했다고 여러분들은 나를 비난할지도 모른다(Freud, 1953: VII, 152).

따라서 신체의 각 부분은 굉장히 다양한 방식으로 해석될 수 있다. 심지어 '여성 히스테리 환자들'에 의해서도 해석될 수 있는 것처럼 보인다. 신체 부위들은 생물학적 기능을 수행할 수 있고, 성감대가 되기도 하며, 역겹다는 느낌을 주기도 한다. 이런 관점에서 보면 자연적인 재생산 기능을 하는 페니스조차 잠재적으로는 역겨운 대상이 될 수 있다. 따라서 성적인 측면에서 보면, 인간의 신체는 주체의 성향에 따라 사랑받거나 반대로 혐오감을 불러일으킬 수 있으며, 귀하게 여겨지거나 아니면 경멸당할 수 있는 많은 특징을 지니고 있다.

하지만 신체 부위가 아무리 다양하더라도 그것은 리비도적 애착이 형성되는 유일한 대상은 아니다. 프로이트는 즉시 페티시 *fetishes* — '발이나 머리카락 같은' 혹은 '어떤 무생물' — 가 어떻게 성적 대상을 대체하는지 언급한다. 이 점은 훨씬 나중에 그가 〈페티시즘 Fetishism〉(1927)이라는 논문에서 다루었다. 재생산 목적과 직접적 관련이 없는 키스와 같이, 페티시즘도 이성애에 존재한다. 이 점을 입증하기 위해 프로이트는 괴테의 《파우스트》(1808~32)에서 한 구절을 인용한다. "그녀의 젖가슴에서 손수건을 가져다 줘 / 그녀가 무릎으로 눌렀다면 더욱더 좋고"(Freud, 1953: VII, 154). 마찬가지로 섹슈얼리티가 재생산이라는 분명한 생물학적 명령에서 벗어나 있는 것을 보여 주는 주목할 만한 또 다른 성 도착이 있다. 성 본능이 성 대상과 분리되어야 하는 이유를 보여 준, 앞서 언급한 성적 이상들처럼 마조히즘과 사디즘은 성적 일탈에 대한 우리의 이해를 확장시킨다. 프로이트는 "사디즘과 마조히즘이 성 도착 가운데 특별한 위치를 차지한다"고 말한다. "그 이면에 깔려 있는 능동성과 수동성의 대조가 성 생활의 보편적인 특징이기 때문이다"(Freud, 1953: VII, 159). 결코 생물학적으로 기능적이지 않은 마조히즘과 사디즘은 남녀 간의 성 관계에서 통상 규범적으로 여겨지는 능동성과 수동성 — 각각 남성성과 여성성에 대응하는 — 이라는 익히 잘 알려진 형태로 나아간다. 따라서 프로이트는 그러한 성 도착을 질병이나 변태의 유형으로 분류하기보다 그러한 성 행위와 기호가 인간의 모든 섹슈얼리티에서, 특히 성 과학자들이 흔히 비정상적인 욕망으로 여겨지는 것들과 구별하려고 했던 재생산적 이성애에서 본질적인 역할을 한다고 주장한다.

결과적으로 프로이트는 '성적 이상'에서 두 가지 중요한 결론에 도달한다. 첫째, 그는 "성 본능은 저항으로 작용하는 어떤 정신적인 힘들과 싸워야 한다"고 주장하며, 특히 그러한 '힘들'은 수치심과 역겨움이라고 말한다. 따라서 주체는 억압을 통해 성 본능을 조절하려고 노력한다. 하지만 '정상적인' 성 생활의 발달을 도모하는 과정에서 그러한 조절이 항상 성공적인 것만은 아니다. 둘째, 성 도착은 성 본능이 이질적이지는 않더라도 많은 별개의 원천을 가지고 있음을 보여 준다. 다시 말해서 성 도착은 '복합적인 본질'을 지니고 있다. 프로이트는 "이러한 사실은 성 본능이 결코 단순한 것이 아니라 성 도착에서 다시 해체된 요소들을 결합한 것이라는 점을 암시한다"고 말한다 (Freud, 1953: VII, 162). 이러한 사실들에 주목한 프로이트에게 남는 과제는 다음과 같은 점을 규명하는 것이다. (1) 주체는 어떻게 성 본능을 제한하려고 애쓰는가? (2) 성 본능 자체는 어떻게 다양하면서 종종 갈등적인 요소들을 결합하는가?

그렇다면 프로이트는 이러한 두 가지 가설을 어떻게 설명하는가? 이 질문에 답하기 위해서 우선 《섹슈얼리티에 관한 세 편의 에세이》의 제2편인 〈유아기의 섹슈얼리티〉에서 제시된 몇 가지 두드러진 주장들을 살펴보아야 한다. 거기에서 프로이트는 "성적 충동의 맹아가 신생아에게 이미 존재한다"고 주장하며, 그것들은 인간 섹슈얼리티를 조직하는 두 단계 가운데 첫번째 단계를 거친다고 말한다(Freud, 1953: VII, 180). 특히 중요한 것은 유아가 일찍이 경험한 신체적 안정감을 다시 느낄 수 있는 자기 성애적인 *autoerotic* 기쁨의 창출이다. 이러한 어린아이의 자기 성애를 입증하기 위해, 프로이트는 유아들이 엄지손가락을 빠는 행위를 예로 든다. 그는 이런 행위가 어머니의 젖을 빨았던 즐거운 경험을 반복하는 것이라고 말한다. "이런 행위의 목적은 분명 양분을 섭취하는 것이다"라고 그는 말한다(Freud, 1953: VII, 182). 신체적 안정감을 얻는 것 말고는 아무런 다른 목적이 없는 엄지손가락 빨기는 '이미 경험했던 즐거움'을 흉내내는 것이다(Freud, 1953: VII, 181). 따라서 입술과 입 안의 점막은 신체적인 강렬한 흥분을 느낄 수 있는 곳이 된다. 신체의 다른 기관도 이와 마찬가지다. 프로이트는 1915년에 추가한 주에서 "신체의 모든 부분과 모든 내부 기관들에 성욕을 일으키는 특성이 있다"고 말했다(Freud, 1953: VII, 184). 프로이트의 주목할 만한 병력들이 입증하듯이, 신체의 다양한 부분들은 격렬한 성욕을 불러일으키고 신경증과 도착을 일으킬 수 있는 지점이 된다. 그 가운데 특히 코와 목, 위장, 항문이 그러하다.

프로이트는 어떠한 신체 부위도 잠재적으로 성욕을 불러일으킬 수 있다고 주장했지만, 그 가운데 특히 그의 관심을 끌었던 신체 부위 세 곳이 있다. 유아기의 섹슈얼리티를 분석하면서 그는 입, 항문 그리고 생식기에 주목한다. 그의 주장에 따르면, 각각의 부위는 강렬한 성감 능력을 보유하고 있다. 이러한 신체 부위는 생물학적 기능에서 비롯된 즐거움과 긴밀하게 연관되어 있다. 예컨대, 처음에는 아이의 기저귀를 갈아 주는 상황에서 그리고 아이가 규칙적인 배변 습관을 익힐 때, 항문 괄약근은 아이에게 매우 중요해진다. 프로이트는 "항문 부위의 성욕을 일으키는 자극에 대한 감수성을 이용하는 아이들은 격렬한 근육 수축이 일어날 때까지 의자를 뒤로 젖힘으로써 그 사실을 드러내고, 이 때 집적된 수축은 항문으로 전달되어 점막에 강력한 자극을 일으킬 수 있다"고 말한다(Freud, 1953: VII, 186). 사실상 배설 행위는 특별한 상징적 의미를 지니게 되는데, 그것은 아이가 세상과의 관계를 타협해 나갈 수 있는 — 배변을 참거나 배설하는 — 힘을 나타내기 때문이다. '특별한 배변 행위'나 '손가락을 이용한 항문 부위의 수음 자극'같이 나중에 발생하는 성 도착은 유아기의 이러한 결정적으로 중요한 에피소드에서 그 원인을 찾을 수 있다(Freud, 1953: VII, 187). 유아가 처음에는 구강 성욕을 느끼고 그 다음에 항문 성욕을 거쳐 발전해 나가는 것을 설명한 후, 프로이트는 유아가 생식기 수음에서 느끼는 쾌감을 강조한다. 항문과 마찬가지로, 이 민감한 부위는 목욕을 시키고 씻기는 동안 문질러지면서 고조된 자극을 경험한다. 사춘기까지 계속될 수도 있고 중단될 수도 있는 수음은 이러한 초기의 신체적 쾌락에서 비롯된 즐거움을 대체한다. 결과적으로 구강 부위와 항문 부위의 성적 발달은 유아기 섹슈얼리티의 '성기기 이전 *pregenital*' 단계를 나타낸다. 생식기의 성숙을 나타내는 사춘기는 섹슈얼리티가 거쳐야 할 마지막 단계를 시작케 한다. 이렇게 해서 우리는 섹슈얼리티가 어떻게 조직되는가를 이해하기 위한 프로이트의 2단계 모델을 살펴보았다.

하지만 초기의 형성 과정에서 섹슈얼리티는 구강, 항문, 생식기 부위의 자기 성애적 자극에만 의존하지 않는다. 1915년에 〈유아기의 섹슈얼리티〉에 추가한 단락에서, 프로이트는 어린아이들이 3~5세 사이에 어떻게 '성적 탐구'를 시작하는지 논의한다(Freud, 1953: VII, 194). 그는 아이들이 사회적 세계를 처음으로 탐색할 때 한 가지 질문에 몰두한다고 주장한다. 그 질문은 이런 것이다. 아기는 어디에서 나오는 것일까? 우리도 알고 있듯이 이러한 질문은 남녀의 구분에 대한 관심보다 먼저 생긴다. 하지만 아이의 '탐구'가 깊어 감에 따라 성적 차이에 관한 전반적인 문제가 상당한 불안의 원천이 된다. 프로이트의 작업을 유명하게 만든 두 가지 구조 가운데 하나인 거세 콤플렉스에 대해 그가 간략하게 묘사하는 지점은 바로 여기이다. 프로이트는 아이들이 상징적 거세에 직면했을 때 경험하는 것을 다음과 같이 설명한다.

남자 아이에게는 자신이 알고 있는 모든 사람들이 자신과 같은 생식기를 갖고 있다는 사실이 너무나 자명한 것이어서, 자신이 아는 다른 사람들에게 그것이 없다고는 생각하지 못한다.

대체로 남자 아이들이 확고하게 믿고 있는 이러한 확신 은 얼마 안 가서 곧 관찰로 밝혀지는 모순에 완강히 대항하며 심각한 내적 갈등(거세 콤플렉스)을 겪은 뒤에야 사라진다. 그들이 느끼는 것처럼 여자에게는 없는 이 페니스의 대체물 은 많은 성 도착이 취하는 유형을 결정하는 데 중대한 역할을 한다.

아이들에 관한 여러 가지 주목할 만하고 중요한 이론 가운데 가장 신빙성 있는 것은, 모든 인간이 동일한 (남성의) 생식기를 갖고 있다고 생각하는 가정이다. 아이들에게는 생물 학이 그들의 편견을 정당화하고 여성의 클리토리스를 페니스 의 진짜 대체물로 여길 수밖에 없다는 사실도 별 소용 없다.

어린 여자 아이는 남자 아이의 성기가 자신의 것과 다 르게 생겼다는 것을 알았을 때 이것을 부정하지 않는다. 그들 은 즉시 그 사실을 인정하고 페니스를 선망하게 된다. 페니스 에 대한 선망은 마침내 그들 자신이 남자 아이가 되고자 하는 소망으로 바뀌게 되며 이러한 선망은 결과론적으로 보면 매 우 중요하다(Freud, 1953: VII, 195).

거세 콤플렉스의 역학은 아주 간결하게 제시되었기 때문 에 분명치 않아 보인다. 남자 아이는 왜 처음부터 모든 사람이 페니스를 가지고 있다고 가정해야 하는가? 여자 아이는 왜 남 성 신체의 이런 특정 부분을 선망해야 하는가? 그리고 왜 양성 의 아이들은 이 기관이 잘릴지도 모른다는 불안감을 느껴야 하 는가? 프로이트는 실망스럽게도 이러한 점들에 대해 바로 답변 을 제시하지 않는다. 우리가 이 단락을 읽자 마자 그는 즉시 다 음 관찰, 즉 성교하는 장면을 보고 난 후 아이들이 그것을 어떻

게 해석하는지의 문제로 넘어가기 때문이다. 프로이트가 거세 콤플렉스의 결과를 탐색하는 데는 최소한 10년여의 세월이 걸렸다. 그러나 그 때에도 그는 종종 상징적 거세가 여성의 섹슈얼리티 형성 과정에서 정확히 어떤 역할을 하는지 명확하게 설명하지 않는다. 그 이유를 간략히 살펴보자.

《섹슈얼리티에 관한 세 편의 에세이》에는 거세 콤플렉스가 오이디푸스 콤플렉스와 어떻게 상호 작용하는지가 불분명하다. 비록 오이디푸스 콤플렉스 개념은 프로이트가《꿈의 해석》을 위해 연구하던 1897년에 제시되었지만 말이다. 우리는 남자 아이와 여자 아이가 정확히 어떻게 애정과 상실감이라는 상반된 감정을 수반하는 상이한 경로를 걷게 되는지 이해하기 위해 《자아와 이드 The Ego and the Id》(1923), 〈오이디푸스 콤플렉스의 해소〉(1924) 같은 이후의 저작들을 살펴보아야 한다. 이런 논문들에서 프로이트는 '정상적인' 이성애로 나아갈 때 여자 아이들보다 남자 아이들에게서 나타나는 복잡한 경로에 더 관심을 기울인다. 확실히 남자 아이들은 사회가 원하는 능동적이고 남성적이며 이성애적인 남성이 되기 전에 대단히 갈등적인 과정을 경험한다.

프로이트는 오이디푸스 콤플렉스를 이론화하면서 소포클레스(c. 494~06 BC)의 유명한 고전 비극에서 패러다임을 도출했다. 이 희곡에서 그리스의 영웅은 아버지를 죽이고 어머니와 결혼한다. 하지만 오이디푸스는 그런 사실을 모른다. 물론 비극은 오이디푸스가 어떻게 그런 일을 저지르기 전까지 자신의 부모가 누구인지 몰랐느냐에 있다. 모든 비극이 그렇듯이, 거기에는 오이디푸스가 겪을 수밖에 없는 운명적 길을 결정하는 더욱 강력한 힘이 작용하고 있다. 그렇다면 이러한 비극적인 희곡이 어떻게 프로이트의 남자 아이의 성적 발달을 상징하는 것일까? 무엇보다 먼저 남자 아이는 어머니가 수음을 하지 못하게 한다는 것을 알게 된다. 그러나 남자 아이는 곧 이러한 상징적 거세 이면에 존재하는 현실을 알아차린다. 《자아와 이드》에서 프로이트는 남자 아이가 어떻게 대단히 고통스러운 오이디푸스 콤플렉스를 가장 먼저 통과해야만 하는지 설명한다.

> 매우 어린 나이에 남자 아이는 어머니에 대한 대상 리비도 집중 *object-cathexis*[즉, 성욕 에너지를 대상에 전이시킨 것]을 개발시키는데, 이것은 원래 어머니의 젖과 관련되어 있다……. 남자 아이는 자신을 아버지와 동일시함으로써 아버지 문제를 처리한다. 일정 기간 동안 이러한 두 가지 관계가 나란히 지속되다가 어머니에 대한 성적 욕망이 더 강렬해지고 아버지를 그 욕망에 대한 장애물로 인식하기에 이른다. 여기에서 오이디푸스 콤플렉스가 발생한다. 그렇게 되면 아버지와의 동일시는 적대적인 색채를 띠게 되고, 그것은 어머니에 대한 아버지의 자리를 빼앗기 위해 그를 제거하려는 욕망으로 바뀐다. 그 후부터 남자 아이와 아버지의 관계는 양가적이다. 그것은 마치 처음부터 동일시 속에 내재되어 있는 양가성이 명확하게 드러난 것처럼 보인다. 아버지에 대한 양가적인 태도와 어머니에 대한 애정만을 느끼는 대상 관계는 남자 아이에게 단순하고 긍정적인 오이디푸스 콤플렉스의 내용을 형성한다.
>
> 오이디푸스 콤플렉스를 극복하면서 남자 아이의 어머니에 대한 대상 리비도 집중은 포기되어야 한다. 그 자리는 어머니와의 동일시나 아버지와의 동일시 강화, 이 둘 가운데 하나로 채워질 수 있다. 우리는 보통 후자의 결과가 더 정상적이라고 본다. 이 때 어머니와의 애정 관계는 어느 정도 지속된다. 이런 식으로 오이디푸스 콤플렉스를 해소하는 것은 남자 아이의 성격에 남성성을 강화시켜 준다(Freud, 1961: XIX, 32).

남자 아이는 비록 꽤 오랫동안 남근적 단계를 즐기지만, 곧 자신이 어머니의 사랑을 차지하는 데서 아버지와 경쟁 관계에 있다는 것을 알게 되고 그러면서 오이디푸스 콤플렉스가 시작된다. 이러한 경쟁 구조에서 남자 아이는 서로 대립되는 요구에 직면한다. (1) 어머니를 사랑하고 아버지를 미워하거나, (2) 어머니에 대한 사랑을 포기하고 아버지와 동일시할 것을 요구받는다. 만일 아이가 이성애로 나가는 관습적인 경로를 따르기로 한다면 아이는 아버지와 동일시하면서 어머니에 대한 애정을 계속 유지할 것이다. 하지만 이 마지막 과정을 성공적으로 극복하기 위해서는 이 희곡의 다음 단계인 거세 콤플렉스를 거쳐야 한다.

〈오이디푸스 콤플렉스의 해소〉에서 프로이트는 남자 아이의 오이디푸스 콤플렉스에 종지부를 찍는 것은 바로 "거세될 가능성을 인정하는 것, 즉 여성은 거세되었다는 사실을 인정하는 것"이라고 주장한다. 거세 콤플렉스는 남자 아이에게 많은 함의를 갖는다. (1) 아이는 어머니가 자신처럼 '남근적'이지 않다는 것을 알게 된다. (2) 아이는 어머니를 사랑할 수 없는데, 그것은 아버지의 권리이기 때문이다. (3) 아이는 자신의 정체성을 확립하기 위해 대안적으로 리비도를 투여할 여성 대상을 개발해야 한다. 하지만 정체성을 유지하는 것은, 프로이트가 이드의 무의식적인 힘과 외적 세계의 압력을 서로 조절하는 정신적 힘을 규정하기 위해 사용했던 용어인 자아의 건강을 확립하는 것 이상의 것을 포함한다. 근친상간 금기라는 문화적 형태로 나타난 상징적 거세는 초자아 *superego*, 즉 자아를 검열하기 위해 이드에까지 깊숙이 영향을 미치는 정신적 힘의 형성에 이른다. 초자아는 주체가 아들과 어머니와의 성 관계를 금지하는 것과 같은 문화적 금기 사항을 내면화한 곳이다. 만일 남자 아이가 결국 부성적 초자아의 권위와 동일시하면, 이제 아이는 이성애적 욕망을 지닌 주체로 성장하는 사춘기에 이를 때까지 잠복기에 돌입할 것이다.

하지만 프로이트가 여자 아이에게 거세 콤플렉스와 오이디푸스 콤플렉스가 어떻게 작동하는가를 설명할 때 이런 상황은 상당히 달라진다. 프로이트는 《자아와 이드》에서 여자 아이에게도 오이디푸스 콤플렉스는 '아주 유사한 방식으로' 작동한다고 밝혔지만(Freud, 1961: XIX, 32), 그 다음 해에 발표한 〈오이디푸스 콤플렉스의 해소〉에서 이 유사성은 아주 불분명해진다("우리의 주제는 — 이해할 수 없는 몇 가지 이유 때문에 — 훨씬 더 모호해지고 끊긴 부분들이 많아진다." Freud, 1961: XIX, 177). 1925년의 〈양성의 해부학적 차이에 따른 몇 가지 정신적 결과 Some Psychical Consequences of the Anatomical Distinction between the Sexes〉에 가서야 프로이트는 여자 아이가 거세 위협에 어떻게 대응하는지에 대한 자신의 견해를 제시한다. 여기에서 우리는 남자 아이와 여자 아이가 거세 콤플렉스에 대해 얼마나 다른 관계에 있는지를 알게 된다. 프로이트는 여자 아이가 거세 위협에 어떻게 대응하는지 설명한 후 곧 이어 페니스의 부재가 여자 아이의 오이디푸스 콤플렉스를 종결짓는 것이 아니라 그 '시작'을 나타낸다고 말한다.

> 여자 아이의 행태는 이와 다르다. 그녀는 순간적으로 판단을 내리고 결정해 버린다. 남자 아이의 생식기를 본 여자 아이는 자신에게는 그것이 없다는 것을 알고 그것을 갖고 싶어한다.
>
> 여기서 이른바 여성들의 남성성 콤플렉스라는 것이 생겨난다. 이것이 이내 극복되지 않으면 그들이 정상적으로 여성답게 성장하는 데 막대한 지장을 준다. 어떤 희생을 감수해서

라도 언젠가는 페니스를 갖겠다는 소망과 남자처럼 되겠다는 소망은 상상을 초월해서 노년까지 지속되고, 다르게는 설명될 수 없는 기이한 행동의 동기가 된다……. 따라서 여자 아이는 자신이 거세되었다는 사실을 부정하고, 자신도 정말 페니스를 가지고 있다는 확신을 굳히게 되며 따라서 어쩔 수 없이 자신이 마치 남자인 양 행동하게 된다…….

　　자신의 나르시시즘에 손상을 입었다고 생각하는 여성은 상흔傷痕과도 같은 열등감을 품게 된다. 페니스의 결여를 자신에 대한 사적인 형벌이라고 설명하는 최초의 단계를 지나서 그러한 성적 특징이 보편적이라는 사실을 깨닫게 되면, 그녀는 그토록 중요한 것이 더 작다는 이유로 남성들처럼 여성을 경멸하게 되고, 적어도 그러한 생각을 버리지 않는 한 남자처럼 행동하려고 든다(Freud, 1961: XIX, 253).


비록 남자 아이는 프로이트가 흔히 '긍정적인' 오이디푸스 콤플렉스라고 말한 과정을 통해 '정상적인' 이성애를 향한 고통스런 길을 밟아야 한다고 하지만, 여자 아이는 동일한 목적지를 향해 훨씬 더 힘겨운 길을 따라가야 한다. 사실 이 논문에서는 여자 아이의 경우 모든 것이 더욱 악화된다. 여자 아이가 경험하는 심적 갈등은 그녀의 정신에서 남성적 측면과 여성적 측면, 적극성과 수동성의 불균형 때문에 발생한다. 프로이트는 그의 작업에서, 이 시점까지 모든 주체는 유아기에 적극적 욕망과 수동적 욕망이 상호 작용할 수 있게 하는 양성적 특징을 갖고 있다고 확신한다. 만일 여자 아이의 남성성 콤플렉스가 인정받게 되면, 여자 아이는 자신의 성을 경멸할 뿐만 아니라 클리토리스의 자극에서 비롯되는 자기 성애적 만족에 대단히 낙담할 것이다. 그렇다면 여자 아이는 이러한 거세 콤플렉스를 어떻게 극복할까? 여자 아이를 이 격렬한 상황에서 벗어나게 하는 것은 무엇일까?

우리는 그것이 오이디푸스 콤플렉스일 것이라고 확신한다. 하지만 오이디푸스 콤플렉스의 바탕이 되었던 희곡의 주인공은 남성이기 때문에, 프로이트는 여자 아이의 성적 생활을 설명하기 위해 오이디푸스의 각본을 적절히 수정하기가 어렵다는 것을 알았을 것이다. (반복적으로 그는 그리스 신화에서 따온 또 다른 모델인 '엘렉트라 콤플렉스 *Electra complex*' 로 여자 아이의 경험을 극화할 수 있을 것이라는 견해를 거부했다.) 그는 오이디푸스의 비극이 충분한 설명력을 갖고 있다고 확신했으나, 여자 아이의 경우 남성성으로부터 이성애적 욕망을 위해 필요한 여성적 특질로 나아가는 정확한 과정을 규명하기가 정말로 어렵다는 것을 알았다. 프로이트에 따르면, 여자 아이는 남자가 되기를 원하기 때문에 "그녀가 남자 아이들과 경쟁할 수 없고 따라서 남자 아이처럼 행동하는 것을 포기하는 것이 최선"임을 인정해야 한다 (Freud, 1961: XIX, 256). 다시 말해서 여자 아이는 여성성을 받아들이기로 하고 따라서 자신이 잃어버린 페니스의 적절한 대체물을 구하게 된다. 이러한 일은 어떻게 진행될까? "그녀는 페니스에 대한 소망을 버리고 그 대신 아기를 갖고자 소망하게 되며 **그런 의도**에서 아버지를 사랑의 대상으로 삼는다." 여자 아이는 클리토리스에 환멸을 느끼고 대신 질 *vagina* 에 관심을 집중한다. 이러한 신체적 관심의 변화로 그녀는 마침내 남성적 단계를 벗어나 문화적으로 기대되는 여성성을 실현할 수 있게 된다.

하지만 이제 오이디푸스 콤플렉스가 그녀 자신과 아버지 사이에 놓여 있다는 점을 생각하면, 확실하게 해결된 것은 아무것도 없다. 그렇다면 여자 아이의 경우에 오이디푸스 단계는 불완전하게 남아 있는 것이다. 이러한 미해결의 상황에 대해 프로이트는 "오이디푸스 콤플렉스는 여성의 정상적인 삶에서 꽤 오래 지속된다"고 말할 뿐이다 (Freud, 1961: XIX, 257). 몇 가지

이유 때문에 여자 아이는 아버지와의 리비도적 애착을 포기하지 않으려고 할 것이다. 잃어버린 페니스를 복구할 수 있는 아기를 갖게 해 주는 사람이 바로 아버지이기 때문이다. 그녀의 발달이 이 단계에서 지체될 수 있는 모든 가능성이 존재한다. 나중에 그는 이 점을 아주 명확하게 되풀이 한다. 그는 〈여성성 Femininity〉(1933)에서 "여자 아이들은 불확실한 기간 동안" 오이디푸스 콤플렉스에 머물러 있으며 "그녀들은 그것을 나중에야 해소하며, 설사 해소한다 하더라도 불완전하게 해소한다"고 말한다. 오이디푸스 단계에 오래 머물러 있기 때문에, 여자 아이의 초자아는 "그것의 문화적 중요성을 부여해 주는 강인함과 독립성"을 갖지 못할 것이다. 이러한 주장의 논쟁적 함의를 인식하면서 프로이트는 "페미니스트들은 우리가 그들에게 평균적인 여성적 특질에 미치는 이러한 요소의 영향을 지적했을 때 만족스러워하지 않는다"는 점을 인정한다(Freud, 1964: XXII, 129).

프로이트는 비록 두 모델의 분석력을 변함없이 옹호하긴 했지만, 그가 주장한 한 쌍의 콤플렉스가 여성성을 설명하는 데 항상 유용한 것은 아니라는 사실을 처음으로 인정했다. 〈여성의 섹슈얼리티〉(1931)와 (이보다 2년 뒤에 쓰여진) 〈여성성〉에서 그는 1925년의 논문에서 처음 제기했던 여성의 섹슈얼리티에 관한 수수께끼 같은 의문을 해결하는 것이 특히 어렵다는 것을 알았다. 〈여성의 섹슈얼리티〉에서 두 가지 질문이 그의 논의를 이끌어 간다. "그녀(여자 아이)는 어떻게 아버지를 택하게 될까? 어떻게, 언제 그리고 왜 여자 아이는 어머니에게서 돌아서게 되는가?"(Freud, 1961: XXI, 225) 6년 전에 주장한 거의 모든 것을 요약하고 나서, 프로이트는 여자 아이가 어떻게 그리고 왜 어머니에게서 아주 적대적인 방식으로 등을 돌리게 되는지 그 이유를 알지 못해 괴로워한다. 그는 자신이 "다른 분야의 발견,

즉 그리스 문명 뒤의 미노스 미케네 Minoan - Mycenean 문명을 발견한 것"(Freud, 1961: XXI, 226)에 비유한 기간인 여자 아이의 오이디푸스 이전 단계 pre - Oedipal phase에 홍미를 가진다. 이런 비유는 여성의 섹슈얼리티가 원형적이고 알 수 없는 특징을 지니고 있어서 그 일부만을 일관된 분석으로 접근할 수 있다는 것을 암시한다. 프로이트는 이와 같은 여자 아이의 성적 생활 초기에 발생했을 어머니와의 단절을 설명할 수 있는 이유를 찾으려고 집요하게 매달린다. 그는 "여자 아이가 어머니에게서 얻고자 하는 것은 무엇인가?" "어머니에게만 애착을 갖는 이 시기에 여자 아이의 성적 목적의 본질은 무엇인가?"라고 묻는다(Freud, 1961: XXI, 235).

이에 대한 대답으로 프로이트는 어린 여자 아이가 적극적이고 수동적인 충동을 모두 경험한다고 주장하면서 유아의 양성적 특질을 다시 한 번 강조한다. 예를 들어, 젖을 빠는 행위를 보자. 아이가 어머니의 젖을 먹고 양육되는 수동적인 쾌락을 처음으로 경험하는 바로 그 곳에서 아이는 나중에 적극적으로 빠는 행위를 즐길 것이다. 여기에서 적극성과 수동성은 남성적 충동과 여성적 충동에 상응한다. 프로이트는 자신의 주장을 설명하기 위해 여자 아이가 인형 놀이를 통해서 얻는 즐거움을 우리가 어떻게 해석해야 할지에 대해 논의한다.

우리는 어린 여자 아이가 어머니를 씻기고 입히고 싶어한다거나 어머니에게 배설하라고 말한다는 얘기를 거의 듣지 못했다. 물론 이따금씩 어린 여자 아이들이 이렇게 얘기하는 경우는 있다. "이제부터는 내가 엄마고 엄마는 내 아이야, 알았지?" 하지만 일반적으로 여자 아이들은 이런 적극적인 소망을 간접적인 방법으로, 즉 인형 놀이를 통해 충족시킨다. 인

형을 가지고 놀면서 여자 아이들은 자신이 엄마가 되고 인형을 자기 아이로 대하는 것이다. 남자 아이들과는 대조적으로 여자 아이들이 인형 놀이를 좋아하는 것은 보통 일찍 깨어난 여성성의 징후로 이해된다. 틀린 얘기는 아니다. 하지만 우리가 간과하지 말아야 할 것은, 인형 놀이는 여성성의 적극적인 측면이 표현된 것이고, 또 여자 아이들이 인형을 좋아하는 것은 아버지 – 대상 *father – object*에 대한 완전한 무시와 더불어 어머니에 대한 배타적인 애착의 증거라는 사실이다(Freud, 1961: XXI, 237).

이런 재미있는 예를 통해 여성성과 적극성, 수동성의 연관을 설명하는 것은 프로이트의 설명 틀에 어떤 흥미로운 복잡함이 있음을 암시한다. 그는 흔히 남성성을 적극성과 동일시하고 여성성을 수동성과 동일시했지만, 여기에서는 '여성성의 **적극적 측면**'을 우리가 염두에 둘 것을 요구한다. 이런 설명은 몇 가지 그의 원칙에 따르면 용어상의 모순처럼 생각될 것이고, 이 모순적 진술은 1933년에 출판된 그의 이후 논문인 〈여성성〉에 다시 등장한다(Freud, 1964: XXII, 115 참조). 그렇지만 프로이트는 이러한 적극적인 — 따라서 남성적인 — 여성성이 여자 아이가 어머니의 욕망과 동일시하는 것을 보여 준다고 말하고 나서 곧 여자 아이가 어머니에게서 점차 멀어지게 될 아주 다른 종류의 적극적인 행동을 강조한다. 그는 여자 아이가 어머니와 그렇게 멀어지는 것은 사춘기에 여성적으로 되기 위해서 필요한 것이라고 생각한다. 이런 주장을 강화하기 위해 프로이트는, 그의 여성 환자들이 유아기에 자신들의 어머니에게 잡아먹힐지도 모른다는 두려움을 느꼈다고 말한 사실을 통해 그들이 때때로 어머니에 대해 남근적인, 따라서 적극적인 적대감을 드러냈다고 말한다. 그리고 프로이트에 따르면 여자 아이는 어머니에게 잡아먹힐지 모른다는 두려움이 없을 때, 어머니를 잡아먹는 환상을 품는다.

정확히 왜 "어린 여자 아이의 발달 과정에서 어머니에게 서 돌아서는 것이 아주 중요한 단계"(Freud, 1961: XXI, 239)인지 열심히 강조하면서, 프로이트는 여자 아이가 어떻게 남근적 단계의 가학적이고 공격적인 충동, 즉 마침내 유아의 클리토리스 수음으로 나타나는 이러한 충동을 경험하는지 강조한다. 그렇지만 남근적 단계의 적극적 측면은 여자 아이가 문화적으로 요구되는 여성성의 규범을 실현하기 위해서는 완전히 지배적일 수 없다. 그에 의하면, 이 기간에는 분명히 이러한 적극적인 충동을 중요하게 동반하는 수동적인 충동 역시 존재한다. 그는 "수동적인 충동과 관련해서 주목할 만한 것은 어린 소녀들의 경우 어머니가 자신을 유혹한다고 비난하곤 한다는 것"이라고 말한다(Freud, 1961: XXI, 238). 이 논문이나 그 밖의 다른 논문에 서 프로이트는 유혹의 환상이 어머니가 아이의 생식기를 씻길 때 그것을 자극하기 때문에 생긴 것이라고 말한다. (초기에 프로이트는 유아기에 부모가 자신을 유혹했다고 주장하는 환자들은 주체가 세상과 타협하면서 계속적으로 느끼는 어려움을 연상시키는 흔히 있는 환상에 시달리는 것이라고 결론 내렸다. 유혹이 실제로 혹사당한 경험이 아니라 일종의 상상적 사건이라는 그의 결론은 여전히 논쟁 거리이다. 예컨대 Masson, 1984를 참조하라.) 결국 유혹의 환상 같은 수동적인 경향은 여자 아이가 자신의 리비도적 애착을 아버지 – 대상으로 돌릴 수 있을 만큼 충분히 온전한 상태에 있을 것이다. 여자 아이는 결국 자신의 적극적인 욕망이 실현될 수 없다고 생각하기 때문이다. 가족에 새 아기가 태어나는 것이 그녀에겐 자신이 어머니에게 아기를 주었다는 사실을 의미할지라도, 여자 아이는 결국 자신이 아버지의 남근적 권위와 경쟁할 수 없다는 사실을 깨닫는다. 따라서 다시 한 번 여자 아이의 여성성이 제자리를 찾는 것은 타협의 정신을 통해서이다. 따라서 여성의 섹슈얼리티를 이해하기 위해서 프로이트 독자들은 다음의 사실을 염두에 두어야 한다. (1) 오이디푸스 콤플렉스는 어떻게 여자 아이의 거세 콤플렉스 다음에 오는가? (2) 남근적 단계는 어떻게 적극적이고 수동적인 충동을 모두 포함하는가? (3) 남성적인 경향은 결국 어떻게 여성적인 경향으로 유입되고 마는가? 이렇게 해서 마침내 획득된 여성성은 상당한 대가를 치르고 나타나는데, "그녀의 일반적인 성적 경향도 상당 부분 영원한 상처를 받게 되기"때문이다 (Freud, 1961: XXI, 239).

여성성에 관한 프로이트의 저작들은 거세 콤플렉스와 오이디푸스 콤플렉스라는 용어로 일관되게 설명하려고 노력했지만, 마치 체계적으로 억압이라도 한 것처럼 그것이 포괄하지 않으려고 한 사실들 때문에 주목할 만하다. 섹슈얼리티에 관한 프로이트의 이론적 작업에 대한 검토를 마무리하면서, 그가 1920년에 발표한 상세한 병력에서 여성의 동성애 욕망을 어떻게 선택적으로 해석했는지 살펴보는 것이 유용할 것이다. 프로이트는 〈여자 동성애가 되는 심리 The Psychogenesis of a Case of Homosexuality in a Woman〉에서 '아름답고 똑똑한 18세의 소녀'가 자신보다 나이가 많은 사교계의 여성 cocotte을 공공연히 사귀면서 부모를 걱정스럽게 만든 사례를 분석한다 (Freud, 1955: XVIII, 147). 소녀의 아버지가 그들을 우연히 보고는 화난 눈짓을 하고 그들 곁을 지나가자 소녀는 근처의 담장을 뛰어넘어 교외선 기찻길로 몸을 내던져 자살을 기도했다. 6개월 후에, 소녀는 프로이트의 치료를 받게 되었다. 프로이트의 분석을 받는 동안 소녀는 자신이 열서너 살 때에 세 살도 채 되지 않은 남자 아이를 아주 좋아했던 사실을 털어놓았다. 프로이트는 이 관계가 어머니가 되고 싶은 욕망과 아기를 갖고 싶은 욕망을 나타내는 것이라고 주장한다. 하지만 어떤 이유로 인해 소녀는 그 아이에게 무관심해졌고, 대신 "성숙하지만 여전히 젊은 여자들에게 흥미"를 갖기 시작했다(Freud, 1955: XVIII, 156). 이런 관심의 변화는 소녀의 어머니가 다시 임신을 하게 되었을 때 일어났다. 소녀의 셋째 남동생은 그녀가 열여섯 살 때 태어났다. 프로이트는 소녀의 꿈을 자세히 분석한 결과, 소녀의 "여자 사랑 lady-love이 어머니의 대체물이었다"고 생각했다. 왜 그럴까? 프로이트는 다음과 같이 설명한다.

> 그녀가 가장 심하게 실망한 것은 사춘기에 유아기 오이디푸스 콤플렉스가 부활하는 것을 막 경험하고 있을 때였다. 그녀는 아이, 그것도 남자 아이를 갖고 싶은 자신의 욕망에 대해 예민하게 알아차렸다. 그러나 그녀의 의식 속에서는 자신이 **아버지**의 아이를 갖기 원했고, **아버지**의 형상을 갖기 원했다는 것은 알아채지 못했다. 그 다음 무슨 일이 일어났는가? 아이를 가진 것은 **그녀**가 아니라 무의식적으로 미워하던 경쟁자인 그녀의 어머니였다. 불같이 분노하고 마음이 쓰라려서 그녀는 아버지로부터 돌아섰고 모든 남자로부터 돌아섰다. 처음으로 이렇게 돌아선 이후 그녀는 자신이 여자임을 부인하기로 맹세하고 그녀의 리비도를 위해 다른 목표를 찾았던 것이다(Freud, 1955: XVIII, 157).

프로이트의 표현 그대로 '남자로' '변한' 후 소녀는 아버지가 동성애를 아주 싫어한다는 사실을 알게 되면서 자신의 리비도 선택을 더욱 강화했다(Freud, 1955: XVIII, 158). 사실상 소녀의 동성애는 프로이트에게는 어머니의 애정을 차지하려는 경쟁에서 승리한 아버지에 대한 반항처럼 보였다. 프로이트는 정말로 소녀의 행동을, 어머니를 사랑할 특권을 가진 아버지에 대한 '복수'로 간주한다(Freud, 1955: XVIII, 160). 따라서 아버지에 대한 미움이 깊은 만큼, 소녀는 분석 과정에서 "자신이 아버지에게서 실망을 경험한 후에 계속 자신을 지배했던 모든 남성을 거부하는 성향을 [프로이트]에게 전이했다"(Freud, 1955: XVIII, 164). 이런 전이의 효과를 알아차리자 프로이트는 여성 분석가만이 성공적으로 치료할 수 있을 것이라고 생각하고 치료를 중단했다. 확실히 이런 흥미로운 텍스트는 그의 분석 기술이 그 한계 이상으로 이용되었음을 보여 준다.

이 상세한 병력은 그가 스핑크스 같은 여성성의 '불가사의'나 '수수께끼'를 해결하기 위해 얼마나 노력했고 결국 실패했는지를 보여 준다는 점에서 흥미롭다(Freud, 1964: XXII, 113, 131). 이 이야기는 프로이트가 밝혀 낼 수 없었거나 밝히지 않았을 여성의 욕망을 이해할 수 있게 한다. 이 사례의 중심에는 프로이트가 분석하지 못한 해석하기 어려운 문제가 하나 있다. 다른 여성에 대한 소녀의 욕망이 (1) 아버지의 어머니에 대한 특권적 사랑을 그녀가 동일시한 것에 의한 것인지 아니면, (2) 어머니의 육체에 대한 오이디푸스 이전 단계의 애착을 다시 깨달은 것에 의한 것인지가 여전히 불분명하다. 분명 소녀의 아버지와 어머니는 병력의 상이한 단계에서 그녀의 경쟁자들이다. 그러나 동시에 그들은 그녀가 (어머니가 되기 위해서, 남자가 되기 위해서) 동일시하는 인물들이다.

프로이트가 묘사한 각본에 의해 제안된 많은 가능한 동일시들에 비추어, 다이애나 퍼스Diana Fuss는 다음과 같은 유용한 질문을 제기한다.

어머니에 대한 욕망은 왜 처음부터 그 밖의 다른 방법이 아니라 아버지에 대한 충족되지 않은 욕망이 전치된 것으로 가정되는가? 왜 딸의 '실망'은 어머니에게 아기를 주지 못한 것 (나중에 프로이트가 〈여성성〉에서 인정한 가능성. Freud, 1964: XXII, 112~35)이 아니라 아버지의 아기를 가질 수 없는 것에서 비롯된 것으로 상상되는가? 왜 딸의 분노와 적의는 어머니 - 딸의 관계에 끼여든 아버지에게가 아니라, 아버지의 애정을 서로 차지하려는 경쟁자인 어머니에게 향해진 것이라고 추측되는가? 간단히 말해서 왜 딸은 아버지가 아니라 어머니와 '경쟁'하는 관계로 가정되는가?(Fuss, 1995: 63).

프로이트는 왜 하나의 동일시의 관계를 다른 것에 비해 선호했을까? 이러한 병력에서는 어떠한 간단한 대답도 나오지 않을 것이다. 대신 프로이트가 제시한 자료들을 재해석하는 것은 이후의 분석가들에게 맡겨졌다. 프로이트의 모든 유명한 사례들과 마찬가지로 〈여자 동성애가 되는 심리〉는 퍼스와 같이 프로이트의 결론을 문제삼고 방향을 틀며 심지어 공격하기 위해 프로이트의 개념을 사용하는 데 능숙한 비평가들에 의해 어렵게 독해되었다. 따라서 섹슈얼리티에 관한 프로이트의 논문들이 때로는 그것들이 발견한 것의 충분한 함의를 인식하지 못한다 하더라도, 그것은 여전히 남성과 여성, 이성애자와 동성애자, 욕망과 동일시를 창출해 내는 복잡하고 때로는 당혹스러운 정신적 과정을 이해할 수 있는 대단히 유익한 원천으로 남아 있다.

# 라캉의 질서

프로이트의 생애가 거의 끝나갈 무렵 프랑스에서는 한 젊은 정신 분석가가 20세기의 지식인들이 주체성과 섹슈얼리티를 연구하는 데 지대한 영향을 미칠 논문들을 발표하기 시작했다. 자크 라캉의 이러한 작업, 즉 프랑스에서 《에크리 *Écrits*》가 출판되면서 유명하게된 그의 작업은 수십 년간 그것의 끈질긴 난해함으로 인해 악평이 자자했다. 그는 에고와 무의식, 성욕에 관한 프로이트의 설명에 충실하면서도 오늘날까지 여전히 논쟁적인 독자적인 이론틀을 세웠다. 흔히 이해하기 어렵다는 원성을 듣기도 하는 라캉의 난해하고 생략적인 문체는, 인간 주체의 등장 배경이라고 그가 생각한 바로 그 요소, 즉 언어 자체에 주목하게 한다. 라캉의 목적은 의미 작용 안의 복합적인 긴장 상태가 주체의 정체성 획득을 위한 격돌의 장場이라는 것을 보여 주는 것이다. 라캉은 프로이트의 기획에 남아 있는 생물학적 사고의 흔적을 제거하고자, '자아 *I*'는 충동과 본능보다는 기호와 의미로 둘러싸여 있음을 보여 주는 명백히 반인간주의적인 입장을 취했다. 라캉의 세계에서 정체성은 항상 불안정한데, 이는 주체가 **오인** *misrecognition*의 과정을 통해서 자신을 통일체로 인식하려고 하기 때문이다. 이러한 구조는 라캉이 다음의 문제들, 즉 (1) 주체는 어떻게 언어 질서 속에서 등장하는가 그리고 (2) 주체는 왜 1차적 기표 *primary signifier*인 남근 *phallus*과의 관련 속에서 성적 위치를 취해야 하는가를 분석하는 데 토대가 된다. 이 절에서는 이러한 개념들을 차례로 살펴볼 것이다.

라캉은 1949년 취리히에서 처음 발표된 짧지만 압축적인 한 논문에서 '자아'라는 주체의 허약함에 대해 언급했는데, 이것은 그가 약 13년 전에 동일한 청중들에게 제시했던 개념 가운데 하나를 다시 제기한 것이다. 라캉은 〈정신 분석 경험에서 드러난 주체 기능 형성 모형으로서 거울 단계 The Mirror Stage as Formative of the Function of the I as Revealed in Psychoanalytic Experience〉에서 그의 '거울 단계' 이론이 프랑스 프로이트주의자들에게 널리 인정되었다고 말한다. 프랑스어로는 'stade du miroir'로 표기되는 이 '단계'는 이중의 의미를 갖는다. 그것은 발달의 한 단계를 의미하면서 **또한** 하나의 스펙터클 spectacle 을 의미한다. 게다가 이 '단계'는 **거울**이라는 말과 함께 쓰여짐으로써 **반사** specular 와 **스펙터큘러** spectacular 모두에 관계된다. 바로 이 용어가 이러한 근본적인 정신 분석적 개념의 복합성을 압축한다. 이런 이중적 '단계'를 염두에 두면, **거울 단계**는 어린아이가 6개월에서 18개월의 나이에 경험하는 주체 형성적 경험을 설명한다. 그 나이의 어린아이는 거울에 비친 자신의 모습을 알아보기 시작할 것이다. 그러나 라캉은 단지 아이가 자기 모습을 바라본다고 주장하지 않고, 이런 우연한 사건이 원초적인 '자아'를 '허구적으로' 구성하게끔 한다고 주장한다. 왜 그럴까? 라캉은 이 단계의 '허구적' 특질에 대해 다음과 같이 설명한다.

주체가 허상 mirage 속에서 자신의 성숙함을 기대할 수 있게 해 주는 것은 신체의 통일적 형태 Gestalt 이다. 이 통일적 형태는 이미 완성된 것이 아니라 완성을 향해가는 외적 형태이다. 그러나 거울 속에 비춰진 통일적 형태는 생기를 불러일으키는 아이의 혼란스러운 동작과는 대조적으로, 고정된 이미지로 그리고 전도된 대칭적 형태로 아이에게 다가온다. 따라서 이 통일적 형태 — 비록 이러한 형태가 어떻게 그 영향력을 행사하는지 아직 완전히 알 수 없지만, 통일적 형태가 갖는 함축성은 종種과 깊은 연관을 갖는 것으로 간주되어야 한다 — 는 그것의 이러한 두 가지 특징들[외재성과 고정된 영

상]에 의해 자아의 정신적 지속성을 보여 주는 동시에 그것이
소외를 불러일으킨다는 것을 예시한다. 통일적 형태는 계속
자아를 인간이 그 속에 자신을 투사한 고정된 상像이나 인간
을 지배하는 환상들과 결합시키려 한다. 혹은 모호하기는 하
지만 아이가 만든 세계[거울 단계에서]와 스스로 완성을 향
해 가도록 되어 있는 자동 인형 *automation*의 세계를 결합시키
려는 대응물들로 가득 차 있다 (Lacan, 1977: 2 ~ 3).

이것은 이해하기 쉽지 않은 설명이다. 그러나 일단 그 추
론 방식을 따라가 보면, 우리는 어린아이가 거울 속에서 **자기
자신** *itself*을 발견하기가 얼마나 어려운지 알 수 있다. 거울에
**나타난 통일적 형태**(혹은 모습)는 '자아'라는 주체에게 정체성
을 부여해 주는 것이기 때문이다. 그렇기 때문에 통일적 형태는
'이미 완성된 것이 아니라 완성을 향해 가는' 것이다. 어린아이
를 비추고 있는 통일적 형태는 착각을 일으키게 한다. 우선 그
것은 크게 보이고 마치 동상처럼 움직이지 않고 고정되어 있다.
사실상 거울에 비친 모습은 자동 인형과 비슷하다. 따라서 라캉
이 이 모습을 '자아'의 '소외된 형태'라고 본 것은 놀라울 것이
없다. 아이가 거울 속에서 자신의 '자아'를 발견할 때 그 '자
아'는 투사물에 다름 아니다. 이러한 모델에서 거울상은 결코
실제적이 아니다. 오히려 그것은 환각된 것과 같다. 그러나 아
이는 세상에서 살아 가려면 최소한 통일적 모습을 제공해 주는
투사된 '자아'가 필요하다. 그런 모습을 통해 '자아'는 조각난
부분들을 통합해서 그것이 아무리 상상에 불과할지라도 자신의
발달에서 어떤 안정성을 얻게 된다.

하지만 안정성은 쉽게 얻어지지 않는다. 이 때부터 어린
아이는 예측의 구조에 진입한다. 아이는 자기 자신이라고 생각

하는 모습의 '자아'를 투사하기 때문이다. 거울 단계가 시간의 차원을 열기 시작한다고 했을 때, '자아'는 역사에 진입하게 된다. 역사적 과정으로 내몰린 '자아'는 자신의 완전성과 통합성이 한낱 거울에 비친 이미지에 불과한 것을 통해 보증된다고 믿으면서, 세상에 맞서 자신을 강하게 만들어야 한다는 의무감에 힘겨워 한다. 라캉은 **"거울 단계가**…… 불완전성에서 예측으로 나가게 하는 내적 추동력을 가진 드라마이고, 이는 공간적 동일시에 매료되어 있는 주체에게 조각난 몸의 이미지로부터 그것의 총체적 형태를 인식하게 하는 연속적인 환상을 제공해 준다"고 말한다. 결국 '자아'는 '소외된 정체성의 갑옷'을 받아들인다(Lacan, 1977: 4). 사실상 '자아'는 자신을 잘 방어해야 하는데, 주체의 '허구성 *fictional direction*'은 주체가 결코 자신과 일치할 수 없다는 것을 나타내기 때문이다. 다시 말해서 '자아'는 항상 주체와 점근선적인 *asympotic* 관계에 있다. 따라서 '자아'는 결코 자기 충족적으로 보이지 않는다. '자아'는 단지 타자의 영역, 즉 어린아이가 자신의 모습으로 오인할 수밖에 없는 동상 같은 통일된 모습의 타자의 영역에서만 존재하기 때문이다.

하지만 라캉의 '자아' 이론은 거울 단계에 머무르지 않는다. 이후에 발표된 1950년대의 논문들에서 그는 자신의 '자아' 이론이 어떻게 "*cogito ergo sum*" ("나는 생각한다, 고로 나는 존재한다")이라고 주장했던 데카르트(1596~1650)에게서 시작된 지배적인 사고의 전통을 수정했는지 설명하기 위해 언어학으로 관심을 돌린다. 그에 의하면, 데카르트적 패러다임은 "초월적 주체의 투명성과 그의 실존적 확신 간의 연관"을 잘못 전제한다(Lacan, 1977: 164). 그렇다면 '자아'가 그 자신에게 명백하게 제시된다는 데카르트적 믿음을 흔들어 놓을 수 있는 것은 무엇인가? 우리는 언어가 어떻게 주체를 분열시키는지, 즉 **생각하는**

'자아'가 **존재하는** '자아'의 확실성을 깨뜨리면서 주체를 분열시키는 것에 대해 살펴볼 필요가 있다. 라캉은 다음과 같이 주장하면서 바로 이러한 문제를 집약적으로 보여 준다. "그것은 내가 나의 존재와 일치되는 방식으로 나 자신에 대해 말하고 있는지를 아는 문제가 아니라, 나와 내가 말하고 있는 존재가 동일한 지를 아는 문제이다"(Lacan, 1977: 165). 따라서 주체를 위치 짓는 '자아'에는 별개의 두 측면이 있다.

존재하는 '자아'와 말하는 '자아'의 불일치를 이해하기 위해 라캉은 프로이트의 정신 분석적 탐구에 있어 근본적인 저작인《꿈의 해석》(1900)에 주목한다. 프로이트는 환자들이 기억하는 꿈의 내용을 해석하기 위한 방법들을 고안해 내면서, 무의식이 어떻게 그 자체의 조직적 원칙을 통해 작동되는지 알아 냈다. 이것들은 본질적으로 의식적 정신으로는 이해할 수 없는 방식으로 의미를 배열하는 원칙이다. 무의식의 고유한 구조를 이해하기 위해 프로이트는 두 가지의 지배적인 경향, 즉 한편으로는 응축 condensation 하고, 다른 한편으로는 전치 displacement 하는 경향들을 발견했다. 나중에 언어학의 영역에서 작업하는 이론가들은 압축이 어떻게 은유 metaphor 와, 전치가 어떻게 환유 metonymy 와 등치되는지를 설명할 것이다. 비록 은유와 환유는 많은 수사적 표현들과 마찬가지로 서로 침투하고 혼합되는 경향은 있지만 말이다. 라캉은 압축과 전치에 해당하는 대단히 많은 어구들 ─ 혹은 수사적 표현들 ─ 을 열거함으로써 그 개념을 훨씬 더 확대한다.

생략과 중복 표현, 도치법과 액어법 syllepsis, 억압, 반복, 병치 ─ 이런 것들은 문장 구성상의 전치들이다. 은유, 오용, autonomasis, 비유, 환유, 제유법, 이것들은 프로이트가 우리에게 의도를 파악할 수 있는 것이라고 가르쳐 준 (그것이 허세이든 감정을 노골적으로 표현한 것이든, 감정을 숨긴 것이든, 설득력있는 것이든, 반복적이든, 유혹적이든) 의미론적 응축이다. 이런 것들을 통해 주체는 꿈의 담론 *oneiric discourse* 을 변조한다(Lacan, 1977: 58).

따라서 라캉에게 있어서 '꿈의 담론 *the discourse of dreaming*' 에서 나타나는 무의식은 언어처럼 구조화되어 있다. 다시 말해서 무의식은 처음에는 이상하고 낯설게 보이지만 숙련된 정신 분석가의 눈에는 훤히 그 의미가 드러나게 되는 의미의 조각들을 결합시키는 고유한 조합의 힘을 가지며, 고유의 구문론적이고 의미론적인 작용을 한다. 라캉은 주체성 *subjectivity*이 무의식에 거주하는 의미 생산의 독특한 영역과 의식적 정신에서 움직이는 언어 간의 분리에 의존한다고 믿는다. 하지만 그것은 이러한 두 가지 의미 영역 간의 확고한 분리를 주장하는 것은 아니다.

라캉은 꿈에 의해 폭로된 억압 과정을 드러내는 데 그치지 않고, 무의식이 작동하는 영역을 구성하는 의미 작용의 양식으로 관심을 확대한다. 라캉은 주체가 자율적인 통제력을 가지고 자신을 '자아'로 표현한다기보다는 언어의 질서 아래 복속되어 있다고 주장한다. 따라서 "언어가 스스로를 표현하는 형태가 주체성을 규정한다." 언어는 "당신은 여기로 갈 것이다. 그러나 당신이 이것을 알면 당신은 거기에서 빗나갈 것이다"라고 말한다"(Lacan, 1977: 85). 언어 안에 존재하는 '자아'는 자립성을 주장하는 대신 '자아'를 인정하는 타자에 의해서만 자신을 알 수 있다. 라캉은 철학자 헤겔(1770~1831)의 《정신 현상학 *The Phenomenology of spririt*》(1975[1807])을 읽은 사람이라면 누구

나 잘 알고 있는 관점을 택하여, '자아'가 처해 있는 모순적 상황을 다음과 같이 묘사한다.

> 내가 말을 하면서 알게 되는 것은 타자의 반응이다. 나를 주체로 구성하는 것은 나의 질문이다. 나는 타자에게 인정받기 위해서 장차 앞으로 있을 일을 고려해서만 과거의 일을 이야기한다. 그를 찾기 위해서 나는 그가 나에게 응답할 수 있으려면 취하거나 거부했을 이름으로 그를 부른다.
>
> 나는 언어를 통해서 나 자신의 존재를 확인하지만 결국 대상과 마찬가지로 언어를 통해서 나 자신을 잃어버릴 뿐이다. 나의 과거 속에서 알 수 있는 것은 확실한 과거가 아니다. 그것은 더 이상 나 자신의 완벽한 현재 완료가 아니라 변화 과정에 있는 내가 되었어야 했던 모습의 앞선 미래이기 때문이다(Lacan, 1977: 86).

라캉 자신의 언어적 자의식을 강조하는 이러한 홍미로운 문장은 '자아'의 시제時制가 어째서 항상 지연된 **변화** *becoming*의 과정에 있는지 주목하게 한다. 다시 말해서 '자아'는 응답을 해 주는 타자에 의해서만 자신을 알 수 있다. 그러나 타자의 반응은 미리 알 수 없으며 따라서 '자아'를 괴로운 미결정의 상태는 아닐지라도 예측의 상황에 있게 한다. 주체는 그가 암시한 대로 과거의 미래 *future anterior* 상태, 즉 예측 속에서 과거와 미래, 다시 말해서 자신의 **미래 완료**와 **미래를** 동시에 보는 투영적 시제 속에 존재하기 때문이다. 그것은 사무엘 베버 Samuel Weber가 말했듯이, **예측된 지연성** *anticipated belatedness*의 구조이다(Weber, 1991: 9). 라캉의 주체는 예측과 지연 사이를 오가는, 본질적으로 자신이 변화되었어야 할 상태를 알고자 하는 타자의 영역 속으로 끊임없이 자신을 표출하는 욕망의 주체이다.

라캉은 주체가 어떻게 이러한 의미 작용의 영역에 자리잡게 되는지 설명하기 위해서, 20세기 초에 활동했던 스위스 언어학자 페르디낭 드 소쉬르 Ferdinand de Saussure (1857~1913)의 작업에 주목한다. 소쉬르의 유작인《일반 언어학 강의 Course in General Linguistics》는 1906~11년 사이에 행해진 그의 강의록을 묶은 것이다. 소쉬르는 언어가 기표 signifier (기호의 물질성)와 기의 signified (기호의 의미)라는 두 가지 요소로 구분된다고 주장한다. 하지만 그에 의하면 두 요소의 관계는 자의적이다. 뿐만 아니라 기표는 한 가지 기의만을 담고 있는 것은 아니다. 의미의 생산은 사슬을 따라 점점 더 증식하는 기표들에 의존하기 때문이다. 하나의 기표는 끝없는 과정 속에서 또 다른 기표의 도움을 받게 된다. 라캉의 비유를 인용하면, 기표들은 "고리들로 만들어진 또 다른 목걸이의 고리가 되는, 목걸이의 고리들"처럼 연결되어 있다 (Lacan, 1977: 153). 이런 이미지는 폐쇄적 체계이면서 무한한 체계로서의 기표의 사슬, 즉 음소나 소리의 단위는 제한되어 있으나 그 조합은 셀 수 없이 많은 기표의 사슬을 압축적으로 보여 준다.

'자아'는 의미 사슬 속에서 자신의 변화를 예측하기 때문에 그리고 자신의 의미를 타자의 영역 안에서 대응적으로 찾으려고 하기 때문에, 라캉은 이러한 주체를 결박하고 있는 힘들을 설명할 수 있는 세 가지 질서를 고안해 냈다. '자아'가 어떻게 세상에서 자신의 위치를 교섭해 가는지 설명하기 위해서 프로이트가 이드, 자아, 초자아라는 말을 만들어 냈듯이, 라캉은 상징계 the Symbolic, 상상계 the Imaginary, 실재계 the Real 라는 삼중 도식 tripartite scheme 을 구성했다. 자신의 독특한 용어법을 사용한 라캉의 세 가지 질서는 넓게 봐서 프로이트가 이미 확립한 범주들과 유사하다.

라캉주의 이론에서 상상계는, 주체가 자신의 자아 이미지를 통합하려고 애쓰는 거울 단계에서 비롯되는 동일시적 오인의 영역을 의미한다. 《정신 분석의 네 가지 기본 개념 *The Four Fundamental Concepts of Psycho – Analysis*》(1978[1973]) 전반에 걸쳐 라캉은 **오브제 프티 아** *objet petit a*(주체는 타자의 영역에 작은 대상을 투사해야만 비로소 자신을 인식할 수 있다는 생각을 담고 있는, 적절히 번역하기 어려운 용어)가 상상계에서 수행하는 역할을 거듭 언급한다. 여러 가지 면에서 '오브제 프티 아'는 주체와 거울에 비친 주체의 '형태'와의 모호한 관계를 나타낸다. 주체는 정체성을 유지하기 위해서, 분리된 거울 이미지의 조각들을 한데 결합하려는 환각적인 노력을 하게 된다. 상상계의 영역에서 '오브제 프티 아'는 어쩔 수 없는 빈틈, 즉 주체가 거울에 비친 자신의 형태를 인식하는 과정에서 끊임없이 봉합해야 하는 틈새를 나타낸다. 다시 말해서 '오브제 프티 아'는 주체가 자신을 거울 영역의 소외된 상태에 있게 하는 모순적 계기로부터 발생한 것이다. 라캉은 "**오브제 아** *objet a*[거울상]의 작용을 통해 주체는 자신으로부터 분리되면서 존재의 동요에 더 이상 휘말리지 않는데, 이는 주체가 소외의 본질을 형성한다는 의미이다"라고 말한다(Lacan, 1978: 258).

상상계 안의 자리를 필사적으로 찾아 헤매는 주체는 영원히 라캉의 두 번째 질서인 상징계에 포섭당해 있다. 동요하고 탈구되고 이질적인 상징계는 상상계 안에서 자신의 정체성을 얻기 위해 안정된 자리를 찾으려는 주체의 욕망을 앞지르고 넘어선다. 상징계는 모든 사람들이 대명사 '나 *I*'에 접근할 수 있는 의미 작용의 영역을 제시함으로써 모든 주체에게 공유되기 때문이다. 말콤 보위 Malcolm Bowie는 자신이 쓴 라캉의 저작에 대한 훌륭한 소개서에서 이렇게 분명히 사회적이고 상호 주관적인 의미 작용의 영역을 다음과 같이 아주 인상적으로 묘사했다. "구성원 어느 누구에게도 자신의 모습을 허락하지 않고 자기 자신을 유지하게 하지 않으며, 혹은 자신의 외부에 존재하는 것들을 자신의 이미지로 재창출하지 못하게 하는 것이 바로 **국가** *res publica* 이다"(Bowie, 1991: 93).

이에 비해 실재계는 설명하기가 더 어렵다. 그것은 의미 작용의 영역 외부에 존재하는 영역이다. 그것은 외상 *trauma* 과 같은 과정을 통해서 정신적 요소들이 상징화되지 않은 채 존재하는 곳이다. 예컨대 정신병 환자는 실재계로 떨어져 버린다. 따라서 실재계라는 대단히 위협적인 질서는 상상계와 상징계를 모두 둘러싸고 있으며, 이 두 질서가 상호 주관적인 과정을 계속 유지하도록 양쪽 모두에 굉장한 압력을 가한다. 여러 가지 점에서 우리는 상상계와 상징계를, 서로 팽팽히 맞서 있는 영역들, 즉 의미를 서로 얻으려고 경쟁하는 적대적 힘 간의 불화를 만들어 내며 실재계로 표시되는 무의미의 영역을 영원히 차단하는 영역들이라고 볼 수 있다.

그렇다면 분열된 주체와 의미 작용의 영역 그리고 상상계, 상징계, 실재계에 관한 라캉의 통찰은 섹슈얼리티의 해명에 어떻게 기여할 것인가? 이 질문에 답하기 위해서는 라캉의 욕망 이론에 더욱 주목할 필요가 있다. 우리는 의미화 과정 안에 항상 결박되어 있는 라캉적 주체는 욕망의 주체라는 사실을 이미 지적했다. 더구나 이 주체는 본질적으로 결핍 *lack* 의 주체이기 때문에 뭔가를 욕망하지 않을 수 없다. 이 주체는 자신의 변화할 모습을 알기 위해서 타자의 영역으로 진입해야 하기 때문이다. 라캉은 '욕망을 조직하는 어떤 것'에 대해 다음과 같이 말한다.

욕망은 자신 안에 구멍을 요구하는 간격을 통해 표출되는 어떤 것이고, 주체만큼이나 의미화 사슬을 명확히 표현하면서 소망*want-to-be*을 드러낸다. 만일 대타자*Other*, 즉 발화의 지점이 또한 필요나 결핍의 지점이라면 대타자로부터 보완물을 얻으려는 호소력도 함께 폭로한다.

따라서 그것은 채워야 할 대타자에게 부여되고, 엄밀히 말해 그것이 가지지 않은 것이다. 그것 역시 존재를 결여하듯이, 그것은 사랑이라 불리는 어떤 것이지만 또한 증오와 무관심이기도 하기 때문이다(Lacan, 1977: 263).

이 문장은 사랑을 주고 받는 것에는 완전한 상호성이 없다는 것을 알려 준다. 왜 그럴까? 요구와 욕구 사이에는 필연적인 불일치가 존재하기 때문이다. 한편으로 유아는 영양분을 얻으려는 욕구를 경험하지만, 다른 한편으로는 사랑에 대한 요구를 표출한다. 하지만 이 두 가지가 반드시 일치하는 것은 아니다. 주체의 소원과 마주한 타자는 결국 상대가 욕구하는 것에 대해 나름대로 알게 될 것이다. 예를 들어, 라캉은 유아가 젖을 너무 많이 먹었다고 한다면 타자[어머니나 보모]에게서 '숨이 막힐 정도로 젖을 먹었다'고 느낄 것이라고 말한다. 그러한 상황은 욕구의 충족과 애정의 선사를 혼동하게 만든다. 이 때문에 라캉은 "욕망은 만족을 얻으려는 것도 아니고 사랑을 요구하는 것도 아닌, 사랑의 요구에서 욕구의 충족을 뺀 것에서 나오는 차이이며 그것의 **분열** *Spaltung* 현상이다"라고 말한다(Lacan, 1977: 287). 따라서 우리는 다시 한 번 욕망하는 주체는 분열되어 있다고 생각하는 것으로 돌아가고, 이번에는 요구에서 욕구를 뺀 것이 욕망을 불러일으킨다는 사실을 알게 되는 것이다.

이 '분열'이란 말은 프로이트가 그의 미완성 유고 가운데 하나인 〈방어 과정에서 나타난 자아의 분열 Splitting of the Ego in the Process of Defence〉(1940년에 출판됨)에서 강조한 용어와 관련된다. 프로이트는 이 논문에서 어린아이의 "자아는 강력한 본능적 요구의 지배를 받고 있고 본능의 요구를 만족시키는 것에 익숙해져" 있지만, "어떤 경험에 의해 갑자기 깜짝 놀라게 되고 이 경험이 이러한 만족의 지속이 결과적으로 거의 견딜 수 없는 실질적 위험에 봉착할 것이라는 사실을 가르쳐 줄" 때 일어나는 일에 대해 설명한다(Freud, 1964: XXIII, 275). 프로이트에게 있어 이렇게 생긴 분열은 다음과 같은 사실을 의미한다. 자아는 (1) 금지의 위협을 거부해야 한다. **그리고 나서** (2) 그 두려움을 병적 징후의 형태로 처리해야 한다. 이에 비해 라캉적 용어에서 이 사건은 욕구가 요구에 의해서 결코 만족되지 못하고 결국 욕망을 조직하게 되는 계기를 나타낸다.

그러나 이 모델은 아직 욕망이 어떻게 특정 대상들 — 프로이트가 성적 대상 선택이라고 부른 것 — 에 집중되는지 설명하지 못한다. 욕구를 지니고 요구를 표현하는 과정에서 그리고 결국 욕망의 주체가 되는 과정에서 어린아이는 분명 프로이트의 관심을 끌었던 핵심적 문제 — 주체는 어떻게 양성의 해부학적 차이를 인정하게 되는가 — 에 부딪힐 것이다. 라캉은 가장 논쟁적인 그의 이론적 도구라고 할 수 있는 남근 개념을 사용해서 주체의 성별화 과정을 설명한다. 1958년에 발표된 〈남근의 의미 작용 The Signification of the Phallus〉은 남근이 "전반적으로 기의의 효과를 나타내기 위한 기표이며, 이는 그 기표가 하나의 기표로서 존재함으로써 그러한 기의의 효과들이 나타날 수 있는 조건이 된다는 점에서"라는 사실을 강조한다(Lacan, 1977: 285). 이런 말들이 알 수 없는 수수께끼처럼 들린다면 다음과 같은 그의 설명은 훨씬 더 혼란스럽게 보일 것이다.

남근은 로고스의 역할이 욕망의 출현과 결합되어 있음을 나타내는 특권적 기표이다.

이 기표는 그것이 성적 결합 속에서 가장 확실하게 감지될 수 있기 때문에 그리고 이 말의 글자 그대로 가장 상징적인 것이기도 하기 때문에 채택되었다. 거기에서 남근은 (논리적인) 연결사[문장의 주부와 술부를 연결하는 *be* 동사와 같은 것]와 같은 것이기 때문이다. 또한 그것은 그 팽창성으로 인해 생식을 나타내는 강력한 분출의 이미지를 보여 줄 수 있다.

하지만 남근에 관한 이러한 모든 진술은 그것이 감추어져 있을 때만 제 기능을 수행할 수 있다는 사실을 숨기고 있을 뿐이다. 즉, 그것은 들춰졌을 때 (즉, 지양되었을 때 *aufgehoben* [헤겔적 의미에서]) 기표의 기능을 더 이상 하지 않는, 잠재성의 기호로 존재한다(Lacan, 1977: 287~8).


압축적으로 논의된 이러한 단락은 남근에 관한 몇 가지 중요한 사실을 제시한다. 무엇보다 먼저 남근은 의미 작용의 질서를 조직한다는 점에서 신神 자신의 언어 (*the logos*)에 해당하는 신성한 지위를 향유한다. 프로이트가 주장한 해부학적 의미의 페니스와 같이, 남근은 주체가 거세 콤플렉스와 오이디푸스 콤플렉스를 극복하는 과정에서 활기 넘치는 역할을 수행한다. 그러나 생물학적 사고 체계에 대한 라캉의 반감을 고려한다면, 그의 남근은 완전히 텍스트적인 요소로 ─ 의미의 연쇄 안에서 의미 작용의 요소 가운데 가장 결정적인 것으로 ─ 나타난다. 라캉에게 남근은 풍부한 함의를 담고 있는 것으로 여겨진다. 페니스가 성교에 사용될 수 있듯이, 남근도 언어적 연결사, 즉 본질적으로 다른 부분들을 이어 주면서 유동적인 의미의 사슬을 고정시키는 동사 부분(동사 '*to be*'에 기술되어 있는)처럼 보일 것이다. 남근은 대단히 신비스러운 상태로서 의미 작용 안에서 영원히 베일에 가려져 있다. 남근은 항상 가려져 있기 때문에 늘 욕망을 불러일으키는 미끼로 기능한다. 미켈 보시야콥슨Mikkel Borch-Jacobsen은 이렇게 말한다. "우리가 다른 모든 기표들, 다른 모든 대상들을 통해 찾으려고 하는 것이 바로 이 기표이다" (Borch-Jacobsen, 1991: 211). 매우 중요하지만 그 의미를 이해하기 힘든 이 기표를 이처럼 계속 찾아 헤매는 가운데 섹슈얼리티가 등장한다.

주체가 원하는 남근의 추구 과정에서는 두 가지의 기본적인 입장이 취해질 수 있다. 라캉은 프로이트의 《집단 심리학과 자아 분석 Group Psychology and the Analysis of the Ego》(1921)에서 처음 사용된 용어들로 돌아가서, **존재와 소유**를 구별한다. 프로이트는 남자 아이의 오이디푸스 콤플렉스에 대해, "아버지와 자신을 동일시하는 것과 아버지를 대상으로 선택하는 것의 차이를 하나의 공식으로 말하기는 쉽다. 전자의 경우에 아버지는 자신이 **되고** 싶은 대상이고, 후자의 경우에 아버지는 자신이 **갖고** 싶은 대상이다"라고 말한다(Freud, 1955: XVIII, 106). 라캉은 남근이 어떻게 양성 간의 관계를 조직하는지 보여 주기 위해 이 모델을 적용한다. 다른 사람에게 남근이 **되는 것**과 자신이 남근을 **갖는 것** 사이를 오가는 것이 욕망의 변증법을 창출한다. 라캉적 주체는 프로이트의 남자 아이와 여자 아이같이, 어머니가 남근을 갖고 있지 않다는 사실을 알아야 한다. 마찬가지로 이 주체는 어머니의 욕망을 채워 주기 위해서 자신이 남근이 되고자 할 것이다. 따라서 성적 동일시는 이 1차적 기표를 둘러싸고 배치된다. 다른 곳에서 라캉은 남근의 의미 작용 역활을 약간 다른 용어들로 표현한다. 그는 이 기표가 "아버지, 즉 아버지의 이름 the Name-of-the-father"을 나타내며, 이것은 "그러한 법을

통해 욕망의 구조를 유지한다"고 말한다(Lacan, 1978: 34). 전능한 환상이나 모든 것을 주재하는 신처럼, 아버지의 권위가 보유하고 있는 남근적 상징은 자신이 지배하는 구조 안에 숨어 있음으로써 탁월성을 드러낸다.

그렇다면 베일에 감추어진 남근이 남성과 여성에게 의미하는 바는 무엇일까? 감추어져 있는 것이 오히려 욕망을 불러일으키는 이 1차적 기표를 **갖는 것** 혹은 **되는 것**은 어떤 결과를 가져오는가? 라캉은 양성의 해부학적 차이가 주체들로 하여금 남성으로서 혹은 여성으로서의 자신의 위치를 인식하게 하는 문화적 형태를 제공한다고 강조한다. 라캉의 해석자들은 거듭해서 라캉에게 해부학은 운명이 아니었음을 강조한다. 오히려 페니스가 있다거나 없다고 상상하는 것이 주체가 성적 차이에서 어느 한쪽의 정해진 지위를 택하고자 하는 — 그렇지만 반드시 실패하고 마는 — 공인된 틀을 제공한다. 이 때문에 라캉은 남근이 **되려고** 하거나 남근을 **가지려고** 하는 어떤 노력도 헛된 것이라고 주장한다. 라캉적 주체는 바로 결핍 때문에 욕망하게 된다는 점을 고려하면, 이 주체는 자신이 애타게 차지하려는 성적 지위를 결코 달성할 수 없다. 남성 쪽이, 비록 남성성은 남근을 **가지고 있다는** 착각을 제공할 수 있을지라도, 그것은 남성 주체의 본질적인 결핍을 은폐함으로써만 가능하다. 반대로 여성 쪽이 여성성은 남근이 **될** 수 있다고 주장한다 할지라도, 그것은 '위장 *masquerade*'을 통해서만 가능한 일이다. 여자들이 자신을 매력적인 대상으로 보여야 한다는 압력을 얼마나 많이 받고 있는지를 생각하면서, 라캉은 그런 과정에서 여성성은 자신의 '본질적인 부분'을 거부해야 한다고 주장한다. 즉, "그녀가 사랑받는 것뿐만 아니라 욕망의 대상이 되기를 원하는 것은 그녀가 아닌 어떤 것이기 때문이다"(Lacan, 1977: 290).

그러나 라캉의 이후 저작들을 보면, 여성성이 항상 지배적인 남근의 요구에 따라 '가면'을 쓰는 것은 아니다. 여성성이 남근적 법률에서 빠져 나가는 것을 보여 주기 위해, 1970년대 중반에 그는 약 50년 전에 프로이트의 관심을 끌었던 문제인 여성성에 관한 분분한 논의의 몇 가지 측면에 주목하게 된다. 그러나 이것은 현재의 페미니즘 이론에 결정적인 관심의 자원으로 남아 있다. 라캉의 논문들과 그의 연구자들이 쓴 논문들을 모은 《여성의 섹슈얼리티: 자크 라캉과 프로이트학파 *Feminine Sexuality: Jacques Lacan and the école freudienne*》(Mitchell & Rose, 1982)에는 남근이 성적 차이의 모든 측면을 완전히 지배하고 있지 않음을 지적하는 몇 가지 진술들이 나타난다. 이 논문집은 라캉이 《앙코르 *Encore*》(1975)에 실렸던, 여성의 섹슈얼리티에 관한 가장 도발적인 세미나 가운데 하나를 다루고 있다. 〈신과 여성의 쥬이상스 God and ~~the~~ Jouissance of The Woman〉 — 참고 문헌의 방대함과 언어의 도발성으로 유명한 글 — 에서 라캉은 프로이트가 여성성의 '수수께끼'를 푸는 과정에서 직면했던 그 악명 높은 난해한 문제로 되돌아간다. 라캉은 이 오래 된 논쟁이 "하찮은 사유들"로 가득 차서 "공연히 혼란만을 야기시켰다"고 주장한다(Mitchell & Rose, 1982: 145). 이 세미나에서 라캉은 남근이 어떻게 그리고 왜 여성의 환상 혹은 — 좀더 생생하게 말해서 — '여성 *The Woman*'의 환상 위에 직립해 있는지 설명하고자 한다. '여성'이 신화에 불과함을 나타내기 위해 라캉은 세미나의 제목과 텍스트에서 여성 앞의 정관사를 지운다. 라캉은 '여성 *The Woman*' 대신에 '여성 ~~the~~ *woman*'의 쥬이상스, 즉 남근적 질서를 혼란시키고 무시하고 초월하는 현상에 대해 언급한다. 그러한 쥬이상스 — 영어로 옮기기가 매우 곤란한 말 — 는 성적 경험의 열락 *exhilarating bliss*과 강렬함을 나타낸다.

이 세미나를 번역하면서 덧붙인 짧은 서문에서 자크린 로즈 Jacqueline Rose는 여기에서 라캉이 "현재까지 여성의 섹슈얼리티에 관한 정신 분석학의 논의를 지배해 온 문제, 즉 성차는 상징적 구성물이라는 프로이트의 가장 급진적인 통찰을 어떻게 유지할 것인가, 여성성을 어떻게 총체적인 종속으로부터 그러한 구성물의 효과로 돌릴 것인가 하는 문제를 강조했다"고 말한다(Mitchell & Rose, 1982: 137 ~ 8). 이 문제를 해결하기 위해 라캉은 자신이 20세 이후로 서구의 사랑을 연구해 왔으며, 그 역사에 대한 자신의 연구가 해드위치 당베르 Hadewijch d'Anvers(13세기 초에 활약) 같은 여성 신비주의자와 아빌라 Avila(1515 ~ 82)의 성 테레사의 중요성을 밝혀 냈다고 주장한다. 라캉은 로마에 있는 지오바니 로렌조 베르니니 Giovanni Lorenzo Bernini(1598 ~ 1680)의 유명한 조각상 "성 테레사의 희열 Saint Theresa in Ecstasy"을 언급하면서 이렇게 묻는다. "그녀의 **쥐이상스**는 무엇이고 그것은 어디에서 **오는가**?" 그는 이렇게 덧붙인다. "신비주의자들은 그것이 무엇인지 알 수는 없고 오직 경험할 뿐이라고 분명하게 증언한다"(Mitchell & Rose, 1982: 147). 라캉은 그러한 황홀경이 '성교'와 관계 있는 것이라고 주장하지 않고 이 경험이 "**그 이상의 어떤 것**," 즉 "우리를 탈존재 ex-istence의 길 위에 올려놓는 어떤 것"이라고 말한다. 그러한 '탈존재'는 말 그대로 '황홀경'으로 암호화된 **탈균형** 상태이다. 즉, 이런 말장난이 생생하게 극화하고 있듯이, 억제될 수 없는, 육체를 벗어난 강렬한 희열이다. 사실 그러한 여성의 쥐이상스는 논문 제목에 나오는 '신'으로는 포착될 수 없다. 그렇다면 이 '신'은 무엇을 상징하는가? 이 세미나를 대단히 주의 깊게 독해한 보위는 그것이 두 가지의 구조를 의미한다고 말한다. 첫번째는 "남성적 섹슈얼리티가 규정한, 그리고 정신 분석학이 기독교 신학과 잠시 손을 잡고 인간이 처한 무수한 상황들 속에서 폭로할 수 있었던 동일자 *the One*"이다. 두 번째는 '대타자 *the Other*'이다. 즉, "잘 알려진 [사랑의] 타협에서 양쪽 파트너 사이에 끼여든…… 방해물"이고, 이 타협은 라캉이 상기시키듯이 우리가 "엄격히 말해서 '성 관계'라고 부를 수 없는" 것이다(Bowie, 1991: 154). 그렇다면 왜 우리는 '성 관계'에 대해 말할 수 없는가? 그것은 제3자 — 타자의 대타자 — 가 항상 주체의 욕망을 방해하기 때문이다. 다시 말해서 주체는 결코 자신이 사랑하는 상대에게서 완전한 상호성을 획득하지 못하는데, 이는 두 사람이, 모든 욕망이 순환하고 있는 기표들의 사슬에 의해 갈갈이 찢겨지지는 않더라도 추방되어 있기 때문이다. 따라서 성 테레사의 뭐라 표현할 수 없는 신비스런 경험은 '신'의 두 모습이라고 할 수 있는 '동일자'와 '대타자' 모두를 피해 가는 쥬이상스를 의미한다.

그렇지만 그러한 전능한 권위에 도전함에도 불구하고 성 테레사의 분명한 오르가슴적 '탈존재'는 확실히 뭔가 망설이게 한다. 인쇄상의 삭제를 통해 '*the woman*'을 표현함으로써 '여성 *The Woman*'을 제거한 진정한 의미는 무엇일까? 쥬이상스는 정말로 여성성이 남근적 권위를 전복할 수 있는 유일한 계기라고 할 수 있을까? 라캉은 비록 우리가 성 테레사의 자기 성애 *autoeroticism*가 남근적 기표를 파멸시킨다는 점에 주목하길 원했지만, 우리는 이러한 여성적 신비에 대한 그의 호소가 여성성의 또 다른 신비화 — 아마 신비화로서의 여성성 — 에 지나지 않는다고 결론 내리게 된다. 라캉의 비판은 여성성의 영원한 신비에 호소하는 일반적인 상투적 사고 방식들과 반드시 다른 것인가? 내가 생각하기에, 여기에서 우리는 정신 분석학이 어떻게 자신이 분명히 전복시키고자 했던 성의 신화를 재기입할 수 있는지를 보여 주는 주목할 만한 사례를 보게 된다. 따라서 이러한 이중 구속이 정신 분석의 토대처럼 여겨지는 성 차별적 전제들에 대한 많은 예리한 페미니즘적 연구를 촉발시켰다는 것은 이해할 만하다.

## 페미니스트적 개입

정신 분석학이 처음부터 대단히 논쟁적인 토론의 주제였다는 사실은 새삼 언급할 필요도 없다. 정신 분석의 방법은 영화 연구 같은 몇몇 분야에서 점차 세력을 더해 가고 있기는 하지만, 학술적 연구의 많은 분야에서는 여전히 그 주장을 확고하게 신뢰하지는 않는다. 따라서 몇 가지 일반적인 반론을 간단하게 요약해 보는 것이 좋겠다. 프로이트와 라캉의 비판적 작업에 반대하는 비평가들은 종종 다음과 같은 (흔히 서로 연관되어 있는) 점들을 제시한다.

(1) 정신 분석은 자신이 발견한 사실을 시간을 초월한 보편적인 것으로 제시하고자 함으로써 자신이 분석한 구조와 내러티브의 역사적 특정성을 보여 주지 못한다.

(2) 정신 분석은 페니스나 남근을 그 막강한 지위에서 끌어내릴 수 있는 혹은 끌어내릴 설명틀을 제시하지 않음으로써 자신의 분석 대상이었던 남근의 권위와 공모하고 있다.

(3) 정신 분석은 무의식이 즉각적으로 알 수 있는 것이 아니기 때문에 본질적으로는 이해할 수 없는 현상을 해석하겠다고 말함으로써, 상식적으로 납득할 수 없는 인식론적 불가능성에 기초한다.

(4) 정신 분석은 에로티시즘이라는 것이 아동기의 아주 초기에 일어났던 근본적인 사건들과의 관련 속에서만 이해될 수 있으며, 이런 초기의 사건은 이후의 모든 관계들을 결정할 것이라고 가정함으로써, 성적 동일시의 보수성을 매우 강조한다.

(5) 정신 분석은 섹슈얼리티 비판을 해부학의 문제로 환원시켜 버림으로써, 생물학적 전제에 저항하지 않으면서 저항한다고 주장한다.

이런 지적들은 임상적 실천으로서 그리고 학문적 연구 영역으로서의 정신 분석에 제기된 비판 가운데 일부일 뿐이다.

어떤 한 연구 영역에서 이러한 비판들을 대단히 상세하게 다룬 것이 있다면, 그것은 틀림없이 페미니즘 이론 영역일 것이다. 따라서 지금부터는 페미니스트들이 정신 분석과의 관련 속에서 취했던 상이한 입장들을 요약적으로 살펴볼 것이다. 20세기 말 페미니스트들의 프로이트 비판은 1920년대 말에 특히 그의 여성성 연구와 관련하여 그의 연구를 광범위하게 비판했던 상이한 많은 여성 분석가들이 참여했던 훨씬 더 이전의 논의를 부활시켰다는 점에 주목하는 것이 중요하다. 〈여성의 섹슈얼리티〉에서 프로이트는 헬렌 도이치 Helen Deutsch (1884~1982)와 카렌 호니 Karen Horney (1885~1952), 멜라니 클라인 Melanie Klein (1882~1960)을 포함한 많은 정신 분석가의 저작을 언급하는데, 이들은 여자 아이가 여성성을 획득하는 과정에 대해 각기 상이한 견해를 취했다. 도이치는 일반적으로 프로이트의 입장을 지지했지만, 호니는 프로이트의 페니스 선망 이론이 오류라고 주장하면서 그 대신 남성이 여성의 재생산 능력을 질투하면서도 두려워하고 있음을 강조했다. 이와 달리 클라인은 아이들이 오이디푸스 이전 단계에서 경험하는 위기에 더욱 주목했다. 그녀의 작업은 유아가 형성 중에 있는 자신의 에고 부분을 어머니의 신체에 투사하는 것에 대해 분석하고 있으며, 이는 후에 줄리아 크리스테바 Julia Kristeva 같은 정신 분석가들에 의해 탐구되었다. 프로이트와 동시대에 작업했던 여성들이 모두 페미니즘에 공감한 것은 아니지만, 그들의 강력한 개입은 여성의 섹슈얼리티에 대한 프로이트의 설명이 정신적 동일시의 몇몇 상이한 경로에 의해 수정될 수도 있다는 점을 명백히 했다. 또한 프로이트와 라캉을 아무리 남성 중심적이라고 생각한다고 해도, 여성 심리 분석가와 이론가들이 정신 분석 사상의 발전에서 탁월한 지위를 유지했다는 점도 주목할 만하다. (후자에 대해서는 Sayers, 1991을 참조하라.)

영어권 지역에서 프로이트의 저작에 대한 격렬한 페미니즘 논쟁이 다시 전개되었던 것은 여성의 권리 운동이 부활하던 1960년대 말이었는데, 그 시기에는 프로이트의 페니스 선망 이론에 대해 기본적으로 탐탁하지 않게 생각하였다. 그러나 1970년대에 프로이트의 저작이 페미니즘에 유리하게 해석될 수 있다고 주장하는 저서와 논문들이 발표되면서 이러한 논쟁의 방향은 바뀌게 된다. 1980년대에는 라캉의 난해하고 세심한 주의가 필요한 저서들이 영어로 광범위하게 유통되었고, 따라서 이것 역시 가부장적 문화 속에서 여성성이 정신적 사회적으로 형성되는 과정을 밝힐 수 있는 이론적 도구를 찾던 페미니스트들에게 중요한 질문들을 제기하였다. 영국에서 발행된 잡지 ⟨m/f⟩는 정신 분석이 어떻게 페미니즘의 목적에 이용될 수 있으며 그 이유는 무엇인지를 살펴보는 매우 중요한 토론의 무대 가운데 하나가 되었다. 1978~86년 사이에 발행된 이 잡지는 이 분야에서 가장 선구적인 논문들을 게재했고, 여기에 실렸던 많은 주목할 만한 논문들은 《문제의 여성 The Woman in Question》

(Adams & Cowie, 1990)이라는 제목의 책으로 편집되었다. 뒤를 이어, 《페미니즘과 정신 분석학 *Feminism and Psychoanalysis: A Critical Dictionary*》(Wright, 1992)에서 포괄적으로 보여 주듯이 이 방면의 페미니즘 연구들은 빠르게 발전하였다.

　　페미니즘과 정신 분석이 논쟁을 벌인 주요 영역을 약술하기 위해 우선 프로이트와 라캉을 약간 다르게 접근하는 페미니즘적 입장을 살펴보기 전에, 케이트 밀레트 Kate Millett가 《성의 정치학 *Sexual Politics*》(1970)에서 페니스 선망에 대해 제기했던 유명한 반박에서 시작해 보자. 그 시대의 정서를 단적으로 보여준 밀레트의 《성의 정치학》은 빅토리아 시대와 현재의 가부장적 문화를 대단히 야심차게 분석한다. 그녀의 논의는 전반적으로 D. H. 로렌스와 헨리 밀러(1891～1980) 같은 남성 작가들에 초점을 맞추었고, 빅토리아 시대부터 1960년대의 성 혁명 시기까지 성 차별적 사고가 어떻게 전개되어 왔는지를 각 장에서 다룬다. 프로이트의 연구는 이 책의 중심적 장인 "반혁명, 1930～1960"에서 다루어졌다. 밀레트가 보기에, 이 30년 간의 반혁명기는 입센(1828～1906)이나 버나드 쇼(1856～1950), 오스카 와일드 같이 세기 말에 명성을 날렸던 작가들의 작품에서 선구적으로 개진된 진보적인 성 관념을 억눌러 버린 시기였다. 밀레트는 "프로이트의 용어와 말투에서 보이는 일상적인 남성적 편견"을 비판하면서 그가 '사실'과 '환상'을 구분하지 못했다는 점에서 거세 콤플렉스를 논박한다(Millett, 1970: 182～3). 그리고 이렇게 덧붙인다. "프로이트가 여자 아이의 두려움은 강간에 대한 것보다 거세에 대한 것이 더 중심적이라고 상상했다니 재미있는 일이다. 사실 여자 아이들에게 강간은 충분히 위협적인 현상인데, 그것은 그들에게 종종 일어나는 일이지만 거세는 그렇지 않기 때문이다"(Millett, 1970: 184). 그러나 이런 주장은 프로

이트의 용어 선택에 나타난 편견은 드러냈지만, 그가 어떻게 여자 아이의 거세 콤플렉스를 '환상'이 아닌 '사실'이라고 흘려버렸는지는 여전히 알 수가 없다. 밀레트는 프로이트의 이론이 문화를 자연으로, 사회적인 것을 생물학적인 것으로 축소시켰으며 결국 파괴적인 결과를 초래했다고 주장한다.

> 프로이트는 여자 아이의 자아 발달에 남성 우월적 문화가 미치는 영향을 알려 주는 수많은 연구의 출발점이 될 수 있는 훌륭한 기회를 마다하고, 그 대신 '생물학'이라는 불가피한 법칙에 입각해서 여자 아이의 억압을 정당화했다. 페니스 선망 이론은 너무나 효과적으로 참된 이해를 가로막았기 때문에, 이 문제의 사회적 원인이 아직 규명되지 않은 이상 모든 심리학이 이를 당연시했다. 그럴 것 같지는 않지만 어쨌든 페니스 선망이 조금이라도 의미하는 바가 있다면, 그것은 성에 대한 총체적인 문화적 맥락 안에서만 생산적일 것이다. 그리고 여기에서 여자 아이들은 그들이 남자 형제의 페니스를 보기 오래 전부터 이미 남성 지배 사실을 충분히 알고 있는 것 같다……. 남성의 우월한 지위를 입증하는 너무나 많은 구체적인 사실들을 보고, 그들에게 쏟아진 모든 가치 하락을 느끼기 때문에, 여자 아이들은 페니스가 아니라 단지 페니스가 부여한 사회적 권위를 선망하는 것이다(Millett, 1970: 187).

밀레트의 수사적으로 설득력 있는 반박은 한동안 여성 해방 운동의 일부 집단에 영향을 미쳤다. 그러나 이후의 연구자들이 강조하듯이, 밀레트가 프로이트의 페니스 선망 이론을 공격했던 바로 그 논점들은 어느 정도 프로이트 자신에 의해 답변되었다. 밀레트가 단호하게 생각해 보려고 하지 않은 한 가지 가능성은, 프로이트는 거세 콤플렉스가 '전체적인 맥락' 안에서 작동하는 성적 대립을 정확히 상징하는 계기로 생각한다는 것이다. 밀레트가 조금만 생각해 본다면, 페니스 선망이 원인이라기보다 결과, 즉 분리되어 있는 성의 어느 한쪽에서 자신의 자리를 찾으려고 하는 것의 결과인 것처럼 보일 것이다.

여성 해방 운동이 강력하게 등장한 이후, 밀레트의 주장과 가장 날카롭게 논전을 벌인 연구는 줄리엣 미첼 Juliet Mitchell의 《정신 분석과 페미니즘: 프로이트, 라이히, 렝 그리고 여성 *Psychoanalysis and Feminism: Freud, Reich, Laing and Women*》(1974)이다. 상당한 범위와 통찰력을 내포한 이 인상적인 책이 페미니즘 이론에 미친 영향은 결코 과소 평가될 수 없다. 바로 첫장에서 미첼은 이렇게 선언한다. "정신 분석은 가부장적 사회를 **위한** 권고가 아니라 그것**에 대한** 분석이다"(Mitchell, 1974: xiii). 미첼이 당시의 페미니스트들, 특히 베티 프리단 Betty Friedan, 슐라미스 파이어스톤 Shulamith Firestone, 에바 피기스 Eva Figes 그리고 — 가장 통렬하게 — 밀레트의 작업을 언급하면서 마음에 두었던 것은 바로 이 원칙이었다. 미첼은 《성의 정치학》의 '사실주의적' 경험주의를 비판하면서, 밀레트가 여자 아이를 심리적으로 합리적인 주체, 즉 다 알면서도 페니스를 선망하는 주체처럼 잘못 가정했다고 말한다. 미첼은 "욕망, 환상, 무의식의 법칙 혹은 무의식조차도 [밀레트의] 사회적 사실주의에는 보이지 않는다"고 말한다(Mitchell, 1970: 354). 미첼은 프로이트의 탐구가 확실히 생물학적 사고에 뿌리를 둔 것이 아니라고 거듭 주장한다. 이 점은 이후에 출간된 기념비적 저서인 프랭크 J. 설로웨이 Frank J. Sulloway의 《프로이트, 정신 생물학자: 정신 분석의 유산을 넘어서 *Freud, Biologist of the Mind: Beyond the Psychoanalytic Legend*》(1983 [1980])에서 논의되며, 또한 프로이트의 기획에 충실한 학자인

장 라플랑시도 꼼꼼하게 분석한 문제이다(Laplanche, 1989). 미첼은 "프로이트에 따르면, 사회는 양성에게 심리적인 양성성을 요구하며, 따라서 한 성은 여성성을 우세하게 지니지만 다른 성은 남성성을 우세하게 지닌다. 이렇게 남성과 여성은 문화적으로 **만들어진다**"라고 말한다(Mitchell, 1974:131).

그러나 이러한 비판의 영향력에도 불구하고 미첼 자신의 연구는 더욱 페미니즘적인 비판을 받게 된다. 제인 갤럽 Jane Gallop은 미첼의 책 제목을 모방한《페미니즘과 정신 분석: 딸의 유혹 Feminism and Psychoanalysis: The Daughter's Seduction》(1982)에서 미첼의 연구는 그녀 자신이 밀레트 같은 페미니스트들을 가차없이 비판하면서 지적했던 바로 그 '사실주의적' 전제를 그녀 자신도 공유한다고 결론 내린다. 미첼은 마지막 장에서 가부장적 질서를 전복하기 위한 힘의 결집을 호소하는데, 이는 마치 이 문제에 대한 '사실주의적' 접근이 이 목적을 달성할 수 있을 것처럼 보인다. 미첼은 반드시 오게 될 성 혁명에 대해 이렇게 주장한다.

> 가부장적인 질서 아래에서 여성들은 바로 자신들의 여성성의 심리로 인해 억압받는다. 이러한 질서가 대단히 모순적인 방식으로 유지될 때 이런 억압은 자신을 드러낸다. 여성들은 인간 사회의 기본적인 이데올로기를 변화시키기 위해 자신들을 하나의 집단으로 조직해야 한다. 이것이 효과적이기 위해서는 단순히 남성의 지배에 정당하게 저항하는 것이 아니라(물론 이것도 전술적인 의미가 있지만), 가부장제에 의해 만들어진 법률의 발달 단계에 있는 사회적인 비필연 non-necessity의 영역에 관한 이론에 근거한 투쟁이어야 한다(Mitchell, 1974: 414).

갤럽이 지적했듯이, 이런 입장이 가진 문제는 미첼이 다른 곳에서 밀레트 같은 '사실주의자'가 분석에서 제외시켜 버렸다고 비판하면서 강조한 바로 그 욕망과 환상, 무의식을 미첼 자신의 분석에서 제외시켰다는 것이다. 따라서 갤럽이 미첼이 주장한 논리를 자세히 따져 보는 것은 별로 놀랍지 않다. "만일 여성이 '인간 사회의 기본적인 이데올로기를 변화시키기 위해 자신들을 하나의 집단으로 조직할 수 있다'면 그리고 무의식 안에 '새로운 구조'의 '출현을 주장할 수 있다'면, 어느 정도 그들은 무의식에 지배되는 인간이 운명적으로 이성적이지 않다는 확고한 사실을 넘어서 있는 것이다"(Gallop, 1982:13). 갤럽의 이런 주장은 페미니스트가 정신 분석과 대결해 오면서 가장 오랫동안 지녀 온 갈등 가운데 하나의 핵심으로 돌진하는 것이다. 정신 분석은 페미니즘에 정신의 변화 모델은 아니더라도 사회적 변화 모델을 과연 어느 정도로 제공할 수 있는가? 정신 분석이 밝혀 낸 사실은 여성이 이미 결정되어 있는 어떤 것들로 인해 어쩔 수 없이 '운명지어져' 있다는 것을 의미하는 것일까? 아니면은 이 이론 체계는 우리가 성별화된 주체가 되어 가는 자의적인 과정을 더욱 확실하게 이해할 수 있게 해 주는 '합리적인' 분석을 필요로 하는가? 정신 분석은 섹스와 젠더의 개념을 어떻게 제한하고 있는가? 그리고 그것은 우리로 하여금 사회적·성적 위계로부터 어떤 자유를 꿈꿀 수 있게 하는가?

이런 이해의 갈등이 1980년대 초에 영국 잡지 〈페미니스트 리뷰 *Feminist Review*〉에 발표되었던 중요한 두 논문에서 어떻게 표출되었는지 살펴 보는 것이 좋을 것이다. 엘리자베스 윌슨 Elizabeth Wilson 은 〈정신 분석: 정신의 법칙과 질서? Psychoanalysis: Psychic Law and Order?〉(1981) 라는 논문에서 프로이트의 가장 잘 알려진 설명, 즉 거세 콤플렉스와 오이디푸스 콤플렉스에 대한 설명을 곰곰이 따져 본다. 윌슨은 프로이트가 자연과 문화, 즉 생물학적으로 결정되는 것과 사회적으로 구성되는 것 사이를 일관성 없이 오락가락 했다 — 이 점은 그의 책을 처음 읽는 독자들이라면 누구나 느낄 수 있는 사실이다 — 고 지적한다. 윌슨은 "때로 그는 생물학의 심리적 결과라는 문제와 개인의 정신이 어떻게 생물학적 토대 위에서 형성되는지를 설명하는 것처럼 보인다. 하지만 다른 한편으로는 생물학적 유추와 비유를 사용하는 것 같다"고 말한다(Wilson, 1981: 67). 윌슨은 미첼의 분석에서도 이와 비슷한 문제를 지적한다. 따라서 비록 미첼이 프로이트의 '생물학적' 측면을 버리고 '남성과 여성은 문화적으로 만들어진다'는 점을 보여 준 측면을 강조했더라도, 그녀의 이러한 긍정적인 프로이트 독해는 때때로 그의 편견을 재현할 위험이 있다. 일례로 그녀는 프로이트가 〈여성성〉에서 여자 아이의 오이디푸스 콤플렉스를 분석한 것을 논의한 후에 이렇게 결론 내린다. "여성의 임무는 사회를 **재생산**하는 것이고 남성의 임무는 사회를 유지하고 새로운 발전을 **생산하는 것**이다. 오이디푸스기의 안정된 아버지 – 사랑과 이후의 행복한 가정은 분명 연관성이 있다"(Mitchell, 1974: 118). 윌슨의 입장에서 보면, 이것은 지지하기에 유감스러운 결론이다. 그것은 "우리가 산업 자본주의 사회에서 알고 있는것 같은 성별 분업이 '남성성'과 '여성성'의 창출과 어떤 **끊임없는** 연관성을 맺고 있다고 보기 때문이다"(Wilson, 1981: 69). 윌슨은 정신 분석이 비록 가부장제 아래에 있는 여성이 정신적으로 억압된 상황을 설명하는 이론을 제공한다 하더라도, 그런 이론적 성찰은 여전히 정치적 위안에 불과하다고 주장한다. 따라서 그녀는 "노동 조건 — 사회와 가정 안의 — 을 변화시키는" 운동이 "우리가 억압되는 과정에 대한 끝없는 명상보다 우리의 경제력을 위해서나 정신을 위해서 더욱 필요할 것"이라고 주장한다(Wilson, 1981:76).

자크린 로즈의 〈여성성과 그 불만 Femininity and Its Discontents〉 (1983)은 부분적으로 윌슨의 논문에 대한 신중한 답변이다. 그러나 좀더 넓게 보면 로즈의 논의는 정신 분석이 왜 페미니즘 이론 안에서 그런 논쟁적인 위치를 차지하는지 열심히 설명하는 것이다. 로즈는 윌슨 같은 많은 좌파 지식인들이 지지하는 생각, 즉 정신 분석은 적절한 사회 변화의 모델을 제시할 수 없다는 그런 신념에 반대한다. 그녀는 프로이트와 라캉의 작업이 왜 통상 '기능주의'라는 비난을 받았는지 살펴보고, 그 결과를 다음과 같이 말한다.

[정신 분석]은 여성이 정신적으로 가부장적 문화에 의해 어떻게 여성성으로 '유도'되는지에 대해 설명한 이론으로 받아들여진다. 그리고 나서 그것은 여성의 역할에 대한 규범적인 실천(즉, 여성이 해야 할 것)을 통해서 그 과정을 영속시키거나 혹은 하나의 서술(즉, 여성에게 요구된 것과 그렇게 하도록 기대된 것)로서 그 설명이 갖는 유효성이 변화의 가능성을 전혀 남겨 놓지 않았기 때문에 그러한 질서를 영속시킨다고 비난받는다(Rose, 1983:8).

많은 페미니스트들이 이렇게 주장해 온 것은 의심할 여지가 없다. 정신 분석은 남성 지배적 사회 안에서 여성의 필연적인 사회화에 대한 또 다른 암울한 설명을 제공할 뿐이다. 그러나 로즈는 정신 분석을 '기능주의'라고 공격하는 것에 맞서, 프로이트의 작업에서 보여지는, 여성성이 가부장적 질서에 의해 '유도'되는 과정을 폭로하는 방식에는 배울 것이 많다고 주장한다. 그녀가 보기에, 여성이 여성성을 획득하는 데 필요한 정

신적인 조건을 지니고 있다는 것을 보여 준 이론가들이라고 프로이트와 라캉을 비판하는 것에는 분명한 한계가 있다. 로즈는 만일 프로이트와 라캉이 아버지의 법률을 확고하게 유지하는 이론을 제출했다고 비난한다면, "정신 분석은 일반적인 문화 이론이나 젠더에 관한 사회학적 설명과 다를 것이 없다. 이런 것들은 '외부' 세계의 영향을 훨씬 더 강조하기 때문이다"라고 주장한다. 그러나 그녀가 덧붙이듯이, "기능주의를 야기하고 다시 그것이 비판받는 것은 바로 정신 생활의 '내적' 복잡성과 어려움에 대한 정신 분석의 강조를 무시한 것에서 비롯된다" (Rose, 1983: 10). 다시 말해서 정신 분석을 반대하는 페미니스트들은 성적 불평등이 순전히 외부 세계에 호소함으로써만 더 효과적으로 해결 될 수 있다고 잘못 전제한다. 로즈는 페미니즘에게 대단히 값비싼 이론적 대가를 치르게 한 것은 바로 그런 전제라고 주장한다. 그녀는 정신 분석이 어떻게 다른 정치적 논의에서는 억제되는 경향이 있는 주체성의 문제(문제로서의 주체성)를 정치적 영역 속으로 제기했는지 이해하는 것으로부터 페미니즘 정치학은 많은 것을 얻을 수 있다고 확신한다. 따라서 주체성이라는 이론이 분분한 문제에 주목하게 함으로써, 정신 분석은 "정치적 정체성의 상이한 관념 ─ 즉, 페미니즘을 위한 정치적 정체성(여성이 요구하는 것)과 여성을 위한 여성적 정체성(여성의 본질이나 당위적 모습) ─ 사이의 공간을 개방하도록 도울 것이다"(Rose, 1983: 19).

이러한 견해를 피력하면서 로즈는 주로 전통적인 마르크스주의가 '문제로서의 주체성'에 얼마나 무딘 감각을 지녔는지 공격한다. 과거에 마르크스주의 사상은 흔히 주관적 필요를 강조하면 편협한 개인주의를 가져온다고 믿었다. 따라서 혁명가들은 정치적 변화를 가져오기 위한 집단적 투쟁에 모든 주의를 집중해야 할 때에 그런 것에 몰입하는 것은 극도로 위험하다고 여겼다. 로즈의 핵심은, 일단 우리가 우리의 젠더화된 주체성의 갈등적 조건을 고려한다면, 해방의 기치 아래 협력하고자 하는 바로 그 집단들 안에 많은 분리들이 내재한다는 것을 이해할 수 있다는 것이다. 로즈의 주장에 비추어 볼 때, 정신 분석에 대한 페미니즘적 논쟁은 1980년대 많은 페미니즘 이론가들이 몰두하던 '차이'에 관한 좀더 폭넓은 논쟁에 중요하게 기여했다고 할 수 있다. '차이'를 강조하게 되면서 페미니스트들은 점차 남녀 차이를 어떻게 생각할 것인가 뿐만 아니라 때로는 가부장적 억압에서 해방되려는 여성들 사이에 존재하는 많은 차이들 — 나이, 계급, 민족성, 섹슈얼리티의 차이를 포함한 — 을 어떻게 고찰할 것인지 질문하기 시작했다.

로즈의 영향력 있는 글은 정신적 과정에 대한 페미니즘적 연구가 프로이트와 라캉을 글자 그대로 옹호할 필요는 없다고 강조한다. 페미니즘에게는 주체가 어떻게 발달해 가는지를 정신 분석적으로 설명한 프로이트와 라캉의 이론을 수정할 수 있는 기회가 주어졌다. 줄리아 크리스테바는 페미니즘의 목적을 위해 정신 분석의 남근 중심적인 패러다임을 수정한 가장 주목할 만한 이론가이다. 활동 초기부터 크리스테바는 주체가 언어의 영역으로 진입하는 과정에 몰두했다. 언어학자 및 기호학자로 훈련받은 크리스테바가 가장 먼저 행한 연구는 라캉의 상상계와 상징계의 구분을 재규정하는 것이었다. 그녀는 세 가지 질서 — 기호계 the semiotic, 정립계 the thetic, 상징계 the symbolic — 를 설정해서, 주체가 자신을 재현하기 위해 거치는 복잡한 단계들을 설명한다. 그녀의 연구는 충동의 전달을 강조하기 때문에 결과적으로 섹슈얼리티에 관해 많은 것을 이야기하고 있다.

크리스테바는 1974년에 프랑스에서 처음 출판된《시적 언어의 혁명 *Revolution in Poetic Language*》에서 세 가지 질서에 대해 자세히 설명한다. 여기에서 그녀는 기호계가 어떻게 그리스어의 어원을 참조했는지 설명한다. 그리스어에서 이 말은 "구분되는 표식, 흔적, 지표, 징후, 증거, 새겨지거나 쓰여진 기호, 각인, 장식"을 의미한다(Kristeva, 1984: 25). 이 말은 **구별** *distinctiveness* 의 뜻을 가지고 있기 때문에, '의미화 과정의 정확한 양상,' 즉 주체를 유지하는 과정을 알 수 있게 한다. 프로이트와 라캉처럼 크리스테바도 유아의 다양한 충동이 자신의 신체와 환경에 부딪히면서 어떻게 조절되고 지향되는지 설명하려 한다.

> 분리된 다량의 에너지는 아직 그 자체로 구성되지 않은 주체의 몸을 돌아다니며, 주체의 발달 과정에서 이러한 에너지는 가족과 사회 구조에 의해 이 신체 — 이미 항상 기호적 과정에 있는 — 에 가해진 다양한 속박에 따라 배치된다. 이런 방식으로 '정신적' 표식일 뿐만 아니라 '에너지' 충전이기도 한 충동은 코라 *chora* 라고 칭해지는 것, 즉 충동과 그것이 규제되는 만큼이나 활발하게 움직이는 충동의 균형 상태에 의해 형성되는 분절화될 수 없는 총체성을 분절화한다(Kristeva, 1984: 25).

플라톤의《티마에우스 *Timaeus*》에 상술된 우주론으로부터 가져온 개념인 **코라** *chora* 는 "운동과 그것의 짧은 균형 상태에 의해 구성되는 본질적으로 유동적이고 지극히 일시적인 분절화"를 의미한다. 의미화 연쇄와 아직 연관을 맺지 않았기 때문에 **코라**는 자유와 억제라는 이중의 리듬을 제공하는, 점차 의미 작용과 연관을 맺게 될 상징계 이전의 영역이다. **코라**는 어린아이가 아직 자기 자신을 어머니의 신체와 구분하지 못하는 언어 이전의 단계를 나타낸다. 그러나 크리스테바는 프로이트와 라 캉과 달리, 이 단계가 마구잡이의 다형적 도착이 아닌 지각과 감각이 체계화되려고 하는 공간을 내포하고 있다고 말한다.

기호계의 뒤를 이어 정립계 *the thetic* 로 표시되는 단절 *break* 이 나타난다. 이것은 "의미화 과정에서의 단절로서, 주체의 **동 일시**를 확립하고 주체의 대상을 발의 *propositionality* 의 전제 조건 으로 확립한다"(Kristeva, 1984: 43). "모든 언술 행위 *enunciation* 는 정립적 *thetic* 이다"라고 그녀는 덧붙인다. 따라서 하나의 말이나 문장을 만드는 것은 '발의,' 즉 의미 제시에 토대를 둔다. '언 어의 입구'에 위치한 정립계는 의미 작용이 시작될 수 있는 곳 이다. 정립 단계는 라캉의 거울 단계와 프로이트의 거세 모델을 결합시킨다. 그것은 주체성이 필연적으로 상상적 오인을 통해 그리고 1차적이지만 가려진 기표인 남근과의 연관을 통해 등장 하는 단계를 나타낸다.

세 번째, 마지막 질서는 상징계라고 불리며, 이는 라캉의 상징계와 유사한 의미 작용 영역이다. 크리스테바는 상징계가 궁극적으로 어떻게 개입하며 왜 그래야 하는지를 다음과 같이 설명한다. "어머니에의 의존이 단절되고 타자와의 상징적 관계 로 변환된다. 대타자의 구성은 타자와의 의사 소통에서는 필수 불가결하다." 주체는 자신의 이미지를 표출할 때 상징적인 거세 에 직면하기 때문에, 상징계로 진입한다는 것은 '최초의 사회적 검열'을 의미한다(Kristeva, 1984: 48). 그러나 크리스테바의 입장 에서 주체는 결코 기호계를 완전히 버리지 못한다. 어떤 유형의 아방가르드적인 문학 저술 ― 특히, 제임스 조이스 (1882~1941) 같은 아일랜드의 모더니스트들뿐만 아니라 스테판 말라르메

(1842~98) 같은 프랑스 상징주의자들이 쓴 — 은 '의미화 연쇄의 왜곡'을 폭로한다. 크리스테바에 의하면, 그런 작품들은 "정립 단계에서 기표와 기의에 연관시킴으로써 지양 *sublate* [*relever*, *aufgehoben*. 이것은 헤겔적인 개념이다] 할 수 없었던 그런 충동들"을 드러낸다 (Kristeva, 1984: 49). 이런 관점에서 예술은 "상징계의 기호적 표현"을 보여주고, 그러한 과정에서 "언어 속의 **쥬이상스**의 흐름을 표현한다" (Kristeva, 1984: 79).

크리스테바의 이후 저작인 《혐오의 위력: 비천함에 관한 고찰 *Powers of Horror: An Essay on Abjection*》(1980) 은 그녀가 기호계의 **코라**에 관심을 갖는 것은 성욕이 주체의 결핍을 구성하는 남근적 기표만큼이나 어머니의 몸과도 연관되기 때문이라는 점을 분명히 해 준다. 그녀가 '비천한 것'이라고 말한 것은 "심지어 어머니의 외부에 존재하기도 전에 모성 *maternal entity* 의 영향력에서 벗어나려는 가장 최초의 시도"를 나타낸다. 크리스테바에 의하면, 이러한 '비천함 *abject* - *ing*' 은 "그것이 억압하고 있는 것만큼이나 안전한 힘의 지배를 받을 위험"이 있는 "폭력적이고 서투른 단절"이다 (Kristeva, 1982: 13). 확실히 맹아적인 인간 주체에게 미치는 모성의 중요성을 이렇게 강조한 것은 프로이트와 라캉 패러다임의 남근 중심주의를 중화시킨다. 그렇지만 상징이 어떻게 "코라를 억압하고 그것의 끊임없는 귀환을 막는지" 살펴보면서 크리스테바는 그녀 자신이 구시대적인 성 차별적 신화를 다시 쓸 위험이 있다는 점도 염두에 둘 만하다 (Kristeva, 1982: 14). 크리스테바는 어머니의 육체를 오이디푸스 이전 단계와 연관시키면서 여성적인 것 *the feminine* 이 어느 정도는, 원시적이지는 않더라도, 수동적임을 암시하기 때문이다. 결국 기호계가 항상 상징계의 억압을 뚫고 분출될 수는 있지만, 그것은 남근의 필연적인 지배 아래서 약하고 간헐적이며 제한된 역할을 할 뿐이다.

프랑스 철학자이면서 정신 분석가인 루스 이리가레이 Luce Irigaray의 아방가르드적인 저술은 크리스테바가 정신 분석학의 정설을 수정한 것과는 극명하게 대조된다. 이리가레이의 열정적인 작업을 통해 프로이트 이론의 확실한 남근적 지배를 거부하고 대안적인 여성적 경제의 등장을 역설한다. 《검경檢鏡 *Speculum of the Other Woman*》(1985a[1974])의 첫 페이지에서 이리가레이는 프로이트가 여성성을 '수수께끼'라고 선언한 악명 높은 문구를 인용한다. 프로이트는 〈여성성〉에서 "전역사에 걸쳐 사람들은 여성성의 본질이라는 수수께끼를 풀려고 머리를 맞대 왔다"고 말한다. 그 스핑크스의 문제를 풀면서 그는 "**당신**'이 남성이라면 이 문제로 속을 썩이는 상태를 벗어나지 못할 것이고, 당신이 여성이라면 당신 자신이 문제이기 때문에 이 문제가 적용되지 않을 것이다"라고 덧붙인다(Freud, 1964: XXII, 113). 프로이트의 정중해 보이는 태도에 대해 이리가레이는 이렇게 말한다. "따라서 당신들 사이에서 여성에 관해 말하는 것은 당신들 남성의 문제이고, 여성은 **수수께끼**에 관한 담론을 듣거나 생산하는 과정에 참여할 수 없다……. 그녀는 당신들을 위해 표현한다"(Irigaray, 1985a: 13). 섹슈얼리티에 관한 프로이트의 저작에서 따온 많은 인용문들을, 자신이 강력하게 이의를 제기하는 글 사이에 끼워 넣은 이리가레이는 그의 "양성의 '분화'가 여자는 남자에게서 어떤 특징을 뺀 존재이고 그렇게 되어야 한다는 **선험적인** 전제에서 비롯된 것이며, 그의 패러다임은 형태학적인, 즉 결정할 수 있고 확신할 수 있는 특징, 동일자의 반사적 재생산임"을 보여 주려고 한다(Irigaray, 1985a: 27). 그녀의 시각에서 프로이트의 모델은 반영*reflection*(혹은 반사 *specularization*)을 통해 성적 차이를 재생산하고 따라서 **동일성** *sameness*의 자기 기념적이고 반복적인 구조를 만들어 낸다.

그러나 이리가레이의 엄격하고 철저한 프로이트 비판이 여성의 섹슈얼리티를 이해하기 위한 정신적 모델을 거부하는 것은 아니다. 오히려 이리가레이의 반론은 대부분 프로이트의 작업에서 현저하게 배제되거나 은폐된 여성의 욕망을 정신적이고 육체적인 차원에서 검토하고 있다. 프로이트가 "여성은⋯⋯ 자기 성애와 자기 표현, 자기 재생산에 아주 적은 집중만을⋯⋯ 바치며, 이는 동성애에 대해서조차 그러하다"고 주장한 것에 대해 이리가레이는 그보다는 오히려 "애무의 즐거움, 말, 여성에게 그녀의 성과 성기, 다양한 성을 일깨워 주는 표현의 연출"을 찬미한다(Irigaray, 1985a: 103). 이리가레이가 관심을 집중하게 된 것은 정확히 자기 성애와 동성애의 영역이며, 따라서 쾌락의 범위는 페니스(프로이트)나 남근(라캉)에 종속되지 않고도 유지될 수 있다. 〈하나가 아닌 성 This Sex Which Is Not One〉에서 이리가레이는 프로이트가 거세적 결핍을 발견했던 바로 그 신체 부위인 여성의 성기에서 대단히 유쾌한 에로티시즘을 발견한다. 이리가레이는 "여성의 자기 성애는 남성의 그것과 아주 다르다"고 말하는데, 남성은 "손이라는 도구를 필요"로 하기 때문이라면서 "여성은⋯⋯ 어떤 매개도 필요 없이 스스로 자신을 애무할 수 있고 여기에는 능동성과 수동성의 어떤 구분도 없다"고 주장한다. 왜 그럴까? "그녀의 성기는 늘 마주 붙어 있는 두 개의 입술로 이루어져 있기" 때문이다. 따라서 이리가레이에 의하면, "여성은 이미 서로를 애무하고 있는 둘 — 하나(들)로 분리될 수 없는 — 이다"(Irigaray, 1985b: 24). '동일자 *smae*'의 남근 형태적 논리에서 벗어나 또 다른 당파의 명령에서 해방되어, 여성은 '하나의' 성으로 존재하지도 않고, 1 + 1 = 2라는 산뜻한 연속 논리에 속하지도 않는다. 일원적 계산과 이분적 계산을 모두 반대하는 이리가레이의 여성에 대한 시각은, 여성성은 다양하지만 분리할 수 없고, 복수적이지만 자율적이라고 주장한다.

　페미니스트들 사이에서는 이러한 이리가레이의 주장은 상당한 논란의 여지가 있다고 보았다. 다이애나 퍼스는 페미니즘 비평가들이 이리가레이가 어떻게 그리고 왜 여성의 몸에 대한 본질주의적인 해석을 부추겼다고 보는지, 즉 그녀가 프로이트와 똑같이 여성성을 해부학의 문제로 환원시켰다고 말하는지 살펴본다. 이리가레이의 '두 입술'은 비록 비유로 제시되었을지라도, 이에 대한 그녀의 찬미는 여성이 정신이 아니라 몸으로만 말을 한다고 주장하는 것처럼 보인다. 그렇지만 퍼스의 주장대로, 이리가레이의 '본질의 언어'는 '전치라는 정치적 전략의 제스처'로 호의적으로 해석될 수도 있다. 어떻게 그럴 수 있는가? 이리가레이의 작업은 아리스토텔레스 이래 서구 철학의 전통에서 '여성'이 어떻게 지속적으로 '모순적인 지점'으로 존재했는지를 정확히 폭로하기 때문이다. 다시 말해서 "여성은 한편으로 그녀를 여성으로 규정하는 본질[약함, 수동성, 수용성, 감정 같은 특질로 표현되는]을 가지고 있다고 가정되지만, 다른 한편으로는 질료의 차원으로 격하되고 본질에는 접근도 할 수 없다(따라서 그녀가 할 수 있는 최선의 일은 남성이 잠재력을 발휘할 수 있도록 돕는 것 뿐이다)"(Fuss, 1989: 72). 이런 점에 비추어, 이리가레이는 말하자면 서구 형이상학에서 차지하는 여성적인 것의 모순적 위치를 전복시키려고 모방했을 뿐인 전략적인 담론을 통해서 여성의 본질적인 결핍을 제거하려고 했다고 볼 수 있다.

　엘렌느 식수 Héléne Cixous 의 〈돌격 Sorties〉(1986[1975])은 이리가레이의 작업에 필적할 만한 것인데, 이것 또한 '동일자'의 남성 중심적 논리에 초점을 맞추기 때문이다. 식수는 이러한 엄

격한 추론의 체계를 특이하게도 '동일자 *Selfsame*의 제국'이라고 부른다. 식수가 보기에 '동일자'의 남성 중심적 제국주의는 계속되는 '남근 중심주의의 이야기'를 폭력적으로 상연한다. 이것은 "타자를 향한 움직임이 가부장적인 생산 안에서, 즉 남성의 법률 아래서 상연되도록 하는" 남근적 내러티브이다(Cixous, 1986: 79). 더욱 힘을 키워 가는 '동일자'의 위력 앞에서 식수는 여성의 **쥬이상스**를 해방시키기를 간절히 원한다. 그녀에 의하면, 그러한 여성의 **쥬이상스**는 "남자에게서 찾을 수 없거나 남성적 경제로 귀결시킬 수 없는 본능적 경제"에 속한다(Cixous, 1986: 82). 크리스테바의 코라와 유사하게, 식수의 여성적인 욕망의 경제는 여성이 "언어로 표현되지 않은 것의 소리를 항상 듣고 있다"고 주장한다(Cixous, 1986: 8). 그러나 비록 식수의 산문체 글의 시적인 활기참에 넋을 빼앗길지는 모르겠지만, 여기에서도 역시 우리는 이 억제된 여성의 쥬이상스가 남근 지배적인 가부장제에 의해 지지된 이분법적인 젠더 논리를 진정으로 대체할 수 있을지 의문을 제기할 수도 있다. 이런 점에서 그녀의 여성적 글쓰기 *écriture feminine*(혹은 *feminine writing practice*)가 찬미하는 성적 논리는 생각만큼 진보적이지 않을 수도 있다. 식수는 "남성의 섹슈얼리티를 페니스 주위로 집중시키고 이 중심적 신체 부위를…… 당파적 독재 아래…… 젠더화하자"고 선언한다. 그녀는 "여성은 지배적인 한쪽 성에게만 유리한 이러한 특정 신체 부위의 강조를 스스로 수행하지 않는다"고 주장한다. 그리고 그 숨막힐 듯한 어법으로 여성의 섹슈얼리티 개념을 극적으로 표현해 주는 다음과 같은 유창한 문장을 덧붙인다.

그녀의 무의식이 끝이 없듯이, 그녀의 리비도 또한 무한하다. 그녀의 글쓰기도 영원히 제한되지 않고 윤곽을 구분하지 않으면서 계속 이어지고, 그들이 태어나는 순간부터 무의식에 가급적 가까이 있듯이, 그녀가 그들을 볼 수 있을 정도로만 살고 있는 그 남자 안에, 그 남자들과 그 여자들 안에서, 다른 짧은 열정적인 거주로 이 현기증 나는 이동을 감행하면서 말이다. 가능한 한 본능적 충동에 가깝게 그들을 사랑하라, 그리고 더 나아가 이러한 짧은 확인의 포옹과 키스로 가득 찬 모든 것을 사랑하라, 그녀는 한없이 전진할 것이다(Cixous, 1986: 88).

식수에 의하면, 남성의 욕망이 난폭하게 설정한 한계에 반대하여 여성의 쥐이상스는 구속받지 않은 채 존재한다. 그것은 어린아이가 상징적인 남근에 복종하는 순간부터 억압되었던 모든 육체적 쾌락의 흔적을 표출하기 때문에 여성과 남성 모두의 무의식에까지 뻗어 있다. 그러나 다시 한 번, 식수에게 여성에 관한 섹슈얼리티 모델이 여성을 가부장적 질서에서 오랫동안 낙인찍혀 온 특질로 환원하는 것이 아닌지 묻지 않을 수 없다. 이 여성의 리비도의 경제를 무의식에, 육체에, 심지어 비합리성에 맡김으로써, 이것은 기괴하게도 여성의 익히 보아 온 상투적 모습과 유사하게 되었다. 하지만 그러한 글쓰기는 확실히 적극적인 해석도 요청한다. 식수의 여성적 글쓰기는 분명히 전략적인 글쓰기의 실천으로 이해하길 요구한다. 즉, 그것은 가부장제 아래서 여성을 폄하하기 위해 사용했던 바로 그 용어들을 낚아채서 그것들을 찬미할 만한 여성의 장점들로 전복하려는 실천으로 이해하길 바라는 것이다.

종합적으로 보아, 크리스테바와 이리가레이, 식수의 작업은 페미니스트들이 여성의 욕망을 정신 분석의 남근주의에 의해 확립된 구조에서 해방하려고 할 때 나타나는 모순들을 잘 보

여 준다. 그러나 더 중요한 것은, 우리가 살펴본 것처럼, 그들의 글쓰기는 일단 상이한 남성의 욕망과 여성의 욕망을 특징짓는 경제적 원칙을 검토하고 나면, 섹슈얼리티가 어떻게 이해될 수 있는지에 대해 주의를 기울이게 한다. 그들의 작업은 성적 에너지와 흐름의 축적과 순환, 소비에 대한, 광범위한 일련의 이론적 논쟁에서 한 부분을 차지한다. 20세기 전반을 통틀어, 많은 이론가들은 섹슈얼리티가 삶과 죽음을 가져다 주는 두 힘을 한데 결합시킨다는, 그것도 종종 아주 강력하게 결합시킨다는 견해를 둘러싸고 격론을 벌였다. 다음 장은 섹슈얼리티가 왜 반복적으로, 해방 아니면 파괴에 이르게 될 사활이 걸린 순간적인 중요한 투쟁으로 간주되었는지 살펴본다.

# 3

## 리비도의 경제

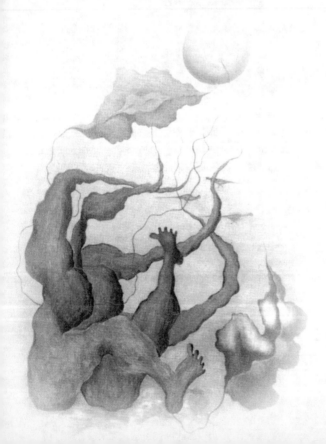

# 생성 (퇴화) 하는 쾌락들

섹슈얼리티가 얼마나 자주 생사를 건 투쟁의 장에 존재하는 것으로 여겨져 왔는지를 보여 주기 위해, 이 장에서는 친숙한 문학적 사례로 시작하고자 한다. 영국의 르네상스 시대 시인 존 던 John Donne (1572 ~ 1631) 이 쓴 《노래와 소네트 Songs and Sonnets》를 잘 알고 있는 사람이라면 누구나 그가 '죽음 die' 이라는 단어를 가지고 도발적인 놀이를 했다는 것을 쉽게 떠올릴 수 있을 것이다. 에로틱하게 서술된 그의 시 〈시성식 Canonization〉은 그의 사후인 1633년에 수집되었는데, 죽음이 어떻게 성적 욕망과 붙어 다니는지를 보여 주기 위해 이 동사를 차용한 가장 기억할 만한 작품이라고 논해진다. 이 남성 화자는 3절과 4절에서 자신의 열정의 깊이를 인식시키기 위해서 암묵적으로 자신에게 적대적인 청취자들에게 대담하게 도전한다. 자신의 사랑은 어느 누구에게도 상처를 주지 않을 것이라고 명확히 밝힘으로써 그들을 비난한 다음, 그는 즉각 이 강렬한 감정을 소생시킬 뚜렷한 이미지를 불러 낸다. "그녀를 한 마리의 파리로, 나를 또 한 마리의 파리로 불러 주오 *Call her one, me another flye*." "우리들은 또한 양초라네, 그리고 우리가 치러야 할 대가는 죽음이라네 *We're Tapers too, and at our owne cost die*"라고 그는 탄식한다 (Donne, 1985: 58). 이 교묘한 상상 속에서 연인들은 불타고 있는 양초이자 불길 속으로 미친 듯이 돌진하는 불운한 파리로 그려진다. 리비도의 타오르는 힘이 그러하기 때문에 두 연인은 여러 가지 의미에서 '죽어야' 한다. 그것은 이 맥락 속의 '죽다'라는 동사가 여러 가지 의미에서 연인들이 오르가슴에 도달할 것을 나타내기 위한 성적 은어이기 때문이다. 더욱이 이 말장난 같은 죽음은 르네상스적 사고에 따르면 궁극적으로 사람의 생명을 단축시키기 때문에 상당한 '대가'를 치르고 이루어진다. 그래서 향락적인 섹스 속에서의 절정은 '죽여 주는 *die*' 것뿐만 아니라, 이 쾌락적인 행위를 통해 연인들은 실제로 죽음에 더 가까워진다. 다시 말해서, 그들은 그 덧없음이 역설적으로 사랑을 충돌질하는 '작은 죽음'을 경험하는 것이다. 따라서 던의 작품 속의 등장 인물 *persona*은 선언한다. "우리는 사랑에 의해 살 수는 없을지라도, 그것에 의해 죽을 수는 있다." 〈시성식〉이 이러한 모순을 '불사조'로 보았다는 것은 별로 놀랍지 않다. 그 신화적인 새가 자신의 재에서 날아오르듯이, 사랑 역시 '미스테리함을 / 입증' 해야 한다.

물론 던의 시는 섹슈얼리티에 관한 근대적 담론보다 3세기 이상 앞서 등장했다. 그러나 그가 성적 말장난을 통해 규명하고자 했던 그 미스테리는 성적 욕망에 대한 서구의 설명에 끈질기게 붙어 다녔다. 하지만 삶과 죽음 사이의 성적 투쟁에 대한 근대의 연구들은 던의 시가 담고 있는 짓궂은 위트를 보이지 못했다. 이 리비도의 경제가 치뤄야 할 '대가'라는 것은 근대 이론가들 사이에서 흔한 편견이었는데, 이는 바로 그것이 '작은 죽음'뿐 아니라 — 가장 곤란하게도 — 생명을 앗아가는 관능적 자극을 포함한다는 바로 그 이유 때문이다. 마르퀴 드 사드 Marquis de Sade (1740~1814)의 방탕한 내러티브에서부터 현대의 공포 영화 및 '잔혹 slasher' 영화들에 이르기까지, 많은 문학 및 영화 장르들은 확실히 잠재적으로 무시무시한 발상을 조작하는 데 엄청나게 앞서 나아가 있다. 만일 죽음에 대한 욕망이 지닌 잠재성을 끈질기게 묘사해 온 근대적 글쓰기의 한 가지 양식이 있다면, 그것은 틀림없이 고딕파 Gothic [중세를 배경으로 한 공포, 괴기, 신비의 효과를 추구한 문학의 한 분파. — 옮긴이]일 것이다 (Botting, 1995를 보라). 섹스의 치명성에 대한 이러한 믿음은 20세기의 여러 영역에서 문화적 생산품이 될 만큼 너무나 확고해서, 몇몇 비평가들은 어떤 욕망들, 특히 남자의 욕망은 그 자체가 살인적이라고 주장하기에 이르렀다. 이런 점에서, 최근 수십 년 동안 일어난 가장 거센 논쟁들 가운데 하나는 포르노그라피적 표현이 어떻게 성 범죄로 나아가는지 혹은 억압된 에로티시즘을 해방시키는지에 초점을 맞춘다. 영화 및 잡지의 거대한 시장에서 보여 주는 학대 abuse, 굴욕 humiliation, 심지어 모의 죽음 simulated death 의 장면들은 보여 주는 영화 및 잡지의 거대한 시장은 성적 폭력에 대한 광범위한 관심을 상징한다. 반드시 그런 것은 아니지만 주로 남성 소비자들을 겨냥하는 그런 부류들은, 정신적 환상과 살인의 가능성이라는 현실 속에서 그것들의 정확한 역할이 무엇인지에 대한 끊임없는 논쟁을 불러일으킨다. 그렇다면 서구 문화로 하여금 섹슈얼리티가 삶과 죽음 사이에서 지속적인 전투를 벌인다고 믿게 만든 것은 무엇인가? 욕망은 죽음과 관련된 충동에 의해서 솟아나는가 아니면 몸과 마음을 해방시키는 강렬한 힘에 의해 조종되는가?

이들 및 이와 관련된 질문들에 대답하기 위해서 이 장의 첫번째 부분은, 많은 이론가들이 왜 섹슈얼리티가 생성(퇴화)하는 쾌락 *(de) generating pleasures* 의 갈등적인 체계로 불리는 데에 사로잡혀 있다는 데 동의하는지를 검토한다. 나는 죽음 충동이라는 프로이트의 영향력 있는 모델을 지배하는 경제적 법칙들에서부터 리비도를 포함하는 폭발적 에너지를 규정하고자 투쟁해 온 잇따른 비판적 저술들까지 나아간다. 생산적 에너지와 비생산적 에너지, 생명 부여적 에너지와 죽음 충동적 에너지 사이의 정신적이고 육체적인 적대감은 포르노그라피라는 영역 속에서 분명히 구체화하는데, 이 포르노그라피는 엄청나게 이윤이남는 상품으로서 우리로 하여금 리비도적 원칙과 경제적 원칙사이의 정치적이고 도덕적인 연관에 대해 조심스럽게 성찰해보도록 권장한다. 이 장의 두 번째 부분에서, 나는 섹슈얼리티의 해악과 즐거움이라고 주장되는 것에 대한 관심의 초점이 왜다른 어떤 에로틱한 상품들보다 포르노그라피에 더 많이 집중되어 왔는지를 고찰한다. 페미니스트 평론가들은 어느 누구보다도 더 상세하게 이러한 연구 영역을 개척해 왔기 때문에, 나의 논의는 원칙적으로 그들의 연구에 집중된다.

프로이트의 《쾌락 원칙을 넘어서 *Beyond the Pleasure Principle*》 (1920)는 성적 욕망을 동원하는 서로 적대적인 충동들을 검토하고자 하는 많은 후속적인 이론서들의 의제를 확실하게 설정한다. 이 연구는 남성 및 여성 주체가 정신적으로 리비도를 어떻게 관리하는가에 대한 가장 위대한 이론적 연구 가운데 하나로간주된다. 여기에서 프로이트는 번역가들이 처음에 '죽음에 대한 본능 *death instinct*' 이라고 명명하였고, 훗날 해설자들이 죽음에 대한 충동 *death drive* 이라고 훨씬 빈번하게 불렀던 것에 대해최초로 주의를 기울인다(프로이트 이론을 논할 때 '본능'과 '충동'

의 적절한 사용과 관련된 논쟁에 관해서는 p.104를 보라). 정신적 갈등에 관한 이 흥미진진하고 명상적인 설명에서 프로이트는, 자신의 정신 분석적 연구가 주체의 쾌락과 불쾌의 경험을 규제하는 '경제적' 요인을 추구할 것이라고 선언한다. 그는 후자의 특성이 가장 자신의 흥미를 끈다고 말한다. 그는 주체가 쾌락을 피하기 위해서는 어떤 메커니즘이 작동해야 하는지 정확하게 밝혀 내기를 원한다. 메커니즘 가운데 한 가지는 이러한 단계의 연구에서 뚜렷하게 보이는데, "에고의 자기 보존 본능의 영향력 아래, 쾌락 원칙이 현실 원칙 *reality principle* 에 의해 대체"되기 때문이다 (Freud, 1955: XVIII, 10). 다시 말해서, 언제나 가능한 한 최고의 항상성 *homeostasis* 을 추구하는 에고는 때때로 쾌락에 대한 주체의 즉각적 요구를 위협하는 현실에 직면해야만 한다는 것이다. 프로이트는 쾌락 원칙이 "너무나 '길들이기' 힘든 성적 본능"과 긴밀하게 연관되어 있는 것처럼 보인다고 덧붙인다. 결론적으로 쾌락 원칙은 "전체로서의 유기체를 희생하면서, 현실 원칙을 극복하는 데 종종 성공한다." 그래서 그는 이것이 두 개의 정신적 기제, 즉 쾌락을 원하는 기제와 방어적 현실에 직면하여 불쾌가 발생하는 것을 허용하는 기제 사이에 존재하는 전적으로 설명 가능한 긴장이라고 주장하는 데 확신을 갖는다.

그러나 이러한 논점을 확립하고 난 후에도 프로이트에게는 해결해야 할 성가신 쟁점이 남아 있었다. 그 자신도 인정했듯이, 그가 규명한 긴장은 분명히 불쾌의 방출을 허용하는 유일한 정신적 기제가 아니다. 그는 다른 무언가가 정신 내에서 작동한다고 추측하고, 그것이 무엇인지를 알고 싶어한다. 프로이트는 자신의 연구가 "개인적 본능들 혹은 본능들 가운데 일부는 에고의 포괄적인 통일체 내로 결합될 수 있는 나머지 것들과 그 목표나 요구에 있어서 양립하기 어려운 것으로 판명된다"는 것을 어떻게 밝혔는지에 대해 고도로 자기 성찰적인 방식으로 언급한다(Freud, 1955: XVIII, 11). 그는 이러한 '양립하기 어려운' 본능들이 억압을 통해 에고로부터 떨어져 나오며 따라서 유쾌한 만족과는 단절된다고 주장한다. 그러나 프로이트가 빈번하게 기록한 바와 같이 억압된 요소들은 종종 '우회적인 경로를 통해' 되돌아오는데, 이는 에고가 불쾌로 인식할 뿐인 어떤 경험으로 귀결된다. 그 당시 그는 이 '양립하기 어려운' 본능 혹은 충동들이 어떻게 쾌락에서 불쾌로의 변형을 겪게 되는지 이해할 수 없었다. 이러한 현상들 때문에 혼란스러웠던 그는 그것에 대한 설명을 모색하는 데《쾌락 원칙을 넘어서》의 나머지 부분을 바친다.

　　프로이트는 동물학에서 행한 당시의 실험들로부터 많은 관찰 결과들을 끌어 들여, 모든 유기체들이 특정한 발달 지점에서 반복 충동을 경험한다고 결론내린다. 그의 관찰에 의하면, 성인들은 같은 소설을 두 번 읽으면 금방 흥미를 잃지만, 어린 아이들은 종종 반복적으로 이야기를 듣는 것을 무척 좋아한다. 성인기에는 비록 퇴행적이지는 않더라도 그렇게 비정상적으로 유치한 욕망으로부터 자유로와지는 것이 당연하다고 그는 제안한다. 그러나 프로이트의 초점은 특정한 억압적 조건 아래 성인의 생활 속에서도 반복 강박 *repetition-compulsion* 이 여전히 분출될 수 있다는 데 있다. 이 연구 초기에 그는, 심한 억압을 받는 주체가 어떻게 공포스러운 일화들을 반복하지 않을 수 없는지를 보여 주면서, 1914~8년까지 1차 세계 대전 이후 수많은 포탄 쇼크 *shell-shock* 사례가 어떻게 외상 신경증 *traumatic neurosis* 경향을 현저히 완화시켜 왔는지를 언급한다. 그러한 사례들은 그로 하여금 본능이나 충동에는 쾌락 원칙과 관련이 거의 없거나 아예

없는 측면이 있을지도 모른다는 생각을 하도록 자극했다. 그는 반복 강박에 초점을 맞추고서 **본능이란 사물의 초기 상태를 보존하기 위해 유기적 생명체 속에 저장해 놓은 충동**이라는 생각을 하게 된다(Freud, 1955: XVIII, 36). 그는 이러한 주장이 다소 이상하게 보일 수 있음을 공개적으로 인정하는데, 그것은 이 당시까지 정신 분석학은 본능 혹은 충동이 항상 변화와 발달의 경로를 따른다고 가정해 왔기 때문이다. 그렇다면 프로이트는 자신이 "살아 있는 물질의 **보존적** *conservative* 속성"이라고 부른 것을 가지고 무엇을 만들어 내야 했을까? 유기체로 하여금 "비유기적 세계의 고요"로 되돌아가도록 강요하는 것은 무엇일까? (Freud, 1955: XVIII, 62)

프로이트는 이 문제에 관해 성찰하면서 유기체의 본능 혹은 충동이 동시에 두 가지 방향으로 움직일 수 있다는 관점으로 발전시킨다. 주체의 에너지는, 한편으로는 변화와 발전 사이에서 끌어당겨지며, 다른 한편으로는 '초기 상태'를 보존하면서 '불안정한 *vacillating* 리듬'으로 움직인다. 프로이트는 "한 무리의 본능들이 가능한 한 빨리 삶의 최종 목표에 도달하기 위해 앞으로 돌진하지만 어떤 특정한 진보의 단계에 도달하면, 다른 무리가 산뜻한 출발을 위해 어떤 지점으로 급선회하고, 그 여행을 연장한다"고 말한다(Freud, 1955: XVIII, 41). 다시 말해서 재생산('삶의 최종 목표')으로 이끄는 본능 혹은 충동은 ('산뜻한 출발을 하기 위해서') 더 초기 단계로 되돌아 가려는 도전을 받는다. 이런 이중적인 운동에 대해 고찰하면서 프로이트는 삶이라는 프로젝트 자체가 필연적으로 죽음에 대한 전망이라는 짐을 질 수밖에 없다는 점을 깨닫는다. 프로이트에게 있어서 이렇게 서로 경쟁하는 두 개의 힘은 이성애적 짝짓기 *copulation* 속에서 가장 강력하게 집중된다.

우리는 모두 우리가 얻을 수 있는 가장 커다란 쾌락, 즉
성 행위의 쾌락이 어떻게 고도로 응축된 흥분의 순간적인
소멸과 관련되는가를 경험했다. 본능적인 자극을 속박하
는 것 *binding* 은 방출 *discharge* 의 쾌락 속에서 그 최종 배출
의 흥분을 준비하기 위해 고안된 예비적인 기능일 것이다
(Freud, 1955: XVIII, 62).

이 구절은 그가 평생 추구해 온 수수께끼를 해명해 준다.
너무나 황홀한 오르가슴의 순간은 (재생산으로 나아갈 수 있는)
생존 본능 *life instincts* 을 풀어 주는 대신에 소멸을 포함한다. 그러
므로 삶의 영속은 순간적인 죽음, 바로 '작은 죽음'에 의지하는
것이다.

3년 후, 프로이트는 《자아와 이드》에서 '성적 물질
*substances* 의 방출'이 어떻게 정신이 리비도적 긴장을 다루는 방
식으로부터 도출되는가에 관해 다시 한 번 언급하고자 했다
(Freud, 1961: XIX, 47). 그러나 그는 자신이 자아와 이드로 명명
했던 두 개의 대립되는 정신적 매개자들 간의 충만한 *fraught* 관
계와 관련해서 이 문제를 고려한다. 자아는 언제나 항상성을 요
구하기 때문에, 그는 그것의 기능이 무의식의 심연으로부터 솟
아오르는 리비도적 에너지를 탈성화 *desexualize* 하는 것이라고 주
장한다. 동시에 그는 지속적인 자기 보존을 향한 자아의 충동이
실질적으로 그것을 위협한다고 주장한다. 자아는 성적 긴장에
의해 방해받지 않기를 원하기 때문에, 자아의 현상 유지적인 정
언은 그것이 영원히 상실되는 에너지라는 것을 의미한다. 프로
이트의 용어 속에서 자아는 '죽음을 향한 끊임없는 하강'인 상
태로 남아 있다. 이 잠재적으로 균질적인 상태와 싸우기 위해
이드는 계속 저항해야 한다. 그는 오르가슴이 죽음을 향한 탈성

적 하강과 생존을 향한 리비도적 흥분을 한데 묶어 주는 유일한 행위라고 주장한다. 따라서 우리는 "죽음으로 이어지는 완전한 성적 만족을 추구하는 상황과…… 일부 하등 동물의 짝짓기 행위가 죽음과 맞닥뜨려진다는 사실의 유사성"을 포착할 수 있다 (Freud, 1961: XIX, 47). 따라서 두 본능은 모두 그 황홀한 수렴 속에서, 죽음이 어떻게 섹스와 공존하는가라는 널리 알려진 역설을 해명해 준다. 그러나 나중 이론가들에 의한 후속적인 연구들은 이성애적 짝짓기에서 도달하는 오르가슴의 순간에 이루어지는 에로스 *Eros* (생존에 대한 본능) 와 타나토스 *Thanatos* (죽음에 대한 본능) 의 매력적인 해결책에 대해 의혹을 품게 된다.

그로부터 약 30년이 지난 후, 프랑스의 문화 이론가이자 소설가이며 때로는 초현실주의자인 조르주 바타이유는 금지적인 현실과 격한 죽음 충동 간에 벌어지는 싸움을 이해하기 위해 자신만의 독특한 모델을 만들어 낸다. 그는 《에로티시즘 *Eroticism*》 (1962[1957]) 에서 어떻게 그리고 왜 "부드러움은 에로티시즘과 죽음 사이의 상호 작용에 아무런 영향을 미치지 못하는가"를 검토한다. 이 주장을 견지하기 위해서 바타이유는 죽음의 파괴적 본성을 경제적 순환 체계 속에 위치짓는다. 그의 관점에 의하면, 섹슈얼리티는 점차 과도해지고, 낭비적으로 되며 황폐해질 뿐 아니라 심지어 살인적으로 되는 무질서하고 반反이성주의적인 경험을 포함한다. 바타이유가 비록 본능 혹은 충동의 정신적 조직화를 이론화하는 데 있어서는 프로이트의 뒤를 따르고 있지 않다고 하더라도, 그는 에로티시즘을 그것의 발생(퇴화)의 길로 몰아 부치는 '전염성 있는 *contagious* 충동들'에 대해 기꺼이 쓰고 있다. 섹슈얼리티는 어떠한 대가를 치르더라도 그 죽음의 에너지를 방출해야만 한다고 그는 말한다.

소모 *spending* 가 획득 *getting* 의 반대인 것처럼, 에로틱한 행위는 정상적 행위의 반대이다. 만일 우리가 이성의 명령을 따른다면, 우리는 모든 종류의 상품을 획득하려고 할 것이고, 우리의 재산이나 지식의 합계를 늘리기 위해 일하고, 더 부유해지고 더 많이 소유하기 위해서 모든 수단을 사용할 것이다. 사회 질서 속에서 우리의 지위는 이런 류의 행위에 기반해 있다. 그러나 성의 열정이 우리를 사로 잡으면 우리는 정반대의 방식으로 행동한다. 우리는 무모하게 자신의 힘에 의지하고 때로는 아무런 현실적 목표도 아닌 데에 상당한 자원을 낭비한다. 쾌락이란 황폐한 쓰레기와 너무도 가깝기 때문에 우리는 절정의 순간을 '작은 죽음'이라 말한다. 결론적으로 에로틱한 과잉 *excess* 을 제안하는 것은 언제나 무질서를 암시한다 (Bataille, 1962: 170).

이 '무절제의 노도怒濤'는 너무나 커질 수 있기 때문에, 바타이유는 어떻게 '야수성과 살인이 같은 방향으로 나아갈 수 있는지'를 관찰한다. 그의 주장에 의하면, 가장 강렬한 쾌락은 이 파괴적인 자원의 낭비로부터 발생하는데, 이는 그것들이 스스로를 상징적 죽음 속에 몰아 넣기 때문이라고 한다. 《에로티시즘》의 나머지 부분은 왜 이래야만 하는지를 증명하고 있다.

자신의 책의 초반부에서 바타이유는 "에로티시즘은 심지어 죽음 속에서조차도 삶에 영합한다"고 선언한다 (Bataille, 1962: 11). 《에로티시즘》은 상징적 죽음이 역설적으로 삶의 존속을 보장한다는 바타이유의 주요한 주장을 구제해 주는 일련의 짤막한 중복적 연구들로 구성되어 있다. 그의 관점에 의하면, 성 행위는 인간 주체들이 자신들의 삶의 다른 곳에서 거부되는 경험, 즉 자아의 상실을 경험할 때 죽음의 순간을 극적으로 만든다.

*Ser*

그는 우리가 모두 '**불연속적인** *discontinuous* 존재'라는 점이 인간성에 있어서의 문제라고 주장한다(Bataille, 1962: 12). 바타이유는 우리가 '**불연속적인**' 개인이기 때문에 우리 개개인과 모두 사이에는 피할 수 없는 틈이 존재한다고 주장한다. 다시 말해서, "만일 당신이 죽는다 해도, 그것은 나의 죽음은 아니다." 개인들은 불가피하게 고립되어 있기 때문에 현기증 나는 경험 속으로 들어감으로써 자기와 타자 사이의 근본적인 분리를 단지 제거해 줄 수 있을 뿐인데, 이 경험의 아슬아슬한 어지러움은 죽음에 의해 요구되는 바로 그 지속성을 제공해 준다. 바타이유는 지속성과 단절 간의 이러한 변증법 중의 상당 부분을 계몽주의 철학자 헤겔에게서 도출했는데, 헤겔은《정신 현상학 *Phenomenolgy of Spirit*》(1807) 전체를 통해서 정체성과 차이 간의 구별에 대해 탐구한 사람이다. 그러나 헤겔과 달리 바타이유는 욕망에 관한 이러한 변증법을 단지 자아와 타자 간의 분리 속에서가 아니라, 양자 사이의 긴장을 발생시키는 에로틱한 기제 속에 위치지었다는 점에서 훨씬 20세기 사상가답다. 이성애적 짝짓기는 서로 투쟁하는 정신 에너지인 삶과 죽음을 함께 묶어 준다고 프로이트가 믿었던 것과 꼭 마찬가지로, 바타이유 역시 이러한 경쟁적인 힘이 어떻게 수렴되는지를 해명하기 위해서 생물학적 재생산과 비교한다. 바타이유는 비록 "정자와 난자가 비연속적인 실재로 시작하게 되어 있다"고 하더라도, 그것들은 "분리된 존재의 소멸과 죽음"으로부터 "새로운 실재"가 "생존"할 수 있도록 하기 위해 **합치** *unite* 하는 것이 당연하다고 말한다(Bataille, 1962: 14). 이러한 토대 위에서 그는, 그것이 없었다면 개개의 인간이 고통스럽게 혼자일 수밖에 없는 세상 속에서 "심오한 연속성의 느낌"을 주는 물리적이고, 정서적이며, 의식화된 에로티시즘의 유형을 검토한다(Bataille, 1962: 15).

바타이유는 선사 문화, 고전 문화, 그리고 현대 문화에 공통적인 두 개의 상호 연관된 구조를 탐구함으로써 욕망과 죽음 사이의 체계적인 적대를 가장 선명하게 조망한다. 첫째, 터부와 위반 *transgression*의 중요성이고, 둘째는 신성과 모독 사이의 은밀한 알력이다. 바타이유는 마르셀 모스 Marcel Mauss(1872~1950)의 인류학적 연구에 심취해서, 터부가 사회로부터 폭력을 제거하는 데 명백하게 기여한다고 말한다. 그는 많은 문명 속에 살인, 강간, 근친상간, 그리고 간통에 관한 체계적인 터부가 존재한다는 것을 깨닫는다. 그러나 그런 터부들은 개인들이 이러한 금기들은 어겨지기를 원한다는 것을 개인들이 깨달을 때에만 성공적으로 기능할 수 있다. 터부는 깨뜨려짐으로써만 존재할 수 있다. 비록 바타이유가 프로이트식의 억압 모델을 정교화하는 데 특별한 관심을 기울이지 않았다고 하더라도, "폭력에 대한 남자의 타고난 충동"은 결국 관습에 의해 부과된 제재에 맞서서 저항할 수밖에 없다고 주장함으로써, 문화에 관한 그의 관점은 프로이트가 말한 난폭한 이드에 관한 이론적 지형을 부분적으로 따른다(Bataille, 1962: 69). 그가 반복적으로 주장한 바에 의하면, 터부는 그것이 금지한 바로 그 상징적 죽음을 부추기기 때문에 에로틱한 저항을 강화한다. 그 뿐 아니라, 터부는 종종 성적 쾌락이 더럽고, 수치스러우며, 죄스럽고, 불결한 것임을 나타낸다. 이러한 역학에 대한 신념이 강했기 때문에, 바타이유는 다음과 같이 논쟁적인 언급을 하게 된다. "많은 여성들은 자신들이 강간당하는 척 하지 않으면 절정에 도달할 수 없다"(Bataille, 1962: 107). 그러므로 에로티시즘은 범죄적인 폭력에 사로잡힌 채 터부의 생명을 유지시켜 주는 상징적 죽음을 궁극적으로 포함한다.

터부와 위반 사이의 모순적 운동을 강조하기 위해서, 바타이유는 이 구조가 어떻게 과거 문명들이 신성과 모독을 조직화한 방식 속에서 분명해지는가에 관심을 집중시킨다. 그는 의식에서의 희생은 우리 문화가 어떻게 다른 모든 시대에서는 금지되었던 행위를 강화하는지를 볼 수 있게 해 준다고 주장한다. 바타이유가 관찰한 바에 의하면, 어떤 문화는 의식에서 희생되는 동물이나 인간 속에서 그것이 간직해 온 것을 없애 버리며, 획득된 잉여를 가지고 선물을 만든다. 이런 유형의 희생은 "죽음에는 삶의 솟구침"을, "삶에는 미지의 것에 개방된 죽음의 현기증과 소중함"을 부여함으로써 "삶과 죽음의 조화"를 효과적으로 이루어 낸다(Bataille, 1962: 91). 그러나 근대 문화 속에서는 이러한 역학을 포착하기가 어렵다. 왜일까? 그가 본 것처럼, 그 대답은 기독교적인 의례 속에 있다. 그는 에로티시즘이 왜 그리고 어떻게 범죄 의식 儀式과 밀접하게 관련되어 있는지에 대해 근대 서구 문화가 이해하는 것을 기독교가 일부러 어렵게 만들어 왔다고 주장하는데, 이 반이교도적인 종교는 완전히 상징적인 단계에 대한 희생을 강화하기 때문이다. "십자가라는 상징이 너무나 강박적이라는 것을 우리가 발견하더라도 (기독교도) 군중들이 바로 유혈의 희생과 곧바로 동일시되는 것은 아니다"라고 그는 적고 있다(Bataille, 1962: 89). 관습을 따르는 기독교인들은 성찬식의 거행이 식인 의식 *ceremonial cannibalism*과 피 흘리기 *shedding of blood*를 포함하는 초기 이교도 축제의 흔적을 지닌다는 사실을 거의 인정하지 않는다. 바타이유는 그리스도가 십자가에 못박혀서 죽은 것은 기독교적인 미사의 핵심에 자리잡고 있는 데, 그 자체가 신성과 모독을 조화시키려는 터부의 위반으로 보여질 수 있다고 기록한다. 그러나 기독교는 십자가에 못박힘에 대한 해석과 이교도적 전통을 분리시키고자 최선을 다한다. 비록 기독교의 기도서가 구세주 살해를 *'felix culpa'*

('행복한 과오 *happy fault*')라고 묘사한다고 할지라도, 그것은 터부의 희생적인 위반 속에 있는 에로틱한 외피 *invertment* 를 벗겨낸다. 따라서 희생에 대한 기독교적인 조치는 두 개의 서로 관련된 쟁점들을 지적해 준다. (1) 기독교 미사는 그것이 진심으로 비난하는 이교도적 관습을 어떻게 흡수하고 중화하였는가, 그리고 (2)기독교적인 가르침이 어떻게 에로티시즘과 신성함 사이의 연결을 단절시키는가. 그래서 만일 기독교가 신성과 모독을 상징적으로 함께 묶는다면, 그것은 오로지 서로에게 종교와 욕망을 단절시킴으로써만 그렇게 한다. 에로티시즘이 아니라 경건만이 기독교도들을 신에 의해 약속된 영속성을 향해 이끌어 간다. 경건에 대한 이러한 강조는 근대 문화가 섹슈얼리티와 죽음 사이의 고통스러운 *tormented* 관계를 인식하는 방식에 특히 해로운 결과를 미쳤다고 바타이유가 믿은 것은 놀라운 일이 아니다.

바타이유에 의하면, 기독교적인 태도는 우리가 동경하는 상실된 영속성은 신앙심이 두터운 사람들에게 약속된 불멸의 사후 세계 속에서만 존재한다는 것을 우리에게 확신시켜 왔다. 그러나 바타이유가 관찰한 대로, 기독교적인 경건은 영속성에 대한 모든 욕망을 쉽게 포괄해 내지는 못했다. 기독교는 비록 이교도 시대에서부터 나온 불결한 관습들을 강력하게 억압해 왔다고 하더라도, 인간성의 모든 측면을 정화하는 데는 실패했다. 상징적 위반만을 강조하는 기독교로서는 그 과잉성 때문에 리비도적 에너지를 수용할 수 없었다. 그 결과, 이런 형태의 제도화된 종교는 "조직화된 위반을 금지함으로써 감각적인 혼란의 정도를 심화시켰다"(Bataille, 1962: 127). 다른 식으로 말하자면, 기독교가 범죄 세계를 정화하고자 하면 할수록, 위반하려는 성적 욕망의 치사력 *deathly power* 에 대한 압력은 더욱 커졌다. 요

약하자면, 바타이유는 섹슈얼리티가 왜 수치, 타락, 그리고 심지어 증오와 연관되어 왔는지에 대한 책임감을 기독교가 안고 있다고 믿는다.

이러한 무시무시한 조건아래서, 여성들이 비방의 대상이 되고 따라서 욕망의 관능화된 대상이 되는 것은 전혀 놀라운 일이 아니라고 바타이유는 주장한다. 바타이유가 그런 주장을 하면서 종종 가부장적 문화의 편견을 되풀이하는 것처럼 보이기는 하지만, 그는 "여성들이 남성들보다 더 아름답다거나 훨씬 더 바람직하다고 말하는 것은 완전한 잘못일 것"이라고 말한다 (Bataille, 1962:131). 이 논평은 문화가 어떻게 아름다움과 추함이라는 임의의 가치를 구성해 왔는지 바타이유가 인식하고 있음을 가리킨다. 그러나 동시에, 문화적 가치의 일관성에 대한 그의 민감성이 그로 하여금 여성의 아름다움에 대한 남성의 관능화가 여성들의 고유한 욕망을 함축할 수 있다는 것에 초점을 맞추는 데로는 전혀 나아가지 못한다. 이런 점에서 그의 논의가 가지는 남성주의적 편견은 그가 (비싼 매춘부에 의해 행해지는 일이 아닌) '저급 매춘'을 검토할 때 명백해진다(Bataille, 1962:134). 바타이유는 '저급' 매춘과 연관된 상스러움, 타락, 불결함에 방향을 돌리면서, 남성들에게 죽음 같은 지속성으로 이끄는 길을 제공하는 것은 바로 이런 자질들이라고 주장한다. 그는 매춘부 *female sex worker*가 역설적인 기능을 수행한다는 것을 깨닫는다. 그녀는 "모든 대상의 한계가 소멸되는 것을 함축하는 에로틱한 대상"이다(Bataille, 1962:130). 이 관점에 의하면, 남성의 이성애는 여자*woman*와 융합하기 위해서가 아니라 죽음과 융합하기 위해서, 여성*female*이라는 성적 대상을 필요로 한다. 이 과정 속에서 여성이라는 성적 대상은 부정된다. 그러므로 남성의 관점에서 보면, '저급' 매춘은 죽음의 상징적 체현이 된다. 욕망에 대한 바타이유의 상당한 인류학적인 설명은 축적과 소비라는 체계 내에서 작동하며, 그 곳에서 삶과 죽음은 터부와 위반이라는 체계를 둘러싸고 구조화된 서로 대립하는 힘이라는 것은 명백하다. 바타이유가 억압된 정신 에너지의 경제적 보상에 대한 프로이트적 관심을 오로지 최소한으로만 인정한다고 할지라도, 그의 저작 대부분은 정신 분석학이 성적인 힘의 억제와 해방에 대해 가지는 강한 관심을 공유한다. 2장에서 이미 다소 상세하게 설명한 바 있듯이, 정신 분석학적 이론은 라캉의 연구를 통해서, 욕망은 완성을 갈구하는 결핍감으로부터 발생한다는 발상을 추구하지만, 그러한 갈망이 결코 충족될 수 없음을 발견할 뿐이다. 그러나 각각의 모델에 의해 구조화된 리비도적 경제들은 생각이 완전히 잘못된 수많은 후속 연구들과 싸워왔다. 후일 몇몇 연구자들은 에너지의 보충을 요구하는 결핍감이나 의례적으로 위반되어야 하는 문화적 금지 위에서 섹슈얼리티가 형성된다는 믿음에 이의를 제기한다. 1970년대 내내 프랑스에 나타난 몇 가지 연구들은 프로이트, 라캉, 바타이유 각각의 주장들에 대해 심각한 의문을 제기한다. 각각의 연구들은 다음으로 성적 욕망을 북돋우는 경제적 원칙들을 검토하기 위한 대안적 개념틀을 창출하고자 한다.

욕망을 결핍과 연관시켜 자리잡게 한 초기 이론들에 가장 논쟁적인 도전은 질 들뢰즈와 펠릭스 가타리의 《반오이디푸스: 자본주의와 정신 분열증 Anti - Oedipus: Capitalism and Schizophrenia》(1984[1972])에서 나타난다. 들뢰즈와 가타리는 프로이트주의의 죽음 충동에 의해 격앙되어, 그것은 정신 분석학에 핵심적인 오이디푸스라는 억압적 신화를 지지하는 하나의 원칙이라고 선언한다. 그들은 프로이트주의의 죽음 충동은 주체를 함정에 빠뜨리는 폐쇄 회로 안에 존재한다고 주장한다. "만일 프로이트가

*Ser*

하나의 원칙으로서의 죽음을 필요로 했다면, 이것은 그 충동들 사이의 질적인 대립(당신은 그 갈등에서 결코 빠져 나올 수 없을 것이다)을 유지시키는 이원론의 요청에 의한 것이다"(Deleuze & Guattari, 1984: 332). 그들은 오이디푸스 콤플렉스에 관한 프로이트의 이론화는 핵가족의 존속을 요구하는 자본주의적 구조와 공모하고 있다고 계속해서 주장한다. 그들의 관점에서 볼 때, 정신 분석학은 성적 욕망을 해방시킬 수 있는 방법에 대한 설명을 제시하기보다는 처벌적인 문화적 법칙에 에로티시즘을 복종시킨다. "정신 분석학은 진정한 자유를 가져다 줄 수 있는 임무에 참여하는 대신에 그것의 가장 최고 수준에서 부르주아 억압이라는 과업에 참가하고 있는데, 다시 말해서 유럽인들의 인간성에 어머니 – 아버지라는 멍에를 달아 놓고, 이러한 문제를 없애려는 노력은 단 한번도 하지 않는 것이다"(Deleuze & Guattari, 1984: 50). 그들이 보기에 프로이트적이고 라캉적인 사고는 어린 아이가 완전히 활동할 수 있는 주체가 되기 위해서 반드시 오이디푸스적 갈등을 겪어야만 한다고 주장하면서, '아버지, 어머니, 그리고 나' 라는 오이디푸스적 삼각 구도 속에 감금시킬 수 있는 가능한 욕망들을 탐구하는 것을 거부한다(Deleuze & Guattari, 1984: 101). 그들은 오이디푸스적 드라마는 논쟁할 여지 없는 '공갈 blackmail' 의 형식이라고 말한다. "당신이 유아적 섹슈얼리티의 오이디푸스적 성격을 깨닫거나, 혹은 섹슈얼리티에 관한 모든 입장들을 당신이 포기하거나 둘 중의 하나이다"(Deleuze & Guattari, 1984: 100). 그렇다면 들뢰즈와 가타리는 오이디푸스의 감금적인 디자인을 어떻게 제거하라고 제안하는 것인가?

《반오이디푸스》 프로젝트는, 욕망은 결핍에 입각하는 것이라고 주장하는 모든 이론적 모델들을 완전히 뒤집는 것이다. 자신들의 도전적 분석을 시작할 즈음, 그들은 "욕망에 관한 전통적 논리는 처음부터 완전히 잘못된 것이다"라고 과감하게 선언한다(Deleuze & Guattari, 1984: 25). 그들이 말한 바에 의하면, 서구가 '욕망에 관한 플라톤적 논리'와 싸우기 시작한 순간부터, **생산**과 **획득** 사이에서 결정적으로 잘못된 선택이 행해졌다. 플라톤이 이런 치명적인 실수를 범한 이래, 욕망은 획득 편에 잘못 놓여져 왔고, 우리에게 결핍이 욕망을 부추긴다는 그릇된 생각을 강요했다. 계몽주의 철학자 칸트(1724~1804)의 저작 속에서 대안적 관점이 발견될 수 있다는 점을 인정한다고 하더라도, 연대를 추정할 수 있는 거의 모든 이론적 입장들은 욕망이 '진정한 대상의 결여'를 의미함을 가정한다고 들뢰즈와 가타리는 주장한다. 자신들의 것과는 다른 이러한 서구적 사고의 흐름을 읽으면서, 그들은 욕망이 명백하게 생산적인 원칙임을 보여 주기 시작한다. 욕망은 정신적 환상의 수준에서조차 소망 충족을 실현하기 위한 대상을 충분히 생산할 것처럼 보인다고 주장한다. 들뢰즈와 가타리는 이 점을 추구하면서, 욕망은 스스로 너무나 많은 대상을 생산해 내기 때문에 결코 결핍으로 이해할 수 없다고 한다. 사실, 그들이 본 바와 같이, 정신 분석학의 문제는 주체가 진정으로 존재하며, 욕망은 그 존재의 결핍으로서 발생한다라는 잘못된 관점 속에 존재한다. 그들이 생각하기에, 욕망은 아무런 주체도 가지고 있지 않다는 바로 그 이유 때문에 스스로 무수한 대상들을 증식시킨다. 그들은 "욕망은 아무것도 결여하고 있지 않다"고 말한다. "욕망은 그 대상을 결여하고 있지 않다. 오히려 욕망 속에서 사라진 *missing* 것이 '주체'이다 혹은 고정된 주체를 결여한 것이 바로 욕망"이라는 것을 깨닫는다(Deleuze & Guattari, 1984: 26). 《반오이디푸스》는 우리에게 고정된 주체에 대한 환상이 오이디푸스 속에 간직된 억압적 법률을 통해서만 존재할 수 있다는 것을 인정하라고 강요한다. 만일 어떤 사람이 오이디푸스를 제거한다면, 욕망이란 결여된 것이 아니라 근본적으로 얼마나 **생산적인**지를 결국 알 수 있을 것이라고 그들은 주장한다. 게다가 그들은 욕망이 환상적인 것이 아니라 실재 대상 *real object*을 생산한다고 말한다. 《반오이디푸스》는 그 불규칙적인 논의 내내, 욕망이 사회적 생산의 모든 관계들에 어떻게 그리고 왜 부착되어 있는지를 설명하는 종종 반복적인 교재들을 엄청나게 생산해 냄으로써 그 이론에 여전히 합당한 것으로 남아 있다. 그들은 이런 방식을 통해 물질 세계와 리비도를 하나의 동일한 형태로 묶고자 한다.

들뢰즈와 가타리는 명시적으로 생산적인 욕망의 힘을 포착하기 위해서는 우리가 주체로부터 리비도적 에너지를 떼 내고, 대신에 '욕망하는 기계 *desiring - machines*,' 즉 억제된 유기적 육체라는 전통적 관념에 자신들의 아이디어를 묶어 버리는 것을 전략적으로 막기 위한 반인도주의적인 은유를 생각할 필요가 있다고 주장한다. 욕망은 (그 원천에 대해 한번도 의문을 품지 않은) 멈출 수 없는 흐름으로 인식되어 왔기 때문에, 들뢰즈와 가타리에게 있어서 그것은 다양한 채널을 따라 증식하고 번식하며, 분절하고 변형하며, 예측할 수 없는 모양과 형태를 영원히 받아들이는 영속적인 운동인 채로 남아 있다. "욕망은 원래부터 단편적이고 조각나 있는 부분적인 대상들을 지속적인 흐름과 끊임없이 연결시킨다"고 그들은 선언한다 (Deleuze & Guattari, 1984: 5). 대상이 아니라 주체를 결여한 욕망은, 그것이 회전할 수 있는 혁신적인 회로를 끊임없이 고안해 내면서 하나의 에로틱한 기계를 다른 것과 비인격적으로 연결시킨다. 들뢰즈와 가타리는 한 페이지씩 차례차례 넘겨 가며 '플러그 꽂기 *plugging in*' 문제로 이 과정을 묘사한다. 전기를 운송하는 케이블과 소켓처럼, 그들에게 있어서 욕망은 프로이트의 오이디푸스 신화나 바타이유의 희생적인 터부 타파를 실은 너무나 많은 쾌락 연결망 *pleasurable networks* 속으로 이동한다. "잡역부가 전기 소켓에 무언가를 꽂거나 혹은 물의 흐름을 바꾸면서 경험하는 만족감은 '엄마 아빠 놀이'라는 견지에서나 터부 위반의 쾌락 으로는 거의 설명할 수 없다"(Deleuze & Guattari, 1984: 7). 그들의 관점에 의하면, '플러그 꽂기'는 욕망이 예기치 않은 방식으로 흐르는 것을 허용한다. 그러나 '플러그 꽂기'라는 관념이 욕망 의 중첩적인 작동에 대한 그들의 관심을 전복시키는 것처럼 보 이는 것도 당연하다. 들뢰즈와 가타리가 은유를 사용하는 데 자 주 도발적이라고 할지라도, 플러그와 소켓을 통해서 그들이 그 리고 조명해 보고 싶어하는 연관성은 그들의 사고 속에 남근 중 심주의가 분명히 잔여 이상으로 남아 있다는 것을 폭로한다. 그 러나 그러한 '플러그 꽂기'는 끝없는 과정이 아니다. 욕망이 완 전하게 아무런 방해 없이 움직이는 것이 아니라고 그들은 주장 한다. 우리가 《반오이디푸스》 속으로 더 깊이 들어갈수록, 욕망 하는 기계의 고도로 생산적인 에너지와 맞먹는 힘이 존재한다 는 것이 더욱 명백해진다.

그들은 욕망하는 기계의 충동적인 정력에 저항하는 힘을 "기관 없는 신체 *body without organs*"라고 이름 붙인다. 이것은 꽉 차거나 텅 빈 형태, 강력하거나 지친 형태 등 수많은 현현顯現 을 취할 수 있는 기관 없는 '신체'이다. 들뢰즈와 가타리는 이 역 설적인 용어를 가지고 의미하고자 하는 바를 설명하면서, 기관 없는 신체를 명백하게 비생산적인 것으로 묘사한다. 육체는 단지 상상의 '투사'로서만 존재할 수 있는 '원초적인 공허 *an original nothingless*'라는 라캉주의자의 설명을 거부하면서, 그들은 기관 없는 신체가 '이미지 없이' 존재한다고 주장한다(Deleuze & Guattari, 1984: 8). 그들은 기관 없는 신체가 흐름보다는 정지를

목표로 하기 때문에 욕망하는 기계를 거부한다고 주장한다. 인간 주체와는 달리, 기관 없는 신체는 욕망을 막거나 방해하는 모든 현상과 관련된다. 그들의 가장 중요한 예는 자본주의다. "자본은 진정으로 자본주의적 기관 혹은 자본주의적 존재의 기관 없는 신체"라고 그들은 주장한다(Deleuze & Guattari, 1984: 10). 다시 말해서, 자본은 그 외관에 욕망의 생산력을 전유하고 이러한 에너지들을 흡수하는 것이 너무나 성공적이어서 그것은 기적으로 자신을 생산의 기원으로 제시한다. 자본은 욕망을 고유의 오만한 목적에 복무하도록 만들면서, 그것은 노동의 에너지를 연소시키는 욕망이 아니라, 유일한 생산력이라고 제안한다. 그들은 정신 분석학이 거의 비슷한 일을 한다고 믿는다. 자본이 인간의 노역에 대해 소망하는 흐름을 인계받고 강화시키는 것과 마찬가지로, 프로이트의 오이디푸스적 구도 속에서 인간 주체 역시 리비도적 에너지의 복잡한 운동에 저항하게 된다. "기관 없는 완전한 신체는 반생산 *antiproduction* 으로 생산되는데, 다시 말해서 그것이 그 부모에 의해 생산되었음을 암시하는 어떠한 종류의 [오이디푸스적] 삼각 구도를 부과하려는 시도도 거부하겠다는 단일한 목적을 위해서 그 과정 속에 개입한다"고 그들은 적고 있다(Deleuze & Guattari, 1984: 15). 들뢰즈와 가타리는 오이디푸스 콤플렉스가 부모에 대한 욕망을 거부하는 것을 포함하고 있기 때문에 프로이트적 주체는 마침내 욕망의 회로를 움직이게 하는 기계로부터 스스로를 해방시켰다는 끔찍한 허상을 창조했다고 주장한다. 프로이트의 오이디푸스 신화가 적어도 욕망하는 기계에 힘을 부여하는 많은 정신적 갈등을 어렴풋이나마 알아차리는 미덕을 가지고 있다는 것을 들뢰즈와 가타리가 인정한다고 할지라도, 그들은 프로이트의 이론이 분명 세계 어느 곳에서나 욕망의 무질서한 리비도적 운동을 방해하고 거부한다는 이유 때문에, 궁극적으로 또 다른 기관 없는 신체라고 암시한다. 문제가 되는 인물은 정신 분열증 *schizophrenia* 환자이다.

1960년대의 반정신 의학 *anti-psychiatry* 운동에서부터 매우 다양한 방식으로 등장한 들뢰즈와 가타리의 연구는 **모든 코드를 뒤섞어 버리는** *scramble all the codes* 정신병의 능력에 찬사를 보낸다 (Deleuze & Guattari, 1984: 15). 그들은 "나돌아다니는 정신 분열증 환자가 분석가의 긴 의자에 앉아 있는 신경증 환자보다 나은 모델"이라는 기억에 남을 만한 언급을 한다 (Deleuze & Guattari, 1984: 2). 그들이 '분열자'로 단축시킨 인물은 외부 세계와 영원히 연결됨으로써 오이디푸스화 된 주체가 할 수 없던 것을 정확하게 완성한다. 이것은 적어도 정신 분열증과 관련해서 채택하는 비교조적인 입장이라고 말할 수 있다. 그러나 들뢰즈와 가타리는 정신적 질병에 관해 그처럼 반직관적인 관점을 견지하기 때문에, '분열'이 어떻게 욕망의 해방을 표현하는지를 자연스럽게 펼쳐 보인다.

> 그 분열증 환자가 자신이 그토록 자주 그렇다고 생각하는 자폐적이고 초라한 인간 *rag* 으로 인식되는 것이 ― 현실과 분리되고 생활로부터 단절된 상태에서 ― 어떻게 가능한가? 더 나쁜 것은 다음과 같은 것이다. 정신 의학적 치료가 어떻게 그를 이런 류의 초라한 인간으로 만들어 버릴 수 있는가? 그것이 어떻게 그를 죽은 것이 되어 버린 이런 상태의 기관 없는 신체 ― 정신이 너무나 강렬하게 일과 생활을 건드리고, 그것을 소모해 버리는 그 참을 수 없는 지점에 머무르려고 하는 이런 분열 환자 ― 로 축소시킬 수 있는가? (Deleuze & Guattari, 1984: 20)

그들은 '분열자'를 '또 다른 세계'로 인도하는 대신에, 이 인물을 "책임질 수 없으며, 고독하고, 즐거우며, 허락을 구하지 않은 채 독자적으로 무언가를 말할 수도 있고 간단하게 할 수도 있는 자유로운 사람"으로 떠받든다(Deleuze & Guattari, 1984: 131). '분열자'는 '아무것도 결핍되지 않은' 욕망을 표현한다. 또한 그래서 그들은 결론 내린다. "그는 미치는 것에 대한 두려움도 쉽게 접어 버린다."

들뢰즈와 가타리는 《천의 고원: 자본주의와 정신 분열증 *A Thousand Plateaus: Capitalism and Schizophrenia*》(1987[1980])에서, 욕망의 '분열'이 갖는 해방적인 힘에 다시 한번 관심을 기울이고, 이번에는 정신 분석에 대립되는 것으로서 '분열 분석'의 필요성에 초점을 맞춘다. 프로이트적 정신 분석이 "무의식이라는 독재적인 개념에 고유한 지배력을 토대로 두는" 반면, 분열 분석은 "무의식을 탈중심적 체계로 다룬다"(Deleuze & Guattari, 1987: 18). 욕망하는 '기계적 연결망 *machinic network*'과 무의식의 '탈중심적' 경향을 정교화함으로써, 그들은 리비도적 에너지의 생산적 다원자성 *multivalency*을 포착하는 또 다른 은유를 채택한다. 문제의 은유는 '리좀 *rhizome*'[근경根莖, 즉 줄기가 마치 뿌리처럼 땅속으로 파고들어 난맥을 이룬 것으로, 뿌리와 줄기 간의 구별이 사실상 모호해진 상태. — 옮긴이]이다. 모든 방향으로 움직이는 섬유 세포를 가진 뿌리, 즉 리좀은 서구의 사상, 특히 그들이 믿기에 프로이트적인 정신 분석학에 대해 해악을 미친 수직적인 '나무 모양의 *arborescent*' 구조를 변형시키는 형상화로서 그것들에게 봉사한다. 그들은 "우리는 나무가 지겹다"고 선언한다. "우리는 나무, 뿌리, 어린 뿌리들을 그만 믿어야만 한다. 그들은 우리를 너무나 괴롭혀 왔다"(Deleuze & Guattari, 1987: 15). 우리는 "나무 모양의 체계는 의미와 해석의 중심을 가지고 있는 위계적 체계"라고 들어 왔다(Deleuze & Guattari, 1987: 16). 그들은 리좀이 그 나무에 대해 전적으로 반체제적인 것은 아니라고 주장하지만(리좀과 뿌리에 있는 리좀적 곁가지 속에는 나무 모양의 마디들 knots이 있다), 리좀은 그들이 뿌리 - 나무 모델에 존재한다고 생각한 상명 하달식의 지배에 의해 풀려나지 못한 채 남아 있다. 시작도 끝도 없는 리좀은 아마도 '선형 다원성 linear multiplicities'을 가진 부유하는 줄기 middle라고 보는 것이 가장 적절할 것이다(Deleuze & Guattari, 1987: 20~1). '변이, 확장, 정복, 포착, 곁가지'에 의해 조종되는 리좀의 예측 불가능한 비행 경로는 섹슈얼리티와 밀접하게 관련되어 있다. 그들의 이론에서 리좀은 욕망이 어떻게 격렬함의 고원 plateau, 즉 그 위에서 섹슈얼리티가 자신의 무수한 우연적 운동을 생산해 내는 중심 없는 수평면 위에서 자라나는지를 표현한다.

'분열 분석'과 '리좀학 rhizomatics'은 너무나 높은 추상 수준에서 작용하기 때문에 각각의 개념이 가질 수 있는 인지적 혹은 정치적 한계에 대해 독자들이 이상하게 여기는 것은 당연하다. 그러나 들뢰즈와 가타리의 영향력 있는 연구는 프로이트의 오이디푸스 콤플렉스 및 거세 콤플렉스와 라캉적 '아버지의 이름' 속에 각인되어 있는 '나무 모양의' 남근 중심주의에 대한 대안을 모색하던 페미니즘 이론가들에게는 상당한 흥미거리가 되었다. 엘리자베스 그로츠 Elizabeth Grosz는 들뢰즈와 가타리는 페미니즘 연구에 있어서 한동안 거의 호소력이 없었다고 말하는데, 그 이유는 로렌스와 밀러가 욕망에 대한 기계적 모델을 지지하기 위해 썼던 성 차별주의적 저술들에 대해《반오이디푸스》가 찬사를 보내고 있기 때문이다. (밀러와 로렌스의 작품들은 1970년에 발간된 케이트 밀레트의 영향력 있는 페미니스트 논쟁서인 《성의 정치학》에서 그 용서할 수 없는 성 차별주의로 인해 혹독한 비판을 받게 된다는 것은 중요한 점이다.) 그러나 그로츠가 관찰한

바와 같이, 들뢰즈와 가타리의 연구는 프로이트주의적 사고의 남근 중심적 논리를 파헤치고자 일관되게 노력해 온 작가인 프랑스 페미니즘 이론가 루스 이리가레이의 프로젝트와 몇 가지 유사점을 가지고 있다(pp.155~8을 보라). 들뢰즈와 가타리는 몸을 의식적 주체의 위치로 당연시하지 않았다는 점에서 17세기의 철학자 스피노자(1632~77)를 추종하는 몇몇 섹슈얼리티 분석가들 사이에서 중요하다고 그로츠는 주장한다. 들뢰즈와 가타리는 육체와 욕망 사이의 관계에 대한 재개념화를 통해서 진정한 육체성 *corporeality*에 대해 다시 한 번 상상하는 기회를 페미니즘에 제공한다.

> 비연속적이고 비총체적인 일련의 과정, 기관, 흐름, 에너지, 육체적인 물질과 비육체적인 사건들, 극단성, 그리고 지속으로서의 들뢰즈와 가타리의 신체 개념은 정신/육체, 자연/문화, 주체/객체, 그리고 우등/열등의 대립 쌍들에 의해 신체에 부과된 양 극단성의 외부에서 신체, 특히 여성의 신체를 재인식하고자 시도하는 페미니스트들과 밀접한 관련이 있을 수 있다(Grosz, 1984: 193~4).

그로츠에게 있어서 특히 중요한 것은 "여성 되기*becoming - woman*"라는 개념에 바쳐진 《천의 고원》의 중심 부분이다. 들뢰즈와 가타리는 '여성'이라는 단어를 여성 주체를 규정화는 성별화된 육체에 한정시키기보다는, 자신들의 중심적인 분석 용어 가운데 두 개를 정교화시키는데, 이는 왜 가장 분산된 리비도적 에너지는 '분자적*molecular*'에, 총체성으로 축적시키려고 노력하는 에너지는 '몰적 *molar* [1몰은 표준 상태의 온도와 압력 하에서 22.4 *l* 의 체적을 차지하는 기체의 양. - 옮긴이]'인가를 설명하기 위한 것이다. 그들은

'여성 되기'라는 맥락 속에서 분자적 에너지는 '극소 여성성 *microfeminities*'으로 이름 붙여질 수 있을 것이라고 제안하는데, 그 이유는 이 원자화된 격렬함이 사회적 영역을 가로질러 리좀 학적으로 순환하기 때문이다. 이와 대조적으로 몰적 구조는 "기관과 기능을 부여받았으며, 주체로 정해진 여성을 그 형식 에 의해" 규정하는 것들이다(Deleuze & Guattari, 1987: 275~6). 그 러나 핵심은 분자적인 것과 몰적인 것의 에너지는 서로를 위반 하기 때문에 양자 사이에 굳건하고 신속한 구별이 존재하지 않 는다는 것이다. "의심할 여지 없이, 소녀는 몰적 혹은 유기적 의미에서 여성이 된다"고 그들은 적는다. 그러나 동시에 "소녀 들은 하나의 연령 집단, 성, 질서, 혹은 왕국에 속하지 않는다. 그들은 질서, 행위, 연령, 성 사이에서 어디로든 미끄러져 들어 갈 수 있다"(Deleuze & Guattari, 1987: 276~7). 그래서 비록 몰적인 의미에서 소녀가 여성이 된다고 할지라도, '여성 되기'에서 보 여지는 여성적 힘은 문화의 모든 영역에서 그들의 분자적 권력 을 생산한다. 여성성에 대한 몰적 개념과 분자적 개념 사이의 이러한 변증법을 검토하면서, 그로스는 그것이 딜레마에 빠진 페미니즘 이론과 직면하게 된다고 제시한다. 이런 류의 실험적 사고는 한편으로 해부학적 성 범주화로부터 '여성'이라는 범주 를 해방시키는 미덕을 갖는다. 그러나 다른 한편으로 그것은 여 성성이라는 관념을 흐트리거나 형태가 없는 '생성 *becoming*'의 상태로 해방시켜 버리기 때문에, 여성들의 투쟁을 그저 제거하 거나 주변화시키는 데 봉사하게 된다. 세상 속에서 지배력을 누 리고 있는 '나무 모양의' 구조와 '몰적' 구조를 해체하는 것에 대해 들뢰즈와 가타리는 여러 면에서 너무나 확고해서, 이들이 말하는 정치적 운동이 어떻게 '리좀적'이고 '분열 분석적' 노 선을 따라 전개될 수 있을 것인지 정확히 알기는 어렵다. 미심

쩍은 독자라면, 《반오이디푸스》와 《천의 고원》이 자본주의에 대해 아무리 많이 언급한다 하더라도, 그것들은 틀림없이 실천적인 행위와 물질 세계와의 모든 접점을 상실한 단지 이상주의적인 해방의 소책자일 뿐이라고 생각할 것이다.

《반오이디푸스》의 영향을 강하게 받은 장 프랑수아 료타르 Jean-François Lyotard의 실험적 연구 《리비도의 경제 *Libidinal Economy*》에 대해서도 비슷한 비판이 가해질 수 있는데, 이 책은 1974년에 처음 발간되었을 때 마르크스의 저작들이 그 고유한 리비도적 투자 *investment*를 분석하는 데 어떻게 실패했는지를 논의한 것과 관련해서 악명을 날렸다. 료타르는 죽음 충동과 쾌락 원칙 사이의 프로이트적 대립을 재정립한 뒤,《반오이디푸스》의 저자들이 흡수한 주제들, 즉 성적 힘의 격렬함을 높이기도 낮추기도 하는 메커니즘에 다시 한 번 초점을 맞춘다.《리비도의 경제》의 많은 부분은, 바타이유, 프로이트, 라캉, 마르크스에 관한 실용적인 지식을 그 독자들이 이미 갖고 있는 것으로 가정하고 있기 때문에, 열정적으로 씌여졌으나 읽는 사람에게는 친숙하지 않다. 이 책에는 료타르의 매우 암시적인 프로젝트를 분명하게 만들어 주는 부분이 존재한다. 료타르는 들뢰즈와 가타리의 뒤를 이어서, 욕망과 결핍 간에 존속되어 온 정신 분석학적 연상 *association*을 당연시하는 것을 거부한다. 그가 '위대한 제로 *great Zero*'라고 비꼬아 표현했던 결핍에 언제나 기탁해야만 하는 주체를 상상하는 대신에, 료타르는 우리가 욕망을 생각할 때는 최우선적으로, 그것을 한 면으로만 영원히 움직이는 뫼비우스의 띠로서 욕망을 간주해야 한다고 제안한다. 이 함축적인 은유는 료타르로 하여금 욕망과 결핍을 서로 대립적인 것으로 가두어 놓는 문헌들의 양분법적 틀 바깥에서 욕망을 깨닫게 해 주는 시야를 제공한다. 뫼비우스의 띠는 결국 어떤 부분이 바깥쪽이고 어느 부분이 안쪽인지를 구별하기 어렵게 만드는 특징을 가지고 있다. 시사하는 바가 많은 이러한 은유를 통해서, 우리는 이 '리비도적 **신체**의 거대한 막*membrane*'에 이르는 무한한 영역을 어렴풋이 알아차릴 수 있다.

> 그것은 가장 이질적인 직물, 뼈, 표피, 기록할 종이, 자극적인 분위기, 검, 안경집, 사람, 잔디, 그림을 그릴 캔버스로 만들어 진다. 이 모든 영역들은 뒷면이 없는 하나의 띠, 즉 닫혀 있기 때문이 아니라 한쪽 면만을 가지고 있어 흥미를 끄는 뫼비우스의 띠와 부드럽다기보다는 정반대로 거침, 모서리, 단도*creases*, '첫번째' 회전*turn*을 거치면서 구멍이 되지만, '두 번째' 회전에서는 덩어리*lumps*가 되는 구멍으로 덮여 있는 뫼비우스적 표면(이것이 위상 기하학적으로*topologically* 가능한가?)으로 합쳐진다. 그러나 영원한 회전 속에서 무엇이 그 띠를 회전시키는가에 관해서 아무도 모르고 있고 또한 모를 것이다(Lyotard, 1993: 203).

여기에서 료타르는 무한한 '막'이라는 발상으로 앞서는데, 이 막의 형상 변화 능력은 들뢰즈와 가타리의 욕망하는 기계 속에서 어느 정도 전례를 가지고 있다. 그러나 그가 어떻게 욕망의 끝없는 치환을 이해하기 위한 지형을 그려 내려고 노력하는지를 들여다보면 볼수록, 우리에게는 그 '구멍'과 '덩어리'가 《반오이디푸스》에서 추앙되는 무한히 생산적인 원칙에 점점 더 부합되지 않는 위상 기하학을 만들고 있는 것처럼 보인다. 대신에 료타르의 리비도적 '신체' — 우리는 그가 주저하면서 뒤집어 놓은 쉼표에 주목해야 한다 — 는 '영원한 회전' 속에서 그것의 무한한 변형을 완전히 펼치면서, 그것이 정신적이고 숭고한, 혹은 심지어 초월적인 자질을 가지고 있다고 제시한

다. 만일 료타르가 욕망과 결핍 간의 연관을 단절시킨다면, 영원성에 대한 이러한 강조는 그가 영속하는 삶과 리비도를 혼돈한 것임을 암시한다. "리비도는 신체 부위를 투자하는데 결코 실패하지 않으며, 결핍과 전유 *appropriation* 라는 제목 하에서는 투자하지 않는다. 그것은 조건 없이 투자한다"라고 그는 주장한다(Lyotard, 1993: 4). 자유로운 영혼과 마찬가지로, 리비도는 아마도 인간의 *mortal* 육체성 속에 완전히 얽매이는 것을 거부할 것이다.

그러나 그것이 료타르의 구도 속에서 리비도가 비록 초월적인 영역으로부터 나온 것처럼 보인다 할지라도, 그럼에도 불구하고 항상 넘칠 듯한 높은 수준의 격렬함으로 그 에너지를 투여하는 것만은 아니다. 욕망이 때때로 그 속도를 어떻게 늦추어야만 하는지 가리키기 위해서, 그는 극장 *theatre* 이라는 개념으로 선회한다. 그가 자신의 저작 가운데 다른 부분에서 정교화시켰던 은유로서, 동일한 구조 내에 묶여 있음에도 불구하고 무대와 청중처럼 서로 분리될 수 있는 현상을 식별하는 수단으로 제공한다. 그가 '극화 *theatricization*' 라고 부른 바로 그 순간에, 뫼비우스 띠를 계속 회전시킨 빗장은 외부와 내부, 한쪽 면과 다른 쪽 면, 그가 **이것** *this*과 **이것 아닌 것** *not - this*으로 단호하게 구별한 것들 간의 희미한 차이를 볼 수 있게 하면서, 그 속도를 늦추어야만 한다.

격렬하든 소원하든 간에 모든 격렬함은 **이것이면서 이것이 아니다**. 이는 결코 거세나 억압, 양면성, 위대한 제로에 기인하는 비극[즉, 결여]의 효과를 통해서 이루어지는 것이 아니라, 격렬함이 다소 복잡한 일종의 내면적 *asynthetic* 운동에 따라다니기 때문인데, 이 운동은 어떤 경우에라도 너무 빠르기 때문에 그것에 의해 생겨난 표면은 그 각각의 지점에서 **이것이면서** 동시에 **이것이 아니다**. 그 지점이나 부위가 아무리 작다고 하더라도 우리는 그것들이 무엇인지 말할 수가 없는데, 그 이유는 이 부위 혹은 지점은 누군가가 그것에 대해 말한다고 주장할 때 이미 사라졌을 뿐 아니라, 강렬한 문장의 찰나적인 혹은 영원한 순간 속에서 그 지점 혹은 부위가 동시에 양 측면으로부터 투자되어 왔기 때문이다(Lyotard, 1993 : 15).

욕망이 그 격렬함을 끌어 올리고 또 낮추는 속도를 주어진 것으로 한다면, 이 문단이 우리에게 역설로 다가오는 것은 놀라운 일이 아닐 것이다. 여기에서 료타르는, **이것**이 **이것 아닌 것**으로부터 분리되는 바로 그 순간에 이 과정이 실제로 발생했는지를 말하는 것은 인지적으로는 불가능하다고 선언한다. 우리가 그 둘 간의 차이를 식별하려고 하자마자 그것들은 자신들의 에너지를 다른 곳에 재투자함으로써 다시 각자에게로 무너지고 만다.

그렇다면 **이것**과 **이것 아닌 것**이 최초로 순간적인 분화를 유지해 온 것을 우리가 어떻게 알 수 있을까? 이런 류의 질문은 료타르에게는 정말로 아무런 흥미도 끌지 못하며, 또 그럴 만하다. "왜 빗장의 운동 속도가 늦춰지는가"(Lyotard, 1993 : 25). 그의 답변은 교묘하다. "우리는 이 질문의 방향을 바꿔 다음과 같이 말한다. 그것이 왜가 아니라 언제, 강렬하게 회전하는가라고. 당신의 왜라는 질문 그 자체가 덜 강렬하게 회전한 그것에서 기인하는 것이며, 그것은 회복력이 있고 과거를 그리워한다. 빗장의 운동은 **때문에**의 속도를 늦추고, 그리고 나서 이러한 **때문에**는 [⋯⋯] 격렬해진다." 다시 말해서, 이론적 탐구 그 자

체가 리비도적 격렬함을 저지하는데, 그 이유는 그것이 **이것**과 **이것 아닌 것**을 식별하고자 애쓰면서 개념과 표현의 구조가 자라나는 '극장'을 창조하기 때문이다. 그는 그러한 노력을 '허무주의'라고 부른다. 제프리 베닝턴 Geoffrey Bennington은 《리비도의 경제》에 나오는 이 문단과 관련 문단들을 검토하면서, 료타르가 스스로의 정당성 문제를 공개적으로 제기하는 이론을 개발하고 있다는 점을 깨닫는다.

> 1차적 과정, 리비도적 굴레 *band*, 죽음 충동은 그것들이 전체 재현 장치 *representational set - up*를 능가하고 앞서가는 한 재현이 불가능하다. 그리고 《리비도의 경제》가 특성 (사건들)에 대한 언급과 관련되는 한, 그리고 언어가 일반성 *generality*의 영역인 한, 그것은 그 대상들을 배신하지 않고서는 그것들을 개념으로 전달할 수 없다(Bennington, 1988: 28).

베닝턴은 《리비도의 경제》의 재미있고 현란하게 **멋낸** *dandyesque* 스타일이 어째서 아무리 이론적인 노력을 기울여도 "리비도와 죽음 충동에 대한 직접적인 표상은 있을 수 없는지"를 극화시킨다고 주장한다(Bennington, 1988: 29~30). 이 특별한 연구는 가능한 한 '극장'에 대항하고자 분투하기 때문에, 그것의 고유한 이론적 노력은 필연적으로 구조화되어야 한다. 료타르는 정체적 개념들과 응고된 표현들 속에 리비도적 에너지를 이식함으로써 그것들의 빠른 운동을 배신하지 않을 수 없다.

이것 아닌 것으로부터 이것을 이론적으로 분리시키려고 하는 노력 속에 포함되어 있는 '허무주의'에 대한 료타르의 비평은 그가 프로이트의 《쾌락 원칙을 넘어서》쪽으로 조명을 비

*lity*

출 때 특별한 힘을 획득한다. 이 연구로 인해 계속 고무된 료타르는 다음과 같이 질문한다. "만일 삶과 죽음이 그들의 두 가지 기능을 통해 식별될 수 없다면, 만일 속박된 통일체가 죽음(노이로제와 정신병, 편집증적 감금, 유기적 기능의 치명적이고 고정적인 무질서)만큼이나 삶(오르가슴, 동상들, 제도들, 모든 종류의 기억들)과 잘 맞는다면, 삶과 죽음이라는 두 원칙은 왜 그리고 어떻게 가정될 수 있는가?"(Lyotard, 1993: 29). 삽화적으로 나열된 그의 사례들은 삶과 죽음에 각각 부여된 재질들 사이의 구별이 단지 임의적일 뿐 아니라 서로 서로에게 주입되어 있다는 것을 보여 준다. 대부분의 이분법적 사고 구조와 마찬가지로, 꼼꼼히 따져 보면, 이런 형식의 대조는 표면적으로 고정된 반테제들이 기껏해야 위태로울 뿐이라고 제시하면서 그것의 알려진 대립을 통합하고 해소하려는 경향을 가지고 있다. 료타르는 "프로이트는 이러한 공식적인 요구들에 대해서 잘 알고 있었다"고 말한다. 모든 이론가들과 마찬가지로, 프로이트는 리비도의 무질서에 직면해서 '질서'를 원했다. 프로이트의 실수로 보이는 것은 무한한 리비도의 융합이 존재하는 곳에 범주적 구획들을 부과하는 이론 체계를 만들려고 했던 점이다. 료타르에게 있어서 프로이트주의적 프로젝트는 모두 그 야망이 너무나 큰데, 욕망의 형성을 잘못된 방향으로 일반화하는 거대 조직을 건설하려 했고, 따라서 늘 변화하는 욕망 *pulsions*과의 접촉을 상실하게 된다는 점에서 그러하다. 료타르는 프로이트의 수정을 통해서 욕망을 분석하기 위한 최선의 방법은 "참을성 있게, 거의 무한한 조심성을 가지고 특별한 효과를 검토하는 것" 속에 존재한다고 주장한다(Lyotard, 1993: 30). 프랑스 소설가 마르셀 프루스트(1871~1922)의 소설에 나오는 공들인 묘사는 료타르에게 이런 형태의 미시 분석적 조심성에 대한 모델을 제시한다.

욕망에 대한 근대 프랑스의 이론들을 살펴보면, 리비도를 경제 용어로 사고하는 문제는 모든 이론 체계의 거대한 디자인이 궁극적으로 어떻게 해서 욕망에 의해 패배당할 것인가에 대해 점점 더 많이 조망할 수 있게 해 준다. 이 점은 장 보드리야르 Jean Baudrillard의 《유혹 Seduction》에서 뚜렷해진다. 1979년에 인쇄된 이 책은 들뢰즈와 가타리 사고의 '분자적' 혁명을 명백하게 흡수하고 있다. 그러나 《반오이디푸스》는 리비도적 에너지가 끝없이 생산적이라고 주장했지만, 보드리야르는 우리를 현혹시키는 것은 바로 섹스의 **생산적** 성격이라고 선언함으로써 좀더 나아가고자 한다. 보드리야르는 생산의 영역 속에서 **유혹**의 중요성을 고양시킨다.

> 우리는 또 다른 것, 즉 강력한 구조로서의 정신 분석학과 섹슈얼리티가 쇠퇴하는 병리적 세계(둘은 서로 절대로 만나지 못한다), 그리고 정신과 분자적 세계(그들이 최후의 해방을 맞는)를 통한 그것들의 제거를 얼핏 볼 수 있을 것이다. 세계는 정신적 혹은 심리적 관계라는 견지에서나 혹은 억압과 무의식이라는 견지에서는 더 이상 해석될 수 없으며, 다만 작용 *play*, 도전, 결투 *duels*, 표정 전략, 즉 유혹이라는 견지에서 번역되어야 한다 (Baudrillard, 1990: 7).

그렇다면 우리는 유혹의 '작용'을 어떻게 개념화할 수 있을까? 이 질문에 답하기 위해서 보드리야르는 페미니즘 정치학에 대해 다소 모순적인 반응을 보인다. 그는 우선 프로이트가 섹슈얼리티를 남근적인 것으로 보았던 것은 옳았다고 주장한다. 즉, 그 남성주의는 부정될 수 없다. 보드리야르의 주장하기에 따르면, 여성들의 삶은 남근적 질서에 의해 끊임없이 위협받는다. 이러한 관점은 그로 하여금, 해방을 위한 여성들의 투쟁 속에서 "구조가 강력할 때는 여성을 차별하고, 허약해진 구조 속에서는 승리를 조소함으로써 여성을 비난하는 구조 속에 갇혀버린다는 것이 여성에게 얼마나 위험한지"라고 강조하게 만든다(Baudrillard, 1990: 6). 다시 말해서, 여성들은 남근적인 질서 속에서는 동등한 지위를 획득하는 것으로는 이익을 볼 수 없는데, 그 이유는 그렇게 하는 것이 가부장적 체계를 명백히 영속시키는 것이기 때문이다. (그는 페미니즘이 수 세기 동안 이 문제에 대해 얼마나 조심스럽게 성찰해 왔는지 인식하지 못하고 있는 것처럼 보인다.) 그러나 보드리야르는 여성들의 해방이 어떻게 가부장적 헤게모니를 변형시킬 수 있을 것인가를 제시하기보다, 그가 느끼는 여성성에 부여된 가장 전복적인 자질, 즉 유혹에 대해 페미니스트들이 흥미가 없는 것처럼 보인다는 사실에 비통해 한다. 그래서 그는 여성 운동이 "권력은 현실 세계에 대한 지배만을 나타내는 반면, 유혹은 상징 세계에 대한 지배를 나타낸다는 점을 이해하지 못한다"고 다소 정중하게 주장하기에 이른다(Baudrillard, 1990: 8). 그 순간에는 보드리야르가 분명 많은 이야기와 영화 장르에서 친숙한 팜므 파탈 *femmes fatals* 및 유혹적인 요부 *temptresses*의 역할을 받아들이라고 페미니스트들에게 충고하는 것처럼 들릴 것이다.

보드리야르는 그가 유혹을 만들어 내는 상투적인 방식 속에 들어 있는 성 차별주의적인 함의를 분명하게 인식하고 있다. 그러나 그는 "누군가가 전통에 따라 유혹의 지배를 여성적인 것이라고 부른다"고 할지라도(Baudrillard, 1990: 7), 여성성은 술책, 외모, 환영에 대한 독점권을 유지한다고 말한다. 보드리야르는 여성의 육체에 대한 비남근적인 리비도 경제에 대한 이리가레이의 호소나 기관 없는 신체에 대한 들뢰즈와 가타리의 은유에 관해서는 단 한 순간도 생각하지 *entertain* 않을 것이다. 그의 관점에 의하면 이들 각각은 — 실제적으로 혹은 상징적으로 — 욕망을 해부학적 문제로 축소한다. 그에게 있어서 여성적 유혹에 의해 행사되는 상징적 권력에 관한 훨씬 더 유용한 사고 방식은 1929년에 처음 발행된 조운 리비에르Joan Riviere의 유명한 에세이 속에 존재한다. 〈가면으로서의 여성다움Womanliness as a Masquerade〉에서 리비에르는 전문직 여성이 남성 우위적인 세계에서 자신의 위치를 지키기 위해서 '가면으로' 여성다움을 가장할 때 발생하는 갈등에 대해 영향력 있는 비평을 한다. 리비에르는 이러한 여성성의 '가면'이 비록 남성 권력 앞에서 타협한 것일지라도, 그것은 지적인 여성으로 하여금 "남성성의 소지를 감추게 해 주고, 설사 그녀가 그것을 소지하고 있는 것이 발견된다고 하더라도 — 마치 어떤 도둑이 물건을 훔치지 않았다는 것을 증명하기 위해서 그의 주머니를 뒤집어 보이며 찾아 보라고 말하는 것과 흡사하게 — 기대되는 보복 행위를 피할 수 있게" 해 준다고 믿는다(Riviere, 1986: 38). 보드리야르는 여성적 '가면'을 이상화하면서, 이와 대조적으로 남성성은 그것이 "결코 실패하지 않는 판단력과 진리를 말할 수 있는 절대적인 기준을 소유하고 있다"는 위험한 허세 위에서 스스로를 얼마나 과장하는지에 대해 말한다. 그는 여성성이 '진정성 *authenticity*과 술책' 사이의 차이를 희미하게 만들고, 따라서 '시뮬레이션' (현재의 포스트모던한 세계를 지배하는 상징적 권력에 대한 그의 연구 가운데 많은 부분을 흡수한 용어)이라는 유혹적인 영역을 조작하기 때문에 더 바람직스럽다는 것을 발견한다(Baudrillard, 1990: 10~1). 그것은 마치 보드리야르 자신이 여성적 유혹이라는 매우 무비판적인 개념에 매혹당한 것 처럼 보인다.

그러나 왜 여성성의 상징적 유혹이 진리와 확실성을 주장하는 남성주의적 정언보다 우위로 격상되어야만 하는가? 이렇게 생성된 모순들을 보드리야르가 규명하는 데 있어서 위기에 처하게 되는 것은 정확히 무엇인가? 이 질문은 《반오이디푸스》와 《리비도적 경제》 둘 다 그랬던 것처럼 우리로 하여금 자본주의에 눈을 돌리게 만든다. 그는 자본주의 경제가 생산을 몰아부치는 것처럼 성에 대한 근대적 이해 역시, 정신 속에서 이 무자비하고 생산적인 논리로 나아간다고 주장한다. 자본주의가 성에 대한 근대적 이해를 형성하고 결정한다는 것을 보드리야르가 어느 정도로 믿었는지에 대해서 의문을 품는 사람이 있을지라도, 빅토리아 시대에 영국에서 '써 버리기 *to spend*'라는 동사가 남성의 사정을 뜻하는 너무나 성적인 은어였다는 점을 잠시 고려한다면, 그의 주장은 어느 정도 그럴싸해 보인다. 심지어 오늘날까지도 포르노 산업 속에서 '정사' 장면은 흔히 '머니 숏 *money shot*'으로 알려져 있다. 이런 점들을 염두에 두고서, 보드리야르가 성과 자본을 어떻게 접합시켰는지를 살펴보도록 하자.

> 우리 문화는 조루 *premature ejaculation* 의 문화다. 모든 유혹, 모든 유혹의 방식 — 언제나 고도로 의식적인 *ritualized* 과정 — 은 점차 자연스러운 성적 정언의 이면, 즉각적이고 긴급한 욕망의 실현 이면으로 가려져 버린다. 우리의 무게 중심은 오로지 욕망, 즉 충동에 바쳐진 혹은 기계 같은 기능에 바쳐진 욕망의 이식 *naturalization* 을 향해 옮겨져 왔다. [……] 유동성, 흐름, 그리고 성적·정신적·물리적 육체의 가속화된 접합에 대한 이러한 압력은 교환 가치를 규제하는 것의 정확한 복제이다. 즉, 자본은 회전되어야만 하고, 고정된 점이 더 이상 있어서는 안 되며, 투자는 끊임없이 혁신되어야 하고, 가치는 쉼 없이 방출되어야

한다. 이것이 가치가 현재적으로 실현되는 형식이며, 섹슈
얼리티 즉 성적 '모델'은 신체라는 수준에서 그것이 나타
나는 양식일 뿐이다(Baudrillard, 1990: 38).

여기에서 보드리야르가 제시하는 것은, 섹슈얼리티가 신
체를 자본의 서비스에게 넘겨 주며, 체계를 계속 움직이기 위해
서 신체를, 그 에너지가 끊임없이 재투자되어야만 하는 가치 -
생산 기계로 만든다는 것이다. 그것은 리비도가 노동력과 대응
되듯이, 섹슈얼리티 체제는 증가하는 잉여 가치를 포착하고자
하는 자본주의적 열망과 닮은 것처럼 보인다. 보드리야르에게
있어서 성이란 인간 노동과 유사한 것인데, 그것은 서구 문화가
자본가 정신으로 다루고자 하는 자연스러운 에너지이기 때문이
다. 비록 성과 자본 간의 이러한 상호 관계가 훨씬 더 깊이 있
는 탐구를 요하지는 않을지라도, 보드리야르가 어떻게 "섹슈얼
리티, 욕망 그리고 쾌락은 **하위** subaltern 가치들이다"라는 인식
으로 나아가게 되었는지를 살펴보는 것은 흥미롭다(Baudrillard,
1990: 39). 그는 자본주의가 이용하고자 하는 근원적인 에너지를
체현하고 있는 종속된 집단들과 관련된 가치들을 하위라는 형
용사를 사용해서 언급하고 있다. 그 집단들이 서구에서 처음 등
장했을 때, 섹슈얼리티, 욕망, 쾌락은 "탄생과 혈통, 용기와 유
혹이라는 귀족적 가치 혹은 희생이라는 종교적 가치들"과 현저
한 대조를 보인다는 점에서 타락한 가치로 간주되었다는 점에
그는 주목한다(Baudrillard, 1990: 39). 이런 점에서 보드리야르는
유혹이 여성성의 영역일 뿐 아니라 **구체제** ancien régime에 속하
는 구조이기도 하다는 점을 느끼고 있다는 것이 분명해진다. 그
러므로 유혹은 마치 그것이 동시에 여성적이고, 모의적이며, 고
풍적이라는 것처럼 들리기 시작한다. 한편 섹슈얼리티, 욕망,

쾌락은 반항적인 '벼락 부자들'의 생산적 노동으로부터 나온 것처럼 보일 것이며 현실 세계를 정복하려는 그들의 남성주의적 욕망은 가까운 미래에까지 이어질 것이다.

보드리야르에게 있어서 욕망에 내포된 현저하게 근대적인 남성주의는 포르노그라피에서 가장 강력하게 나타난다. 이 성적 표상의 장르 속에는 유감스러운 "과잉 '현실'"이 존재한다고 그는 주장한다(Baudrillard, 1990: 28). 그는 우리가 포르노그라피는 그 속에서 다양한 변태와 도착이 행해지는 환상적인 phantasmatic 권력을 표현하고 있다는 정신 분석학적 노선을 믿으라는 유혹을 받을 수 있다고 주장했지만, 그것이 담고 있는 유일한 환영 illusion은 역설적이게도 현실에 대한 환상 fantasy이라는 것이다. 표상과 실재 세계 사이에 존재하는 어떤 차이도 한꺼번에 무너져 버리는 '초현실 hyperreality'이다. 그래서 보드리야르는 포르노그라피가 '허위적인 전망 sham vision'을 가진다고, 즉 현실을 위장한다고 비난한다(Baudrillard, 1990: 31). 포르노그라피가 할 수 있는 전부는 유혹적인 의례의 세계와 무한한 쾌락을 지속시키는 환영 apparition을 제공하는 것이 아니라 그것을 소멸시키려는 자본의 음모를 행동으로 보여 준다. 그는 다음과 같이 음침한 등식으로 이러한 불쾌감을 요약한다. "성의 실재론적 붕괴, 노동의 생산주의적 붕괴, 이는 동일한 징후이며 동일한 전투이다."

그러나 보드리야르의 말처럼, 만일 포르노그라피가 고도의 과장된 권력이 가져가 버린 '현실'에 대한 사례를 제공해 준다면, 그는 유혹이 세계로부터 완전히 분리되어 온 것이 아니라는 점을 우리에게 확신시켜 준다. 비록 그가 느끼기에 우리는 '생산주의적 붕괴'라는 굴레 밑에서 계속 투쟁할지 모르지만,

그럼에도 불구하고 유혹은 우리 삶의 다른 영역 속으로 들어왔고, 컴퓨터와 정보 기술의 끝없는 접속 *interface*에서 가장 분명하게 나타난다. 그러나 그는 그로 하여금 연구를 시작하게 하고 상징 권력을 굴복시킨 그 재미있고, 인위적이며, 여성적인 감각에 입각해 볼 때, 그 접속에 대한 우리의 경험은 거의 유혹적이지 않다는 것을 날카롭게 지적한다. 대신에, 가상 이미지들에 대한 기술적인 조작은 다름 아닌 **차가운 유혹** *cold seduction*과 타협한다. "전자 및 정보 체계의 '자아 도취적' 확산, 조작 테이블에 둘러싸인 채 우리가 그것들의 조작에 의해 점점 고립되고 매혹되는 단말기와 매체들의 **차가운 유혹**"(Baudrillard, 1990: 162). 그런 다음, 우리는 테크노 시뮬레이션 속에서 그것의 "마법이 풀린 형태"의 유혹을 경험한다(Baudrillard, 1990: 180). 그러나 보드리야르에게 있어서 유혹은 생산을 회피하는 능력을 가지고 있기 때문에, 그것을 '차갑게' 만든 기술들에 의해 완전히 흡수되지 않을 수 있다고 밝혀지는 것은 당연하다. 그의 책은, 유혹이 진정 생산주의적 정언보다 얼마나 오래 지속될 수 있을 것이며, 어떻게 그 유혹적인 여성적 환영 *illusoriness*을 다시 획득할 수 있을 것인가에 대해 궁금해 하면서 일종의 보류된 주석을 남겨 둔다. 폰 섹스, 즉 인터넷상의 포르노그라피와 컴퓨터 기술을 포함하는 다른 성적 서비스의 증가를 전제로 하면, 이러한 시뮬레이션 영역이 보드리야르가 제시한 것처럼, 술책의 **차가운 유혹**조차도 정말로 보유할 것인지 아닌지에 대해 사람들은 궁금해할 것이다. 아마도 이러한 기술적 시뮬레이션의 세계는 포르노적인 '초현실,' 즉 실제와 가상이 때때로 서로 불가분의 것이 되는 비전의 장場과 동일한 영역에 속할 것이다. (그러나 몇몇 사람들은 기술적 유혹에 대한 우리의 경험을 결코 '차갑지' 않은 것으로 남겨 둔 채, 사이버 공간 속에서 실현되지 않은 에로틱한 욕망

들이 해방되도록 허용하는 것은 바로 이러한 전자적 '초현실'의 영역
이라고 주장할지도 모른다.)

프랑스의 문화 비평가 롤랑 바르트 Roland Barthes (1915~80)
는 포르노그라피에 대한 보드리야르의 의기 소침한 관점을 상
당 부분 공유한다. 바르트는 《텍스트의 쾌락 *The Pleasure of the
Text*》(1975[1973])에서 최상의 쾌락이 어떻게 '환희의 **예측 불가
성**'으로부터 나오는지에 대해 사려 깊은 통찰력 *aperçuis* 을 동원
한다 (Barthes, 1975: 4). 아마도 보드리야르의 유혹과 마찬가지로,
그러한 환희 혹은 **쥬이상스** *jouissance* 는 결코 미리 알려질 수 없
을 것이다. 바르트는 '육체의 스트립쇼'와 '담론적인 서스펜스'
가 얼마나 제한적인 쾌락인가를 강조하는데, 이는 그것들이
'성 도착'과 단순하게 비교될 수 없기 때문이며, 그는 이 성 도
착을 **간헐성** *intermittence* 과 등치시킨다. "두 개의 옷자락 사이에
서 번뜩이는 살갗"(Barthes, 1975: 10). 그의 주장에 의하면, "유혹
하는 것은 바로 이 간헐적인 드러냄 그 자체이거나 혹은 사라짐
으로서의 나타남 *appearance - as - disappearance* 을 실행하는 것"이
다. 그렇다면 여기에서 우리는 언제나 진행 상태인 운동 속에서
벌거벗거나 가린 채 누워, 드러냄과 감춤의 쾌감을 갖는 것이
다. 그러나 근대 포르노그라피 쪽으로 선회해 보면, 누구나 그
제한적 에로티시즘에 대한 불평의 수준을 금새 알 수 있다. 포
르노그라피는 소비자들을 오르가슴적인 절정으로 이끌도록 고
안되었기 때문에, 그것은 궁극적으로 욕망을 소멸시킬 것이다.

이른바 '에로틱한' 책자들(사드와 몇몇 다른 사람들을 제
외하기 위해서는 최근의 생산품들을 덧붙여야 한다)은 에
로틱한 장면보다는 그것에 대한 기대, 그것을 위한 준비,
그것의 상승을 **표현한다**. 그것이 사람들로 하여금 '흥분

하게' 만드는 것이다. 따라서 그 장면이 나올 때는 당연히
실망과 위축 *deflation*이 존재한다(Barthes, 1975: 58).

포르노그라피는 자위용으로 빈번하게 사용되기 때문에 강
한 흥분을 약속해 준다. 그러나 포르노그라피는 궁극적으로 불
만족스러운 것으로 판명되는데, 그것이 끌어들이는 욕망은 '작
은 죽음'을 향해 스스로를 저돌적으로 내던져야 하기 때문이다.
이것이야말로 이른바 '에로틱한' 책들은 "'정신 분석학에 의해
보여진 대로의' 쾌락"을 표현한다고 바르트가 주장한 이유이며,
그는 아마도 이것을 통해 프로이트의 《쾌락 원칙을 넘어서》에서
극적으로 만들어진 에로스와 타나토스 사이의 정신적 경쟁 위에
세워진 욕망의 모델을 의미할 것이다. 결국 두 힘은 이성애적
오르가슴 속에서 합쳐지고, 따라서 갑작스러운 종말을 맞게 된
다. 그러므로 근대 문화 이론가들은 섹슈얼리티를 포르노그라피
속에서 삶과 죽음이라는 경쟁적인 에너지에 의해 이끌어지는 현
상으로 상상하는 것이 의미하는 강제적 한계에 대항한다.

포르노그라피는, 섹슈얼리티가 단지 그 '작은 죽음'과 마
주치기 위해서 통제 불가능할 정도로 솟아오르는 방식에 관한
극도로 어려운 질문들과 더불어 근대 문화와 마주하고 있다는
것은 의심할 여지가 없다. 포르노그라피는 다른 유형의 성적 표
상 이상으로 갈등적인 리비도로부터 발생하는 퇴화적 쾌락에
관한 뿌리 깊은 문화적 갈망에 대해 빈번하게 초점을 맞추어 왔
다. 에로티시즘의 고통과 쾌락에 대한 이러한 갈망은 포르노그
라피에 대한, 엄밀하게 분류한다면, 열정적 페미니즘 논의 속에
서 가장 선명하게 나타난다. 1970년대에 개척되어 오늘날까지
유지되고 있는 이 중요한 논쟁은 우리가 어떻게 하면 프로이트

가 수십 년 전에 밝혀 낸 즉흥적인 성적 에너지의 도덕적이고
정치적인 영역들에 가장 잘 접근할 수 있을 것인가에 대한 폭넓
은 관점들을 전개시킨다.

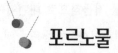

# 포르노물

급진적 페미니스트 로빈 모건Robin Morgan은 1980년에 "포르노
그라피는 이론이고, 강간은 실천이다"라고 말했다(Morgan, 1980:
130). 이 인상적인 구호는 포르노그라피와 여성에 대한 성적 폭
력 사이의 관계에 관한 페미니즘 논의에 분명한 자취를 남겼다.
이 논쟁은 1970년대 중반과 1980년대에 많은 페미니즘적 에너
지를 흡수하였다. 많은 측면에서 이것은 여전히 여성 해방을 위
해 일하는 활동가와 지식인들을 갈라 놓는 결정적으로 논쟁적
인 주제이다. (여성 중심적인 문화 분석을 강조하는) 급진적 페미
니스트들과 (억압된 계급으로서의 여성들의 투쟁을 강조하는) 사회
주의 페미니스트들은 종종 포르노그라피에 대한 이해를 달리
해 왔다.

　　모건 같은 급진적 페미니스트들이 강간은 포르노적인 표
현물에서 기인한 것이라고 주장할 때까지, 성적으로 노골적인
재료들을 둘러싼 논란은 주로 법이 외설을 어떻게 규제할 것인
가라는 견지에서 전개되었다. 그리고 그것이 다루어질 때 조차
도, 외설 및 음란물을 다루기 위한 법의 제정은 20세기 문화가
포르노그라피로 간주하게 된 것들에 항상 초점을 맞추었던 것
은 아니라는 점을 염두에 둘 필요가 있다. 예를 들면, 빅토리아

시대의 영국과 웨일스에서 음란물 출판법(Obscene Publications Act, 1857)은 자유 사상가들과 페미니스트들이 제작한 출산 통제에 관한 팜플렛의 발간을 불법화하는 데 이용되었다. 《옥스포드 영어 사전》에 의하면 포르노그라피라는 영어 단어 자체가 같은 해에 등장했다고 되어 있는데, 이것은 아마도 우연이 아닐 것이다. 의문의 여지 없이 현재라면 포르노그라피로 분류될 시각적 체계들과 매우 유사한 성적 표현물의 체제 *regime*가 19세기 중반까지 존재했다. 그러나 핵심은 이 식별 가능한 장르가 에로티시즘과 배타적으로 연관되었던 것이 바로 그 당시였다는 점이다. "근대 초기 유럽, 즉 1500년부터 1800년까지, 포르노그라피(로 알려질 만한 것)는 종교적 · 정치적 권력을 풍자하기 위한 성 충격 요법에 가장 자주 사용되는 도구였다"고 린 헌트Lynn Hunt는 말한다(Hunt, 1993: 10). 헌트는 16~18세기 사이에 성적 이미저리 *imagery*를 차용한 풍자적이고 선동적인 저작들은 오로지 교육받은 엘리트 사이에서만 읽혔다고 논평한다. 월터 켄드릭 Walter Kendrick(Kendrick, 1987)의 계몽적인 연구들에 이어, 헌트는 우리가 지금 인지하고 있는 것 같은 포르노그라피가 그 지위를 획득하기 시작한 것은 빅토리아 시대에 에로틱한 표현들이 점차 상업화되고, 인쇄 문화가 확장되면서, 그에 따라 식자율이 상승하면서였다고 말한다(Hunt, 1993: 12~3). 이 시기 이후, 포르노그라피에 대한 경쟁적인 옹호, 정의, 비난들은 미학적 · 도덕적 · 사회적 가치를 위한 시험적인 토대를 제공해 왔다. 그렇다면 급진적 페미니스트들로 하여금 포르노그라피는 외설성에 관한 쟁점이라는 오랜 믿음을 깨뜨리도록 만든 것은 정확히 무엇인가? 급진적 페미니스트들로 하여금 포르노그라피는 강간 같은 폭력적인 성 범죄를 유발한다고 간주하게 만든 것은 무엇인가?

포르노그라피가 긴급한 운동 주제로 되었던 것은 페미니

즘의 정치적 방향이 내부적으로 분파적 긴장 속에 놓여 있을 때 단번에 여성 해방 운동의 공통적 목표를 제공했기 때문이라는 주장이 종종 제기된다. 급진적 페미니스트들은 외설성이라는 기준에서 볼 때 포르노적인 표현이 법을 위반했느냐 아니냐를 결정하는 전통적 관점을 채택하는 것이 아니라, 포르노그라피가 여성의 체계적인 종속을 현저하게 극적으로 만든다고 느꼈기 때문에 그것을 공격하였다. 외설성에 관한 기존 논쟁들이 포르노물을 소비하는 주체가 도덕적으로 얼마나 타락하게 되느냐에 초점을 맞춘 것에 비해, 급진적 페미니스트들의 분석은 포르노그라피가 여성들을 성적 대상으로서 얼마나 격하시키느냐 하는 점을 강조한다. 수잔 캐플러 Susanne Kappeler 는 이러한 구분을 다음과 같이 명확히 한다.

> 페미니즘 비평은 음란이나 외설이 아니라 성 차별주의와 관련이 있다. '외설스러움 obscene' 과 '음란함 indecent' 의 의미는 변화하는 관습과 함께 변한다. 특히, 그것들은 중간 계급의 검증된 이중적 가치이며 사회가 구축한 포장된 자화상의 일부이다. 음란성과 외설성이 자신들에게 공격적이라고 여긴 이 기준의 창시자들은 포르노그라피의 공격을 받는 여성들의 가치를 공유하는 것처럼 보이지 않는다 (Kappeler, 1986: 25).

급진적 페미니즘은 외설성이 아니라 성 차별주의에 집중하면서, 하드코어 포르노그라피는 특히 이 상품을 만들어 내는 산업 속에서도 그렇고, 주로 남성 소비자로 이루어져 점차 성장해 나가는 시장의 작용 속에서도 가장 소름 끼치는 성적 학대의 형태로 나아간다고 주장했다. 만일 포르노그라피가 강간을 유도

하는 이론이라면, 그것은 남성들이 저지른 많은 야만적인 성 범죄에 있어서 분명히 도구적인 것이었다.

생생하게 표현된 성적 표현물에 대한 급진적 페미니스트의 입장은 여러 유명한 작가들을 고무하여 그 중심적인 주장을 더욱 확장시킬 수 있는 매우 강력한 수사법을 채택하게 하였다. 모건의 유명한 표어가 실려 있는 그 선집에서, 미국의 수필가이자 소설가이며 정치 운동가인 안드레아 드워킨 Andrea Dworkin 은 포르노그라피에 반대하지 못하는 이른바 '급진적인' 남성들에 대한 예언자적인 성경투의 공격을 강조하기 위해 구약 성서에서 자신의 권두언을 가져온다.

> 남성은 죽음을 사랑한다. 그들이 만들어 낸 모든 것 속에서, 살아남은 것의 모든 영역을 그 썩은 냄새로 오염시키면서, 죽음을 위한 중심적인 장소를 파낸다. 남성은 특히 살인을 사랑한다. 그들이 그것을 찬양하는 예술 속에서, 그리고 그들이 그것을 저지르는 생활 속에서. 그들은 마치 삶에는 정열도, 의미도, 행동도 없는 것 마냥, 그리고 그들이 자신들의 삶의 공허함과 소외를 비통해 할 때 살인이 마치 그들의 흐느낌을 진정시켜 주는 위안인 양 그것 (살인) 을 껴안는다 (Dworkin, 1980: 148).

이러한 일련의 선언문을 읽으면서, 독자들은 남성 섹슈얼리티가 진정으로 살인 본능에 의해서만 오로지 그리고 극단적으로 움직인다고 상상할지도 모른다. 드워킨은 심지어 정치적으로 '급진적인' 남성들조차, 미국에서 한동안 시들해진 활력을 다시 찾을 수 있는 이상적인 수단을 포르노그라피에서 찾는다고 주장한다. 그녀는 남성적 힘이 이렇게 약화된 두 가지 주된 요인들을 밝혀 낸다. 하나는 베트남 전쟁(1955~75)에서 입은 군사적 참패의 거세 효과이고, 다른 하나는 같은 기간 동안의 "여성들의 혁명적 전투성"이다(Dworkin, 1980: 153). 드워킨은 군사적 무능력과 전투적 페미니즘 사이에서 전체 남성 세대는 딜레마에 빠졌다고 말한다. "박탈당한 아들들은 하나의 선택권을 가지고 있었다. 즉, 여성들을 뭉개 버리기 위해서 아버지들과 결합하거나 혹은 모든 남근적 권력의 폭압에 대항하여 여성들과 연대하는 것이다"(Dworkin, 1980: 153). 그러나 페미니스트들과 연합하는 대신에, 이 '아들들'은 페니스의 패권을 유지하려고 필사적으로 노력하면서 포르노그라피 쪽으로 돌아섰다. 책의 결정적인 부분에서 포르노그라피의 폭력성을 상세하게 설명해 놓은 드워킨의 수많은 이후 저작들은, 성적으로 노골적인 표현물들이 어째서 페미니즘에 대한 도덕적 분노의 원천인지를 정확하게 규명하고 있다.

논쟁적인 연구서 《포르노그라피: 여성을 소유한 남성 *Pornography: Men Possessing Women*》(1989[1979])에서 드워킨은 포르노 출판물에 나오는 수많은 장면들을 대단히 상세하게 묘사하는데, 그녀가 보기에 그것들 각각은 여성에 대한 증오를 노골적으로 드러내고 있다. 드워킨은 공공연하게 여성 혐오적인 잡지〈허슬러 *Hustler*〉에 실린 "비버 사냥꾼들"이라는 제목의 사진을 논하면서, 이 장면 속에서 상연되는 성적 폭력을 조심스럽게 열거한다.

사냥꾼 복장을 한 두 명의 백인 남자들이 검정색 지프에 앉아 있다. 지프는 그 그림의 거의 전체를 다 차지하고 있다. 두 남자들은 장총을 들고 있다. 그 총은 사진을 둘러싸고 있는 흰 공간 안에서 사진의 테두리 위쪽으로 뻗어 있다. 그 남자들과 지프는 카메라를 향해 있다. 검정색 지프의 후드에 묶여 있는 것은 한 백인 여성이다. 그녀는 두꺼운 밧줄로 묶여 있다. 그녀는 날개를 편 독수리 같은 모양을 하고 있고 음모와 가랑이는 차의 후드와 사진의 사점 *dead center*이다. 그녀의 머리는 한쪽으로 향해 있고, 목은 팽팽하게 당겨진 밧줄로 묶여 있으며, 밧줄은 손목까지 이어져 손목 둘레를 여러 번 칭칭 감고 있다(Dworkin, 1989: 26).

드워킨의 묘사는 이 결박 장면에서 그 여성의 다른 신체 부위들이 한없이 길게 교차된 밧줄로 묶여 있는 것을 정확하게 항목별로 나누어 가며 설명한다. 드워킨은 범퍼 스티커가 그 여자의 다리 사이에 어떻게 붙여져 있는가에 주목한다. 미국 대통령 지미 카터의 동생을 암시하는 그 스티커에는 다음과 같이 씌어져 있다. "나는 빌리 카터를 위해 브레이크를 건다." (이것은 드워킨이 그 의미를 설명하지 않은 문화적 언급이다.) 그 사진을 완성하기 위해서, 〈허슬러〉는 여기에 묘사되어 있는 드라마를 요약하는 세 개의 모욕적인 문장을 배치한다. "서구의 스포츠맨들은, 지난 시절에는 로키 산맥에서 비버 사냥을 하는 것이 특히 좋았다고 전한다. 이 두 명의 사냥꾼들은 그 높은 지역에서 자신들의 한계를 쉽게 벗어났다. 그들은 그녀의 집에 도착하자마자 자신들의 사냥감을 박제로 만들었다고 〈허슬러〉에 말했다." 이 불쾌한 사진이 드워킨에게 직접적으로 전달하는 것은, 여자들은 그저 노획된 동물들같이 취급되는 반면('비버'는 여성의 가랑이를 뜻하는 미국 속어이다), 남자들은 사냥꾼이라는 (그들은 남근같이 생긴 총을 휘두른다) 관념이다. 드워킨은 "테러야말로 궁극적으로 그 사진의 내용이며, 또한 그것을 보는 여성에게

*lity*

미치는 효과이기도 하다"(Dworkin, 1989: 27)라고 말한다. 드워킨의 관점에 의하면, 이러한 이미지는 여성을 증오하는 남성들에게 특별한 호소력을 가지고 있기 때문에, "만일 그것을 본 여성이 그 사진과 자신을 완전히 분리시키지 못한다면, 즉 실재 인물들이 그것을 위해 자세를 취했다고 믿거나 이해하기를 거부하지 못하고, 그 묶인 인물을 그녀 자신과 같은 여자로 간주하는 것을 거부하지 않는다면," 그것은 분명히 그 여자 목격자에게 "공포를 유발시킬" 것이라고 그녀는 주장한다(Dworkin, 1989: 27). 드워킨 자신이 '비버 사냥꾼들'을 야만적인 실재 인물이 아닌 다른 어떤 것으로 간주하는 것은 분명히 불가능하다. 사진에서 눈을 돌린 후 드워킨은 이 충격적인 이미지가 "성의 권력이 어떻게 궁극적으로 정복의 권력으로서 규정되는지"를 전달해 준다고 공언한다(Dworkin, 1989: 30). 사진은 "그 사건의 비합의적인 *nonconsensual* 성격"을 드러낼 뿐만 아니라, "남성적 용어로 말할 때, 성이라는 권력 또한 얼마나 음울한지" 암시한다. 드워킨은 "죽음이 그것을 관통하고 있다"고 말한다.

드워킨은 그런 포르노그라피를 남성들의 극심한 여성 혐오에 대한 궁극적인 증거로 간주함으로써, 〈허슬러〉나 이와 유사한 잡지 및 영화들 속에서 표현된 폭력적인 성적 환상에서 연유하는 가능한 해악들로부터 여성들을 보호하려는 널리 알려진 운동을 저명한 법학 교수 캐서린 매키넌 Catharine A. MacKinnon 과 함께 전개했다. 1983년에 드워킨과 매키넌은 포르노그라피의 생산, 판매, 전시, 유통을 규정함과 동시에 그런 상품들에서 기인한 성 폭력의 희생자들이 피해를 주장할 수 있도록 허용하는 미니아폴리스 시의 조례를 제정하였다. 이 조례는 다음과 같은 두 집단을 보호하는 데 그 목적이 있는 시민권 강령 위에 기초했다. (1) 포르노 산업 속에서 폭력적으로 착취당해 온 사람들,

(2) 포르노그라피 상품의 소비자들에 의해 학대받아야 했던 사람들. 매키넌은 드워킨과 동일한 이념 속에서, 포르노그라피는 "지배와 종속의 에로티시즘화와 남녀의 사회적 구성을 혼돈하면서, 남성 지배의 섹슈얼리티를 제도화한다"고 주장한다 (MacKinnon, 1992: 462). 포르노그라피의 다양한 스타일과 장르를 강조한 수잔 손택 Susan Sontag (Sontag, 1969) 같은 이전의 분석들과는 반대로, 매키넌은 이런 형태의 에로티시즘은 "왜곡, 반영, 투사, 표현, 환상, 표현이 아니며 상징도 아니다. 그것은 성적 현실이다"라고 단호하게 주장한다. (MacKinnon, 1992: 462). 이후의 에세이에서 매키넌은 다음과 같은 점을 강조한다. "포르노그라피는 단순히 경험을 표현하거나 해석하는 것이 아니라, 그것을 대체하는 것이다" (MacKinnon, 1993: 25).

드워킨과 매키넌 둘 다, 다른 사람들이 **재현적** *representational* 영역으로 인식한 것에 의해 표현된 **현실**을 그처럼 전적으로 강조했기 때문에, 그들은 포르노그라피를 무시무시한 성적 불평등이 존속하는 생활 세계 *lived world* 로 간주한다. "포르노그라피는 우리 여성들이 성적으로 어떻게 이용될 수 있을 것인가에 의거해서 보는 방식에 따라 여성들을 규정한다"고 매키넌은 말한다 (MacKinnon 1992: 463). 드워킨은 이와 거의 유사한 용어로, 포르노그라피가 여성들의 삶에 대해 결정적으로 행사하는 규정력을 파악한다. 그러나 그녀는 이러한 주장의 논리를 그것의 절대적인 한계까지 밀고 간다.

포르노그라피는 바로 여자들이 처한 상황의 중심부에 있다. 다른 모든 것들의 원천이 되는 것은 바로 그 이데올로기이다. 그것은 이 제도 속에서 여성의 존재를 진정으로 규정한다. 그리고 여성을 어떻게 취급하는가는 여성의 존재에서 유래한다. 포르노그라피는 여성의 **존재**에 대한 은유가 아니다. 그것은 이론적이고 실천적인 여성의 존재이다(Dworkin, 1983: 223).

이 주장에 따르면, 포르노그라피는 모든 것을 포괄하는 사악한 체계 속에 여성들을 묶어 두는 행위로 간주되어야 한다. 드워킨은 포르노그라피가 여성의 성적 종속에 대한 **원인과 결과 모두**를 표현한다고 믿는다. 따라서 포르노그라피를 없애 버려야만 비로소 여성들의 자유는 진정으로 시작될 수 있다.

드워킨과 매키넌은 자신들이 포르노의 속성으로 본 폭력에 대해 반격할 수 있도록, 1983년에 미니아폴리스 시에 제출되어 다음 해 시 의회에서 통과된 조례를 위해서 그러한 표현물들에 대한 포괄적인 정의를 만들어 냈다. 이 정의는 전문을 인용할 가치가 있는데, 이 정의가 〈허슬러〉나 그와 비슷한 잡지들에서 명백하게 나타나는 체계적인 **비인간화**dehumanization와 **대상화**objectification에 대한 그들의 이해를 명확한 용어로 기술하고 있기 때문이다.

포르노그라피는 다음에 나오는 사항들을 한 가지 혹은 그 이상을 포함하는 사진 그리고/혹은 단어들을 통해 여성의 종속을 성적이고 노골적으로 표현한 기록을 의미한다. (i) 여성들이 성적 대상, 사물, 혹은 상품으로 비인간화된 채 표현된다. 혹은 (ii) 여성들이 굴욕이나 고통을 즐기는 성적 대상으로 표현된다. 혹은 (iii) 여성들이 강간, 근친상간 혹은 다른 성적 폭행 속에서 쾌락을 경험하는 성적 대상으로 표현된다. 혹은 (iv) 여성들이 묶여 있고, 난도질당하거나 사지가 절단되거나 타박상을 입거나 육체적으로 다친 성적 존재로 표현된다. 혹은 (v) 여성들이 성적

복종, 노예화, 혹은 전시된 자세 아니면 위치로 표현된다. 혹은 (vi) 여성들의 신체 부위 ― 질, 유방, 혹은 엉덩이를 포함하지만 이에 한정되지 않는 ― 가 마치 여성들이 그 신체 부위로 환원될 수 있는 것처럼 전시된다. 혹은 (vii) 여성들이 사물이나 동물에 의해 삽입당한 존재로 표현된다. 혹은 (viii) 여성들이 격하, 굴욕, 상처, 고문 등의 시나리오 속에서 표현되고, 이러한 상황들을 성적인 것으로 만드는 맥락 속에서 불결하거나 열등하며, 피를 흘리고, 멍들거나 다친 것처럼 보여진다 (Itzin, 1992a: 435~6).

이 대단히 포괄적인 정의는 지배와 종속, 결박, 혹은 다른 형태의 '굴욕'이나 '격하'를 포함하는 장면들이 계약상 동의되거나 혹은 해롭지 않은 방식으로 표현될 수 있을지도 모른다는 것을 결코 인정하지 않는다. 드워킨과 매키넌의 초점은 그러한 묘사들이 여성들을 공포스럽게 만들고, 공격하며, 심지어 심각한 위험에 처하게 만드는 해로운 유형의 행위들을 체현한다는 것이다. 비록 드워킨과 매키넌이 이러한 철저한 정의를 외설성에 대한 전통적인 관점과 분리시켜야 한다고 언급하고 있을지라도, 조례 그 자체는 음란함에 대한 전통적인 근거에 바탕해서 포르노그라피의 불법성을 파악하려고 했던 도덕주의적 보수주의자들에 의해서 쟁취된 것이었다. 이러한 승리는 단명하였다. 급진적 페미니스트와 도덕적 우익 사이의 동맹이 포르노그라피가 시민권을 훼손시킨다는 점을 시의회에 설득시키자마자, 시장은 그 조례에 대해 비토권을 행사했다. 그 문서의 수정본이 인디애나폴리스 시의회에 의해 후속적으로 채택되었을 때, 그것은 미국 헌법의 제1조 수정 조항 the First Amendment, 즉 언론의 자유를 보호하는 수정 조항을 위반했다는 이유로 위헌 선고를 받았다. 미국에서 이 조례들은 실패한 것으로 판명되었지만, 영국에서도 비슷한 법을 제정하려는 운동들이 조직되었다. (영국에서 그러한 법은 아직까지 통과되지 못했다.)

드워킨과 매키넌의 정치적 의제를 공유하는 캐서린 아이친Catherine Itzin은 포르노그라피가 어떻게 아동에 대한 성적 학대, 성적 탐닉, 병리학적이고 에로틱한 행동들의 뿌리에 놓여있는지를 보여 주기 위해 쓴 인상적인 에세이집을 발간하였다. 이글들 가운데 다이애나 E.H. 러셀 Diana E.H. Russell은 남학생들과 함께 실시한 심리학적 실험을 부각시키는데, 그 실험은 포르노그라피에 점점 더 많이 노출되는 것이 "강간하려는 경향"을 증폭시키는 결과를 낳는다고 점을 보여 준다(Russell, 1992: 313). 강간하는 포르노 장면을 보았을 때 남성들이 경험하는 발기의 정도를 측정하기 위해서 실험실이라는 조건에서 과학적인 실험들이 실시되어 왔다. 그 실험의 일부로서, 남자 피험자들은 그런 것들을 보았을 때 그들이 가졌던 환상에 대해 기술하라는 요청을 받는다. 대다수의 "남학생들 — 미국 문화에서 가장 폭력적인 하위 집단은 아닌 — 은 만일 그들이 처벌을 면할 수 있다는 보장만 받는다면, 여성을 강간하거나 성적으로 공격할 수 있을 것 같은 기분이 들었다는 것을 인정한다"고 러셀에게 제시했다(Russell, 1992: 326). 러셀은 이런 응답들에 충격을 받고, "대부분의 남성들은 적어도 조금은 여성을 강간할 수 있는 기질을 가지고 있다"는 결론을 내린다. 어떻게 설명하더라도 이것은 과감한 추론이다. 아이친이 이런 무시무시한 데이터를 접했을 때, 그녀는 미니아폴리스 조례를 모델로 한 법 제정을 누군가가 반대할 수 있다는 사실을 믿기가 힘들었다. 그녀는 원래의 조례가 그 정의 속에 "여성 대신 남성…… 이나 성 전환자들을 쓰는 것 역시 포르노그라피"라고 언급하는 구절을 포함하고 있다는 이유로 레스비언과 게이 활동가들이 그것에 대해 매우 비판적이었

다는 것을 발견한다 (Itzin, 1992a: 443). 사회의 많은 수준에서 동성애에 대한 욕망이 억압되고 낙인찍힌 채 남아 있다는 것을 전제로 할 때, 많은 레스비언 및 게이 운동가들이 법에 대한 호소는 성적인 소수 집단을 처벌할 수 있는 국가의 권력만 확장시킬 것이라고 두려워한 것은 이해할 만하다. 예를 들면, 1985년 런던 경찰은 게이 서점에 대한 불시 단속을 감행하여, 고전 문학, 게이 에로티카, 더 안전한 섹스에 관한 인명 구제 정보 등을 포함해 1000권이 넘는 잡다한 품목의 책을 압수하였다. 이러한 경찰의 불시 단속은, 법의 시각에서 볼 때 '포르노적'인 것에 어떤 것이 포함될 수 있는가라는 난처한 질문을 뚜렷하게 부각시켰다. 이와 유사하게 영국에서는 최근 들어 합의에 의한 사도마조히즘 (*sadomasochism*: SM)의 게이 남성 변호사들이 폭력에 대해 말하는 것이 특히 쉬워졌다. 검찰청장은 1990년에 합의에 의한 사도마조히즘에 참여하는 한 모임에서 사적으로 유통시키기 위해 만든 비디오 테이프를 압수한 이후 징역형을 선고했다. 그러나 아이친은 그러한 사건에 비추어서 억압된 성 공동체들의 이름 아래에 수행된 변호들을 옹호하지 않을 것이다.

"이 게이들과 레스비언들은 여성들에 대한 성 폭력과 성차별에 대한 고려보다는 사디스트적인 포르노그라피를 사용할 수 있는 자신들의 권리가 더 우선이라고 굳게 믿고 있다" (Itzin, 1992a: 444). 아이친의 말에 의거하자면, 이 논쟁에서의 전선은 한편으로 레스비언과 게이 해방론자, 다른 한편으로는 여성들의 시민권에 대한 페미니스트 지지자들 사이에 놓여 있다는 것이 드러날 것이다.

그러나 이것은 왜곡된 그림이다. 만일 드워킨과 매키넌의 조례가 어떤 정치적 운동의 대대적인 도전을 받았다면, 그것은 페미니즘의 또 다른 날개 — 그러한 법 제정은 여성들의 성적 해방에 대해 전통적으로 거의 존중하지 않았던 법 제도에 호소하기 때문에 특히 여성들의 삶을 단지 더 나쁘게 만들 뿐이라고 주장하는 페미니즘 — 로부터 나왔다. 따라서 아이친은 자신의 연구가 모든 페미니스트들을 대변한다고 암시함으로써 시민의 자유와 성적 해방에 관해 전적으로 다른 모델들을 지지하는 여성들의 관점을 대표하는 데 실패한다. 그래서 우리는 이 기회에 "포르노그라피는 이론이고, 강간은 실천이다"라는 믿음에 도전하는 페미니스트들의 입장을 간략하게 검토해 볼 필요가 있다.

검열에 반대하는 영국 페미니스트 연합(the British collective Feminists against Censorship)은 자신들의 팜플렛 〈포르노그라피와 페미니즘 Pornography and Feminism〉(1991)에서 드워킨과 매키넌이 포르노그라피가 무엇이며, 무엇을 하는지에 대해 설명하고자 하는 인과 모델을 문제시하는 데 완전히 실패해 버린 운동의 선봉에 서 있다고 주장한다. 검열에 반대하는 페미니스트 연합은 포르노그라피가 많은 여성들에 대한 상당한 공격을 유발한다는 점은 의심할 여지없이 수용한다고 할 지라도, 시각적인 성적 이미지가 남성 소비자들로 하여금 반드시 폭력적인 성적 학대를 수행하게끔 부추긴다고 주장하는 것은 오류라고 말한다. 그들이 볼 때 문제는 드워킨 – 매키넌 조례에 대한 지지자들이 두 가지 잘못된 신념들을 고수하는 방식에 있었다. 첫번째는 사회가 너무나 이중적인 방식으로 성차를 구성하여, 남성들은 적극적인 가학자로, 여성들은 수동적인 희생물로 만든다는 것이다. 두번째는 포르노그라피가 남성들을 세뇌시킨다는 것이다. 검열에 반대하는 페미니스트 연합은 두 가지 신념 모두 동일한 결정주의적 논리를 가정하고 있다고 주장한다. 더욱이 그들은 이러한 각각의 신념들이 유연한 행태주의 *behaviorism*를 배신하는 것이라고

말한다. "행태주의자들은 태도와 반응이 '조건지움conditioning' 혹은 교육의 결과라고 믿는다"라고 페미니스트 연합은 적고 있다. 이런 점에서 우리는 성적 '조건지움'에 대한 아이친의 접근에 대해 잠시 성찰해 볼 수도 있다. "여성들은 강제적이고 고통스럽게 여성성으로 사회화된다." 이와 유사하게 아이친은 다음과 같이 주장한다. "여성들은 종종 자신들이 잘못 표현되고 잘못 취급된다는 것을 인식하지도 못한 채 여성성 및 여자다움 womanhood이라는 상투적인 이미지에 부합하도록 조건지어 진다"(Itzin, 1992b: 61~2).

그러한 '행태주의적' 심리학에 직면한 검열에 반대하는 페미니스트 연합은 "특정한 방식으로 행동하도록 **배운다**는 것은 사실"이라는 것을 받아들인다. 그러나 그들은 "행태주의자들이 어떻게 자의식, 성찰적이고 이성적인 능력 및 감정적 대응이라는 중요한 요소를 빠뜨리는가"를 강조함으로써 결정적인 경고를 덧붙인다(Feminists against Censorship, 1991: 34~5). 행태주의에 대한 그들의 회의가 의미하는 바는, 포르노그라피가 '강간할 경향성'을 창출한다는 관점을 지지하고 아이친과 러셀이 모아 놓은 발견들에 대해 심각한 의심을 품는다는 것을 의미한다. "심리학적 실험으로부터 나온 증거는 모순적이고 불만족스럽다"고 검열을 반대하는 페미니스트들은 적고 있다. 실험실에서 나온 이런 형태의 연구는 "주의 깊게 다루어져야 한다"고 지적하면서, 연합은 이러한 심리학적 연구들이 내포하고 있는 세 가지 주요한 한계점들을 밝힌다.

(1) 이 실험들은 그 인터뷰들이 유도적인 질문들로 가득 차 있다는 사실에 거의 주의를 기울이지 않는다. "그 피험자들은 실험하는 사람들이 듣고 싶어한다고 생각하는 것

을 '보고'할지도 모른다."

(2) 이 보고서들은 포르노적이지 않은 폭력이 각성 *arousal* 을 유발할 수 있는지 없는지에 대해 언급하지 않는다.

(3) 그 연구들은 포르노그라피가 남성들의 일상 생활 중 어디에 맞춰지는지 밝혀 내는 데는 실패한 채, 전적으로 인위적인 상황 속에서 이루어진다.


더욱이 이러한 과학적 연구들은 "포르노그라피는 그것이 아니었다면 폭력적인 행위를 저지를 수 있는 사람들에게 일종 의 해방을 제공한다"는 발상은 염두에 두지 않는다(Feminists against Censorship, 1991: 53).

그렇다면 검열을 반대하는 페미니스트들은 포르노그라피 에 대해 어떤 행동이 취해져야만 한다고 느끼는가? "포르노그 라피는 이론이고, 강간은 실천이다"라는 믿음을 뒷받침하는 근 본주의적 행태주의자들에 대해 의문을 표하면서, 그들은 드워 킨이 "그 문제를 뒤집어 버렸다"는 결론을 내린다(Feminists against Censorship, 1991: 67). "포르노그라피는 사회의 성 차별주의 를 비춰줄 수 있지만, 그것을 만들어 내지는 않았다"라고 그들 은 말한다. 그들의 관점에 의하면, 만일 페미니스트들이 포르 노그라피로부터 여성들을 보호하기 위해서 법 제정을 활용한다 면, 여성 섹슈얼리티의 자유로운 표현에 대해 미칠 결과는 상당 할 수 있다. 그들이 생각하기에, 여성들이 자신들의 성 생활에 대한 통제권을 훨씬 더 많이 갖기 시작한 바로 그 시점에서 포 르노그라피를 공격하는 것은 성인 여성들이 즐길 수 있는 성적 으로 노골적인 상품들을 훨씬 더 심하게 제한할 위험이 있다. "많은 여성들은 페미니스트적인 성적 이미지, 즉 보는 사람이 나 만들어 내는 사람들을 착취하지 않는 이미지를 만들어 내기 위한 모험을 하고 있다"고 그들은 주장한다(Feminists against Censorship, 1991:74). 결과적으로 그들은 포르노그라피에 관해, 가부장적 지배를 반대하는 페미니즘 운동들이 전적으로 잘못 선정한 대상이라고 간주한다. 검열을 반대하는 페미니스트들은 사회의 모든 영역에서 더 많은 표현의 자유를 제공할 것을 요구하면서, "진정한 싸움은 다른 곳에 있다. 그것은 공적이고 사적인 폭력에 대항하는, 불평등한 임금 구조에 대항하는, 소녀와 여성들에 대한 기회 제한에 대항하는 싸움이다"라고 주장한다(Feminists against Censorship, 1991:75).

나란히 놓고 보면, 드워킨 – 매키넌의 조례와 검열을 반대하는 페미니스트들의 팜플렛은 포르노그라피와 성적 불평등 및 성적 욕망과 포르노그라피의 복합적인 관계에 관한 매우 날카로운 핵심들을 보여 준다. 그러나 몇몇 페미니스트 비평가들은 이 논쟁의 극단적인 성격 때문에 고통을 받아 왔으며, 따라서 포르노그라피 반대와 검열 반대라는 두 가지 관점 모두를 받아들이는 중간적인 입장을 정립하려고 노력해 왔다. 이러한 대립적인 입장들 사이를 중재한 작가 가운데 하나가 바로 미국의 법 이론가 드루실라 코넬 Drucilla Cornell 이다. 코넬은 모든 인간 주체가 계급, 인종, 성 혹은 인정된 다른 차이점들로 인해 체계적으로 억압받지 않으면서 일상적인 토대 위에서 자신들이 작동시킬 수 있는 '상상의 영역 imaginary domain' 에 대한 권리를 가져야만 한다고 주장한다. 이 '상상의 영역'이라는 개념을 발전시키면서 코넬은 우리 각각이 그리고 우리 모두가 일관되고 지속적으로 자기 이미지를 추구하는 과정에서 지속되는 투쟁을 강조하는 라캉적 정신 분석학의 사고에 의지한다. 그녀는 포르노그라피가 공공 영역에서 전시될 때, 그것은 "정신적 영역과 육체적인 조화" 모두를 나쁘게 잠식하는 "강요된 관점 enforced *viewing*"을 만들어 낸다고 주장한다(Cornell, 1995: 104~5). 코넬의 관점에 의하면, 이것은 포르노그라피가 근본적으로 여성들에게 공격적이라고 말하는 것과는 다소 다른 주장이다. 대신에 그녀의 논의는, 만일 공공 영역 속에서 그것의 이미지를 칭찬하는 것이 제한된다면 포르노그라피에 대한 자유로운 접근을 인정하는 형태의 규제에 대해 집중한다. 코넬은 '구획짓기 *zoning*'의 실천, 즉 거리와 작업장에서는 생생한 성적 표현을 사용하는 것을 금지하지만, 소매상들이 뒷골목에서 에로틱한 상품들을 파는 것은 금지하지 말 것을 제안한다.

> 내가 주장하는 종류의 구획짓기는 포르노 상품에 대한 용이한 접근을 바라는 사람들을 포함해서 우리들 각자의 상상의 영역을 보호해 준다. 이 정당화는 포르노 상품들이 공격적이라는 개념과 반대되는 것이 아니라는 점을 강조하는 것이 중요하다. 포르노 상품들의 주류인 이성애 장면을 표현할 때 조차도, 그것이 경직되게 상영되었을 때는 그 장면을 넘어서서 자신들의 섹슈얼리티를 개발하려는 시청자들에 의해 다른 방식으로 이용될 수 있다는 점에 대해서 나는 공감 이상의 감정을 품고 있다(Cornell, 1995: 162).

코넬은 이런 종류의 '구획짓기'를 통해, 모든 사람들은 그 혹은 그녀의 '상상의 영역'을 개발하기 위한 최대한의 기회를 가지고 있다고 믿는다.

검열을 반대하는 페미니스트들과 마찬가지로, 코넬은 포르노그라피가 여성의 종속이라는 실제 상황을 실행 혹은 실현시킨다는 믿음에 대해 강력하게 비난한다. 코넬은 되려 성적으

로 노골적인 것들이 재현의 영역을 내재하고 있다고 주장한다. 우리가 만일 포르노그라피의 재현 능력에 주의 깊게 관심을 기울인다면, 생생하게 표현된 그것의 에로틱한 내용은 문자 그대로의 현실이 아니라, 대규모적인 신화를 만들어 낸다고 상상하는 것도 가능할 것이다. 만일 이것이 정말로 사실이라면, 〈허슬러〉 같은 잡지가 여성들에 대한 폭력을 표현하는 것은 다름 아니라 남성들이 자신들 고유의 섹슈얼리티에 대해 방어적이고 조바심을 느끼기 때문일까? 이 질문에 대해 숙고한 후, 코넬은 정신 분석학 쪽으로 선회하는데, 이것은 포르노그라피가 어떻게 이성애적인 남성을, 어린 시절에 자신들의 무의식을 겁나게 만들었던 사건들 즉 어머니가 거세되었다는 오이디푸스적 발견 쪽으로, 그것도 가장 광적인 형태로 강박적으로 되돌려 놓는지를 설명하기 위해서이다. "그 포르노적인 장면은 반복되어야만 한다. 짓눌리고, 사지가 절단되고, 찢겨진 남근적 어머니 *phallic mother*가 무의식의 수준에서 언제나 되돌아 올 것이기 때문이다"(Cornell, 1995: 130). 이 관점에 의하면, 몇몇 이성애적인 남성들은 여전히 어머니가 페니스를 갖고 있지 않다는 것을 상상하는 데 있어 물리적인 어려움을 발견하기 때문에, 포르노그라피는 한때는 무조건적인 모성애의 원천이었던 것을 거세로 인한 부재라는 고통스러운 국면으로 만들어 버리는 에로틱한 분노를 되살림으로써 이러한 환상을 이용한다.

이러한 정신 분석학적 관점을 전개한 사람으로 코넬이 유일한 것은 아니다. 영국의 작가 안젤라 카터 Angela Carter(1940~92)는 폭력적인 포르노그라피를 소비했을 때 남성들이 경험하는 정신적 분노에 접근하는 데 있어서 유사한 비판적 입장을 견지한다. "채찍질, 구타, 도려 내기, 찌르기라는 에로틱한 폭력은 여자의 상처, 즉 거세로 인해 남겨진 피흘린 자국에 대한 기억을 다시금 일깨우는데, 이는 오이디푸스의 신화만큼이나 서구 문화의 심장부 깊이 존재하는 정신적 허구이며, 문화를 생산하는 상상과 현실의 복합적인 변증법 속에서 그 상처와 관련이 된다"(Carter, 1979: 23). 이러한 프로이트적 입장에서 보면, 어머니를 향한 오이디푸스적 분노는 또한 자기 자신의 상징적 거세, 즉 남성적 권력의 특권을 대표하는 중요한 기관의 상실에 대한 소년의 두려움을 포함한다. 린 시걸은 이 점을 염두에 두고서, 남성들은 포르노그라피를 이용할 때 "다른 사람들을 통제한다는 환상을 통해 재확인하고 싶은 욕구"를 가지고 있을 것이라고 말한다(Segal, 1992: 77). 그녀는 "남자의 성적 지배가 지닌 권력과 위험에 대한 페미니즘적인 반포르노 담론에 맞서 논쟁하는 데 있어서, 상징으로서의 남근 *phallus*이 어떻게 페니스에 부착된 심각한 근심과 공포를 만들어 내고 유지하며, 1차적으로 숨기는 기능까지 하는지를 강조하는 것이 매우 중요하다"고 말한다(Segal, 1992: 83). 그녀는 페니스와 남근 사이의 갈등적인 관계를 탈신비화함으로써 정치적으로 획득할 수 있는 것이 많다는 것을 암시한다. 다시 말해서, 남자의 성 기관이 어떻게 그리고 왜 그것에 뒤따르는 신화적인 권력에까지 결코 도달하지 못할 것인지에 대한 심도 깊은 논의가 필요하다.

린다 윌리엄스Linda Williams는 이와 유사한 통찰을 추구하면서, 포르노적인 영화들은 성적 현실을 드러낸다기보다는 종종 그 정의상 시각화하기 불가능한 에로틱한 행위들을 표현하고자 애쓴다는 점을 제시한다. 하드 코어 포르노그라피의 다양한 장르들에 대한 비교 연구서를 쓴 윌리엄스는, 만일 하드 코어 장르가 포착하고자 했던 한 순간이 존재한다면, 그것은 "궁극적인 쾌락의 징후적인 '그것,' 즉 '머니 숏'에 포착된 사정하는 페니스라는 것"을 깨닫는다(Williams, 1992: 242). 그러나 이

영화들은 '머니 숏'에 의해 표현된 쾌락의 절정이 '역설적인 고백'이라는 것을 드러낸다. 이런 종류의 수많은 작품들이 높은 평가를 받는 '머니 숏'을 표현하는 방식을 숙고한 후, 윌리엄스는 주장한다.

> 그것('머니 숏')이 한 생식기의 쾌락, 즉 최종적인 성적 목표의 달성과 절정에 대한 완벽한 전망과 지식을 제공하는 동안, 이러한 목표는 문자 그대로 그것의 표식 *mark*, 즉 그 대상의 생식기를 놓쳐 버린다. 사실 남성적 욕망과 쾌락의 '대상'은 그 틀 속에서 시각적 표현으로서의 전체를 종종 놓쳐 버린다(Williams, 1992: 242).

윌리엄스는 이런 논평을 하면서, 이성애적인 남성 소비자들에게 있어서 포르노그라피의 정확한 호소력이 무엇인지에 대해 다시 생각해 보도록 우리에게 권한다. 이런 류의 성적 표현물은 한편으로는 여성의 생식기에 대한 격정적인 삽입을 향해 나아간다. 그러나 다른 한편, 정의상 삽입 도중에 남성이 사정하는 경험을 시각적 영역으로 가져오는 것은 불가능하기 때문에, 그 '머니 숏'은 쉽게 보여질 수 없는 것을 가능한 한 보상하기 위해서 — 느린 동작과 복합 앵글을 포함해서 — 종종 믿을 수 없을 만큼 정교한 방식으로 표현된다. 더욱이 이런 영화들 속에서 남자의 사정에 대한 반복적인 강조는 틀림없이 욕망의 정확한 대상이 무엇인지에 대한 의문들을 유발시킬 것이다. 그것을 보는 남성이 남근의 상징적 우월성과 **동일시**할 때 그 남자의 사정은 절정의 순간을 제공하는가? 혹은 '머니 숏'은 이 동일한 시청자가 **욕망**하는 것이 여자의 육체라기보다는 페니스임을 제시하는 것인가? 포르노적인 영화들이 '머니 숏'을 재상연하기 위해 어떻게 특별한 기술들을 고안해 내는가 하는 문제를 일단 접어 두면, 어떤 질문에도 명확한 답변을 하기가 어렵다는 것이 판명된다. '머니 숏'이 그렇게 '역설적인 고백'으로 나타나기 때문에, 윌리엄스는 그것이 '시각의 흥분 *frenzy*,' 즉 포르노그라피가 영화 속에 담을 수 없는 절정의 순간을 미화하고자 투쟁하는 그 열렬함을 활성화시킨다고 주장한다. 프로이트의 물신 개념과 마찬가지로, 그녀의 관점 속에서 '머니 숏'은 거세적 상실에 직면하여 욕망을 지탱하고자 하는 전도된 대체물로서 작용한다. 무너질 것 같은 *treacherous* '작은 죽음'을 견뎌내고자 애쓰면서 포르노그라피가 나아가는 것은 그 정도일 것이라고 우리는 생각할 수 있다.

윌리엄스는 《하드 코어 *Hard Core*》(1989)에서, 포르노 영화에서 일상적으로 채용하고 있는 다양한 영화적 기법들이 '머니 숏'의 정교한 대체 양식들을 얼마나 추종하고 있는지 보여 준다. 여기에서 우리는 그것을 이른바 '미트 숏 *meat shot*'과 비교해 볼 수 있을 것이다. 이런 종류의 숏은 가능한 최고로 상세하게 여자의 성적 쾌락을 보여 주기 위해서, 여자의 생식기 쪽으로 할 수 있는 한 가까이 카메라를 가져간다. 그러나 '머니 숏'과 마찬가지로, 이 복잡한 시각적 기술 역시 터무니없는 임무에 직면하게 된다. '미트 숏'에서 카메라는 때때로 이 장면의 목적을 위해 강제적으로 빼내져야 하는 페니스를 대신할 수도 있다. 다른 상황에서는 또 다른 사람의 페니스가 그 여자에게 삽입될 수 있도록 자리를 내 줘야 할 수도 있다. 이러한 다중적인 대체는 다시 한 번 '시각적 흥분'을 고조시킨다.

우리는 그것['미트 숏']이 생식기 쇼와 생식기 이벤트 사이에서 쉴 새 없이 진동하는 것을 볼 수 있는데, 그것은 때로 절정, 최고조, 소유를 의미하지만, 어떤 때는 영화의 '시각 체제 *scopic regime*'는 그러한 절정, 최고조, 소유를 묘사할 수 없다는 부인할 수 없는 사실을 의미한다. 이는 절정의 쾌락이라는 사건은 보여질 수 없다는 단순한 이유 때문이다. 따라서 우리는 보상/거부의 영화적 과정이 포함하는 변화의 역동성 또한 보기 시작한다. 시청자는 그 여성을 만질 수 없기 때문에 그녀를 더 많이 볼 수 있게 된다. 그러나 더 많이 본다는 것은 성적 차이 속에 감추어진 '경이들'에 접하게 됨을 의미하는 것이며, 그 다음에는 다른 누군가가 **안으로** *inside* 들어가는 것을 봄으로써 남성성을 증명하고 싶은 더 큰 욕구를 만들어 낼 수도 있다 (Williams, 1989: 83).

보는 것과 보지 못하는 것, 삽입과 **빼내기**, 보상과 거부. 윌리엄스에게 있어서 이런 것들은 다양한 포르노 장르의, 영원히 탐욕스럽지만 항상 충족되지 않은 욕망들을 만들어 내는 모순적인 구조들이다. 다양한 종류의 많은 포르노 영화들을 본 후에 윌리엄스는 결론을 내린다. "포르노그라피는 문제로서의 성적 쾌락을 만들어 내는 데 있어서 더 많은 섹스, 더 많은 관찰에 대한 욕구를 포함하는 해결책들을 가지고 포르노그라피를 만들어 낸다"(Williams, 1989: 276). 그래서 포르노그라피는 섹스의 궁극적인 진실을 규명하는 것을 목표로 하지만, 단지 탐구하고 싶은 충동을 느끼는 끝없이 에로틱한 신비를 발견할 뿐이다.

포르노그라피가 '섹스에 관한 보다 깊은 사색'을 만들어 내는 특별한 능력을 가지고 있다는 것을 전제하면, '머니 숏'과 '미트 숏'이 남자의 이성애적 소비를 위해 상투적으로 전개된 리비도적 회로를, 그것의 조사하고픈 충동이 훌쩍 넘어 버리는 것은 이해할 만하다. 성적 지식에 대한 그 쉼없는 추구 속에서,

포르노그라피는 다른 많은 신체 부위와 육체적 쾌락을 향해 뻗어 나간다. 몇몇 포르노 영화들은 강제적으로 생식기 쪽에 끌려가지 않는다고 윌리엄스는 강조한다. 예를 들어, 사도마조히즘을 표방하는 영화들은 생식기적인 쾌락보다는 지배와 종속 구조에 더 많이 초점을 맞춘다. 능동적이거나 수동적인 에로틱한 역할 수행을 묘사함에 있어서, 사도마조히즘 포르노그라피는 "시청자나 주인공이 생각하기에 놀랄 만큼 뒤틀리고 꼬여 있는 욕망과 쾌락들에 관한 생각을 유지하게 해 주는 성별(남자냐 여자냐)이나 성 정체성(이성애냐 동성애냐)에 관해 일반적으로 기대하는 경로를 따르지 않는 도착적인 욕망의 실현"을 빈번하게 표현한다(Williams, 1992: 250~1). 그런 영화들은 포르노그라피가 왜 일련의 정체성의 국면 사이에서 성적 환상이 동요할 수 있게 만드는지를 정확하게 보여 줄 수 있는 포괄적인 분석을 분명히 필요로 한다고 윌리엄스는 주장한다. 장 라플랑시와 장 베르트랑 퐁탈리의 유명한 에세이 〈환상과 섹슈얼리티의 기원〉(1986[1964])은 모든 환상적인 투사 *projections*가 어떻게 주체와 객체 사이, 자아와 타자 사이의 급속한 운동을 포함하게 되었는지에 관해 사고할 수 있는 유용한 패러다임을 제공한다고 그녀는 말한다. 라플랑시와 퐁탈리는 "환상은 욕망의 대상이 아니라 그것의 장치이다. 환상 속에서 주체는 대상이나 그것의 기호를 추구하지 않는다. 그는 이미지의 이어짐 속에 사로잡힌 채 나타난다"고 주장한다(Laplanche & Pontalis, 1986: 26). 다시 말해서 이 정신 분석학적 모델은 주체가 환상 속에서 마치 '탈주체화 *desubjectivized*'되는 것 같은 쾌락을 경험할 수도 있다고 제안한다.

거대한 포르노그라피 시장이 이성애적인 '남자만의 영화 *stag film*'를 훨씬 넘어서서 확장하기 때문에, '양성 *bi*'이나 '사도

마조히즘 *sadie - max'* (SM) 포르노그라피 같은 에로틱한 표현들은 엄청나게 다양한 섹슈얼리티를 가진 사람들이 남근에만 영원히 한정되지 않는 욕망들을 향유할 수 있게 하는 혁신적인 가능성을 펼쳐 놓는다고 윌리엄스는 말한다. 포르노그라피가 반드시 성 해방의 도구로 기능할 것이라고 믿는 것은 다소 이상주의적일 수 있음을 그녀가 느낀다고 하더라도, 페미닌 프로덕션 (Femme Productions) 같은 여성들이 이끄는 단체가 "이성애적인 여성들이" "남성 위주의" 장르에서 이전에 누릴 수 있었던 것보다 "더 나은 성적 환상을 원하기 때문에" 설립되었다는 것은 사실이다(Williams, 1992: 283). 윌리엄스는 이 주장들을 개진함에 있어서 분명히 정신 분석학적 개념 틀 내에서 정립된 영화 이론들이 이룩한 진보에 기반하고 있다. 윌리엄스는 프로이트와 라캉의 중심적인 개념 가운데 일부를 채택하고서, 포르노적인 표현 영역은 징체성의 갈등으로 가득 차 있으며, 이성애적인 남성 시청자들이 그들 앞에 놓여진 상상의 광경에 대해 단일한 관점을 채택하는 것을 막고 있다고 주장한다.

그러나 시각적으로 강렬한 성적 환상의 조건을 설명함에 있어서, 윌리엄스는 정신 분석학적 비평에서 행해지는 많은 가정들과 겨루는 주요한 이론적 탐구에 대해서도 언급한다. 포르노그라피가 섹스의 '진실'을 발견할 수 있는 지식을 점점 더 많이 생산하기 위해 노력한다는 그녀의 생각은, 많은 부분이 미셸 푸코의 연구에서 나온 것이다. 푸코는 프로이트적 패러다임은 단지 묘사할 뿐이고 그 결과 그들이 이해하고자 하는 성적 욕망을 영속화할 뿐이라고 계속해서 주장한다. 푸코는 정신 분석학이 급진적인 비판 방법이라는 것을 거의 인정하지 않기 때문에, 지금까지 욕망을 이해해 온 범주 — 오이디푸스 및 거세 콤플렉스 같은 것 — 를 탈신비화하라고 우리를 몰아 부친다. 만일 그렇게 한다면, 우리는 마침내 절대적인 '성의 매개 *agency of sex*' 로부터 자유로워질 수 있을 것이라고 그는 주장한다 (Foucault, 1978: 157). 푸코는 섹슈얼리티가 어떤 식으로든 갈등적인 리비도적 힘 위에 기초한다는 것을 받아들이기보다는, 서구가 왜 성적 욕망을, 내가 존 던에서부터 현대 페미니즘에 이르기까지 이 책에서 추적해 온 발생적(퇴화적) 쾌락의 체제와 성적 욕망을 연관지어왔는가라고 질문한다. 푸코는 자신의 광범위한 연구에서, '성,' '섹슈얼리티,' 그리고 '포르노그라피'가 맨 처음 등장했던 방식, 그것들이 제공해 온 흥미거리들, 그것들이 연이어서 전하고 있는 권력의 종류들에 관한 어려운 사고 속으로 우리를 초대한다. 그는 무엇보다도 우리가 억압과 해방의 장으로서의 섹슈얼리티에 대한 오늘날의 인식을 주조해 내는 담론적 작용에 관해 숙고하기를 요구한다. 다음 장은 삶과 죽음의 문제로서의 섹슈얼리티에 대해 푸코가 품고 있는 극도의 회의주의에 대해 검토해 볼 것이다.

# 4

## 담론적 욕망

# 푸코의 육체

미셸 푸코의 《성의 역사》(1978[1976]) 1권은 프랑스에서 《지식의 의지 *La volonté de savoir*》라는 제목으로 처음 출판된 이래 대단히 이견이 분분한 논쟁의 진원지가 되었다. 이 주목할 만한 저서는 매우 다양한 마르크스주의 사상과 정신 분석 학파들이 주장했던 사회 통제와 억압에 관한 기존의 정설에 이의를 제기한다. 그렇다면 그의 저서가 많은 지식인들에게 문제작으로 여겨진다는 것은 전혀 이상하지 않은데, 그것은 그가 마르크스의 변증법적 유물론을 원용하지 않았거나 프로이트가 정교화한 정신적 실체를 인정하지 않았기 때문이다. 푸코의 서구 에로티시즘에 대한 꾸준한 비판에서 계급 투쟁이나 무의식은 근본적인 역할을 하지 못한다. 그의 목적은 마르크스주의와 프로이트주의 각각에 중요한 계급 투쟁과 무의식에 대한 분석이 어떻게 그들이 설명하려고 했던 바로 그 권력 체계의 그물 안에 걸리고 말았는지 드러내는 것이다. 따라서 푸코의 저작에서 섹슈얼리티라는 용어는 마르크스와 프로이트가 왜 자신들이 분석하고자 했던 문화 법칙을 다시 부과하는 방식을 보지 못했는지 설명하는 데 초점을 맞춘다.

어쩌면 당연한 결과일지도 모르겠지만 푸코에게는 상당히 많은 지식인 반대자들이 생겨났다. 그렇지만 그를 가장 신랄하게 비판한 사람조차도 19세기에 섹슈얼리티라는 용어가 등장한 배경과 이를 동원한 방식에 대한 그의 선구적인 연구가 이제까지 욕망의 의미를 사고했던 방식을 완전히 변화시켰다는 점은 거의 부정하지 못할 것이다. 1984년 때 이른 죽음을 맞기 전 《성의 역사》세 권을 완성한 푸코는 학계와 대중 문화 모두에서 맹위를 떨쳤던 성 과학이나 또 그 뒤를 이은 정신 분석학과 근본적으로 단절한 비판적 패러다임을 제시한 최초의 현대적 지식인이었다. 섹슈얼리티에 대한 그의 독창적인 통찰로부터 영향을 받지 않은 학문 분야는 거의 없으며, 그의 흥미 진진한 《성의 역사》 1권에서 압축적으로 소개된 생각은 문학과 정치학의 다양한 분야에서 활동하는 이론가들 사이에서 생산적인 의견 교환을 촉진시켰다. 《성의 역사》 1권에서 푸코는 우리에게 섹슈얼리티가 왜 과거 100년 동안 그렇게도 관심의 대상이 되었는지 뿐만 아니라 섹슈얼리티가 어떻게 사회 질서를 규제하는 데 상당한 영향력을 행사하는 권력의 매우 강력한 전달체로 집중되었는지에 대해 곰곰히 따져 보아야 한다고 요구하기 때문이다.

푸코는 《성의 역사》 1권에서 권력의 문제를 강조함으로써 자신이 오랫동안 관심을 가져 왔던, 제도가 사회체 *social body*를 유순하게 통제하는 전략들을 만들어 내는 방법에 대한 관심을

확장시킨다. 이보다 앞서 출판된 그의 유명한 저서 가운데《병원의 탄생: 의학 지식의 고고학 The Birth of the Clinic: An Archaeology of Medical Perception》(1963)은 의학적 시선이 특정 형태의 권력을 인간 신체에 행사하는 방식을 분석한 저서이다. 그 후 20년도 더 지난 후에, 푸코는 이런 계통의 사고를 사회 제도들의 감금적 기획과 관련하여 발전시켰다.《감시와 처벌: 감옥의 탄생 Discipline and Punish: The Birth of the Prison》(1977a[1975]) 전반에 걸쳐 그는 어떻게 "감옥이 공장, 학교, 병영, 병원과 유사하며, 이 모든 것들이 또한 감옥과 비슷"한지에 대해 생각해 볼 것을 요구한다(Foucault, 1977a: 228). 그의 방법론 저서인《지식의 고고학 The Archaeology of Knowledge》(1972[1971])에서 이미 예리한 핵심을 차지하던 이론적 어휘를 사용해서,《성의 역사》는 권력이 **담론**을 통해서 사회 질서 안에 퍼져 나가는 방식에 대해 처음으로 자세하게 설명한다. 푸코는 담론, 담론의 형성, 담론 체제와 같은 용어를 통해 한 문화 안에서 바람직한 것과 바람직하지 못한 것, 합법적인 것과 비합법적인 것을 명료하게 나타내기 위해 말하기와 말걸기, 글쓰기가 체계적으로 — 때로는 모순적으로 — 작동하는 역사적으로 다양한 방식들을 언급한다.

　　욕망의 확연한 담론적 조건에 대한 푸코의 선구적 주장의 핵심을 보여 주기 위해, 이 장에서는《성의 역사》1권을 통해서 그가 마르크스주의와 정신 분석을 비판하는 주된 논점을 살펴볼 것이다. 하지만 담론과 지식과 권력 간의 연관성에 대한 푸코의 주목을 진지하게 검토해 보지 않고서는 그 주장을 용인하기가 어렵기 때문에, 논의의 초점을 지배와 종속과 저항에 관한 상당히 논쟁적인 그의 모델을 비판하는 몇몇 마르크스주의적, 페미니스트적, 탈식민적인 입장들에 할애할 것이다. 그러나 푸코의 저서가 계급, 젠더, 인종이라는 전통적인 범주들에 근거하고 있지 않다는 점 때문에 논쟁거리가 되고 있음에도 불구하고, 그의 연구는 이성애의 지배를 유지시키는 제도적인 전략들, 담론의 형성 그리고 권력/지식의 구조들을 추적한 당대의 성 급진주의자들의 비판적 작업을 강력하게 추동했다. 만일 《성의 역사》가 어떤 연구 분야를 형성시키는 수단이 되었다면, 그것은 확실히 1990년대 초 이후 활발한 작업이 이루어지고 있는 퀴어 이론*queer theory*의 경우에서 가장 잘 나타날 것이다. 이 이론은 푸코의 작업을 모범으로 삼아 정상적인 성 행위를 강화하고 당연시하는 전제들에 저항한다. 퀴어 이론에서 푸코의 중요성은 그가 에로티시즘의 담론적 형성을 무엇보다 강조한 것에 있으며, 특히 우리가 19세기 후반에 사용했던 섹슈얼리티라는 말을 '동성*homo-*'과 '이성*hetero-*'이라는 제한된 이분법적인 형태로 말하고 사고하게 되면서 욕망이 어떻게 그리고 왜 심각하게 억압되었는지 강조한 것에 있다.

그렇다면 우리는 푸코의 혁신적인 섹슈얼리티 모델에 어떻게 접근해야 할 것인가? 《성의 역사》에서 발췌한 몇몇 단락은 그의 중요한 주장을 잘 보여 준다. 그의 간결한 《성의 역사》 1권의 대략 2/3 지점 쯤에서 푸코는 섹슈얼리티에 관한 자신의 견해를 분명히 밝힌다.

> 섹슈얼리티는, 이를 억누르려고 자신을 전부 소진하지만 흔히 그것을 완전히 제어하지는 못하는 권력에 대해 본래 이질적이고 결코 순종적이지 않은 다루기 어려운 충동으로 묘사되어서는 안 된다. 그것은 오히려 남자와 여자, 젊은이와 노인, 부모와 자녀, 교사와 학생, 성직자와 세속인, 관리와 일반인 사이의 권력 관계에서 특별히 농밀한 통과점으로 나타난다. 섹슈얼리티는 권력 관계에서 가장 다루기

어려운 요소가 아니라, 가장 많은 술책에 이용될 수 있고 가장 다양한 전략들을 위한 거점 또는 연결점의 구실을 할 수 있기 때문에 오히려 수단으로 이용될 가능성이 가장 큰 요소 가운데 하나이다.

　　모든 사회에 유효하고 성 *sex*의 모든 구체적인 발현 현상에 한결같이 영향을 미치는 단 하나의 총체적인 전략은 존재하지 않는다. 예컨대 모든 성을 생식 기능과, 이성애적이고 성인에게 적합한 형태 그리고 결혼의 합법성으로 몰아넣으려는 시도가 온갖 수단을 통해 되풀이되어 왔다는 관념은 남녀 양성과, 서로 다른 연령층, 혹은 다양한 사회 계층에 관련된 성에 관한 상이한 정책에 동원된 다양한 수단과 그러한 것을 통해 이루려는 다양한 목적을 설명하지 못한다(Foucault, 1978: 103).

　　푸코는 성 과학과 정신 분석에서 가정하듯이, 섹슈얼리티는 서구 문화가 애써 억압하려는 격정적인 수력水力과 같은 것이라고 전제하기보다는 에로티시즘에 관한 이러한 특정한 사고가 근대 문화 안에서 권력이 분배되고 매개되며 생산되는 방식에 관해 우리에게 이야기해 주는 것을 폭로한다. 이것이 바로 푸코가 섹슈얼리티를 권력 관계에서 농밀한 통과점으로 기능하는 개념으로 설정하려는 이유이다.

　　따라서 푸코는 에로티시즘이 어떻게 그리고 왜 불평등의 구조와 결합하는지에 대해 설명한다. 그렇지만 그 뒤에 바로 그는 우리가 이러한 권력 관계를 전체적인 제도적 틀 안에서 지배하는 자와 지배당하는 자 사이의 정적인 불평등 관계로 사고하지 않도록 하기 위해, 섹슈얼리티에 관한 생각은 반드시 개인들 집단 간의 결정적이고 불변적인 불평등을 낳는 것은 아니라고 덧붙인다. 그는 이성애적 결혼 같은 성 제도의 지배가 모든 것을 결정하는 하나의 원천이라고 보는 것은 현명하지 못하다고 말한다. 즉, 서구 사회에서 이성애적 관계가 헤게모니를 장악한 것을 단순히 재생산에 대한 문화적 강제 때문이라고 보는 것은 적절하지 않다는 것이다. 푸코의 주장대로, 이러한 섹슈얼리티의 조직화된 형태가 우위를 점하게 된 것은 그럴 만한 이유가 있는데, 그것은 남자와 여자, 세대, 계층 간의 차이를 문화적으로 관리하는 것과 관계가 있다. 푸코의 주장은 르네상스에서부터 현재까지 진행된 가족의 변화를 살펴보면 명확해진다. 서구 가족의 역사는 낭만적 사랑에 기반한 동반자적 결혼이라는 현재의 이상이 18세기 들어 광범위한 친족의 연대와 경제적 교환에 훨씬 더 역점을 두었던 이전의 가족 모델을 대체하기 시작했다는 것을 보여 준다. 이성애적 결혼에 관한 어떠한 논의든 권력 관계가 나타나는 시대에 따라 그러한 관계가 어디에 존재하는가에 관해서는 매우 광범위한 고찰을 하게 마련이다. 이러한 해석의 틀을 통해서 보여진 섹슈얼리티 개념은 남녀와 세대, 계층을 서로 구별하는 참으로 명확한 — 역사적으로 우연일 수도 있는 — 분리가 존재한다는 생각으로 명료화된다. 하지만 이러한 권력의 차이가 서로 모순적으로만 교차하는 복잡한 방식을 고려하면, 문제의 그러한 관계는 역동적이고 활발히 움직이는 상태에 있다. 따라서 푸코는 섹슈얼리티에 관한 비판적 연구는 특권과 박탈의 다양한 유형 간의 비획일적인 형태를 민감하게 포착해야 한다고 주장한다. 계층, 세대, 인종 그리고 성 — 섹슈얼리티를 이해하기 위한 지도 그리기에 중요한 몇 가지 범주들을 제공해 주는 — 은 서구에서 권력이 분배되는 방식에 관한 우리의 지식을 복잡하게 할 수 있는 요소들이다. 따라서 우리가 이러한 권력의 다양한 좌표 사이의 접촉면을 탐구한다면 지배와 복종의 대단히 복잡한 재편 양상을 파악할 수 있게 된다. 푸코에 따르면 그러한 모델은 지배와 복종을 산뜻하게 구분하는 수동적인 '상-하' 위계제의 수직적 이분법에 호소하는 모델보다 확실히 나은 이점이 있다.

성은 중세 이후 육신의 죄를 속죄하라는 기독교의 명령에 따라 침묵을 당해 온 것이 아니라 주체할 수 없을 정도로 폭발적인 담론의 주제였다는 자신의 기본적인 전제를 입증하기 위해 푸코는 이러한 분석을 정교화한다. 우리는 흔히 점잖은 체하는 빅토리아 시대의 문화는 섹슈얼리티를 침묵시키기 위해 온갖 수단을 다 동원했다고(여자와 어린아이의 자위를 금지하는 방법을 생각해 내는 것에서부터 성적인 암시를 주는 피아노 다리를 휘장으로 감추는 것까지) 믿고 싶어하지만, 푸코는 이러한 전력 투구의 노력이 목표했던 바가 들끓는 욕망을 억압하는 것이었다는 착각을 여지없이 무너뜨린다. 대신 그는 섹슈얼리티가 그 당시에 엄청나게 장황하게 이야기되었던 주제였으며, 따라서 성을 침묵시키려는 욕망 자체가 역설적으로 어떻게 해도 막을 수 없는 담론이 되었다고 주장한다. 푸코는 이러한 흥미로운 역설적 상황에 초점을 맞추면서 성의 억압된 본질에 대해 이야기하려는 욕망은 그것이 해독하고자 하는 바로 그 구조에 관여하고 있다고 말한다. 그는 자신이 '담론에의 선동'이라고 부른 이러한 상황을 다음과 같이 설명한다.

> 우리의 지난 3세기를 특징짓는 것은 성을 숨기려는 한결같은 배려나 언어의 일반적인 점잖음이라기보다 성에 대해 말하기 위해, 그것에 대해 말하게 하기 위해, 그것이 자신에 대해 말하리라는 약속을 받기 위해, 그것에 대해 말해지는 것을 듣고 기록하고 베껴 쓰고 재분배하기 위해 사람들이 발명한 도구들의 다양성이며 그것들의 광범위한

확산이다. 성의 주위에 다양하고 특수한 강제적 담론화의 그물이 온통 둘러쳐져 있다. 다시 말해서, 언동의 점잖음을 강요한 이성의 시대에 시작된 대대적인 검열이라기보다, 규제되고 동질이상적인 담론에의 선동이 전개되었다 (Foucault, 1978:34).

이러한 주장은 서구에서 지난 150년 동안 성이 논의되었던 방식을 날카롭게 공격하는 측면이 있다. 근대 서구 문화가 성의 말할 수 없는 점 *unspeakability*에 대해 말하는 방법들을 생각해 낼수록, 성 그 자체는 공공연한 비밀이 되었고 공적 영역에서는 감추어야 할 추문이 되었다. 그러한 주장은 검열이 몇 가지 측면에서 정반대의 목적을 달성할 수 있음을 의미한다. 검열은 섹슈얼리티를 침묵시켜야 할 뿐만 아니라 법의 지배 아래 종속시켜야 할 것이 정확히 무엇인지 규정해야 한다. 이것은 불법적이라고 간주된 어휘를 사용해서 말할 수밖에 없는 많은 법적 판결들에 영향을 미친 교묘한 책략 가운데 하나이다. 예컨대 미국에서 1990년대 중반에 "나는 동성애자이다" 하고 말하는 사병의 경우, 그가 어떻게 군대에서 쫓겨날 수 있는지를 생각해 보자. 이런 고백을 처벌하는 법은 그들을 고발하기 위해 "나는 동성애자이다"라는 말의 의미를 정확히 규정해야 한다. 이런 경우에 섹슈얼리티는 모순적인 권력의 통과점이 되며, 이로써 법의 권력을 쥐고 있는 재판부는 최소한 이론적으로는 자신이 처벌하는 그 범죄를 저지르는 것이다. 그렇다면 푸코는 확실히 자신이 '억압 가설'이라고 부른 것과 단호히 결별한다. 이런 주장에 따른다면, 그러한 '담론에의 선동'이 존재하는 사회를 어떻게 성적으로 억압되었다고 말할 수 있겠는가?

이러한 포괄적인 주장을 뒷받침하기 위해 푸코는 섹슈얼

리티를 둘러싼 복잡한 담론들을 통해 권력이 어떻게 행사되었는지를 잘 보여 주는 19세기의 네 가지 현상들을 살펴본다. 이러한 예를 설명하면서 그는 '**생체 통제 권력** biopower 의 시대'가 열리는 것을 볼 수 있다고 주장한다. 이 시기는 '육체의 종속과 주민의 통제를 위해 다양하고 수많은 기술들이 폭발'(Foucault, 1978: 140)적으로 나타났던 시대이다. 첫째, 그는 어떻게 '여성의 몸이 온통 성적 욕망으로 가득 찬 육체로 분석되었는지, 즉 어떻게 그렇게 규정되고 규정되지 않았는지'를 고찰한다. 이 점은 1장에서 빅토리아 시대 말의 몇몇 성 과학 논문들을 살펴보면서 이미 분명해졌다. 이러한 '여성 육체의 히스테리화'는 다양하지만 서로 연관된 기능들을 수행했다. 사회체, 가족 그리고 아이들과 각각 '유기적인 교섭'을 유지하는 것이 바로 그것이었다. 각 영역을 유지하기 위해 여성의 육체는 그들의 재생산 능력, 아내로서의 적합성, 어머니로서의 건강함을 지키기 위해 주의 깊게 감시되었다. 이와 비슷한 맥락에서, 푸코는 권력의 통과점이 어떻게 '어린이의 성에 대한 교육화'라고 자신이 부른 것, 즉 어린아이들은 당연히 자위 행위를 할 것으로 여겨지면서 동시에 그것은 자연을 거스르는 것이고 따라서 해서는 안 될 행동으로 여겨지는 모순적인 지식을 낳는 어린이 육체의 감시에서 특히 활발하게 작동하고 있는지를 인식한다. 어린이의 욕망을 교화하기 위해 부모와 가족들이 이 문제에 개입했을 뿐만 아니라, 의사와 심리학자, 교사들까지도 그것에 반대하는 견해를 전개했을 것이다. 따라서 어린이의 섹슈얼리티는 억압되어야 할 위험한 것으로 여겨졌다. 셋째, '생식 행동의 사회화'는 이성애적 성교가 점차 도덕적 책임을 지지하는 담론과 결합되었다는 것을 입증해 준다. 즉, 인구 통제 이론가인 토머스 맬더스 Thomas Malthus (1766~1834)의 지침에 따라 사회는 점점 부모들에게 아이들을 적합한 환경에서 출산하도록 권장했다. 이러한 맬더스적 논리는 20세기에 들어와서도 결혼한 부부가 다양한 출산 통제 방법(콘돔, 에스트로겐 알약, 살정제, 정관 절제술 등)을 사용하도록 더욱 압력을 가하는 방식으로 관철되었다. 마지막으로, 푸코는 '성 도착적 쾌락의 정신 의학화'를 발견하는데, 이로 인해 성 본능은 자율적인 지위가 부여되었고 그것의 건강한 표출을 병리적인 형태와 뚜렷하게 구분하려는 분석이 나오게 되었다. 그렇다면 이러한 토대 위에서 '여성 히스테리자, 자위하는 어린이, 맬더스적 부부, 성 도착적 성인'은 19세기에 섹슈얼리티가 통제의 기술로 등장한 지점에서 분명한 구성물로 기능했다(Foucault, 1978: 104~5).

푸코가 열거한 섹슈얼리티의 이러한 네 가지 형상을 그의 나머지 연구들과 분리하여 독해한다면, 그것은 그의 권력 이론이 파헤치고자 했던 기능주의를 내포하게 될 것이다. 각각의 성 유형이 어떻게 국가 통제와 제도적 조작의 수단으로 이용되었는지를 강조하게 되면 이러한 육체들이 이들을 빈틈없이 감시하는 법에 완전히 장악되어 있다고 주장하는 것으로 쉽게 이해될 수 있기 때문이다. 이런 잘못된 비판과 쓸데없는 언쟁을 벌이지 않기 위해 푸코는 자신의 연구 상당 부분을 자신이 분석한 권력 형태가 어째서 법 — 문화적이든 국가적 형태이든 — 이 항상 위로부터 권위를 부과하는 수직적인 종속 모델에 근거하고 있지 않은지를 밝히는 데 할애한다. 오히려 그는 권력은 분명히 **생산적인** 관계, 즉 그것이 행사되는 순간 저항을 낳는 것이라고 주장한다.

권력은 아래로부터 나온다. 즉, 지배하는 자와 지배당하는 자 사이의 전체적인 이항 대립, 위에서 아래로 그리고 또 사회체의 밑바닥에 이르기까지 점점 더 제한된 집단들에 영향을 미치는 그 이원성이 권력 관계의 원리에 일반적 모체로서 자리잡고 있는 것은 아니다. 그보다는 생산 기구, 가족, 제한된 집단, 제도들 안에서 형성되고 작용하는 다중적인 세력 관계가 사회체 전체를 가로지르는 매우 폭넓은 분열의 효과를 낳는 기저에 존재한다고 추정해야 한다 (Foucault, 1978: 94).

이 단락은 한 가지 점을 명백히 한다. 우리가 만일 어떻게든 피통치자를 완전히 위에서 아래로 억압하는 것으로 권력을 이해했다면, 우리는 특정 이데올로기가 우위를 정하게 되고 저항 세력을 진압하는 방식에 대해 대단히 단순하게 이해하고 있는 것이다. 오히려 푸코는 모순이 어떻게 억압자와 피억압자를 우리 대 그들이라는 변증법적 방식이 아닌 그들의 '엄밀한 관계적 성격'으로 갈라놓는지에 대해 섬세하게 이해할 것을 주장한다. 그가 보기에 권력 관계는 '다양한 저항점들'에 의해서만 존재한다.

그것들은 권력 관계에서 반대자, 표적, 버팀목, 공략해야 할 모난 부분의 역할을 수행한다. 이러한 저항점들은 권력망 도처에 존재한다. 따라서 단 하나의 위대한 '거부'의 지점, 반항의 정신, 모든 반란의 원천, 혁명가의 순수한 규범은 존재하지 않는다. 그 대신 제각기 특별한 경우인 여러 저항들, 이를테면 가능한 것, 필요한 것, 있음직하지 않은 것, 자연 발생적인 것, 난폭한 것, 외로운 것, 합의된 것, 은밀히 퍼지는 것, 격렬한 것, 재빨리 타협하는 것, 이해 관계로 일어나는 것 또는 희생적인 것이 있다. 정의상 이러한 저항들은 권력 관계의 전략 영역 안에서만 존재할 수 있다. 그러나 이것은 그 저항들이 권력에 대한 반발 또는 실속 없

는 보복일 뿐이며, 기본적인 지배와 관련하여 언제나 수동
적이고 결국 패배하게 되어 있는 이면을 이룬다는 것을 의
미하지 않는다 (Foucault, 1978: 96).

이런 구조를 자세히 설명하면서 푸코는 노예와 주인의 대
립을 상정하고 (헤겔의 《정신 현상학》[1807]에서처럼) 프롤레타리
아와 자본가의 대립을 상정했던 (엥겔스[1820~1895]와 마르크스의
《공산당 선언 Communist Manifesto》[1848]에서처럼) 이제까지의 정치
모델을 암암리에 비판한다. 그의 시각에서 헤겔과 마르크스의 이
원화된 권력 분석 방법으로는 섹슈얼리티 같은 복잡한 현상을 이
해할 수 없다.

그렇다면 우리는 섹슈얼리티의 맥락에서 복잡한 '권력 관
계의 관계적 성격'을 어떻게 이해할 수 있을까? 《성의 역사》1권
에 나오는 가장 유명한 예 가운데 하나는 푸코의 권력에 대한 독
특한 시각을 잘 보여 준다. "섹슈얼리티의 장치"란 제목의 장에
서 푸코는 섹슈얼리티가 어떻게 권력 행사의 지점으로 이용되
었는지 환기시켜 주는 몇 가지 '규칙'이나 '경고성 처방전'을
확인한다. 이러한 '규칙' 가운데 하나는 "담론의 전술적 다가
성多價性"과 관련된다. 이 소제목은 '담론이 권력의 도구이자
동시에 결과일 뿐만 아니라 방해하는 것, 장애물, 저항점 그리
고 정반대되는 전략을 위한 출발점이 되는' 방식을 나타낸다.
권력이 어떻게 다가적으로 — 그리고 결국 역설적으로 — 작동
할 수 있는지 보여 주기 위해서 푸코는 19세기 말에 성 도착을
분류하고 낙인찍고 감시한 사실에 대해 살펴본다.

동성애, 성 도착, 소년애, '정신적 양성 구유'의 갖가지 종
류와 아류에 관한 일련의 모든 담론이 19세기의 정신 의학

과 법 해석, 문학에 출현함으로써 확실히 이러한 '성 도착'의 영역에 대한 사회적 통제가 매우 강하게 전개될 수 있었다. 그러나 그것은 또한 '역의' 담론이 형성되는 것을 가능하게 했다. 즉, 동성애는 흔히 그것을 의학적으로 폄하하는 데 쓰였던 동일한 어휘와 범주들을 이용해서 자신에게 유리하게 말하기 시작했고, 자신의 정당성이나 '자연성'을 주장하기 시작했다(Foucault, 1978: 101).

여기에서 푸코는 지배적인 병리학 담론이 동성애를 폄하하려고 하자 성 해방의 저항 담론은 동성애 욕망이 완전히 자연스런 조건이라고 주장했다고 말한다. 통제된 질서를 만들어 내고자 했던 담론은 자신이 지배하려고 했던 것들에 오히려 힘을 실어 주었다. 다시 말해서 성 과학의 범주들은 그것을 누가 이용하느냐에 따라 양날의 칼로 이용될 수 있었다. '동성애자'라는 말은 임상적인 정의로 이용될 수 있고 따라서 동성만을 욕망하는 남자와 여자를 환자로 규정할 수 있다. 다른 한편, '동성애'는 완전히 건강한 선천적 조건이라고 고백될 수 있으며 따라서 성적 소수 집단이 함께 운동을 전개해 나갈 수 있는 무대를 제공할 수 있다.

그러나 역사적인 증거는 푸코의 '역의' 담론 모델에 중대한 문제가 있음을 보여 준다. 그는 동성애자들이 의사와 심리 치료사 그리고 사회 과학자들이 애초에 그들에게 해로운 목적을 위해 만든 정체성을 그들 스스로 옹호했다고 잘못 암시한다. 동성애자 해방 운동가들이 바로 동성애 욕망을 이론화하는 데 개척자들이었기 때문이다. 1장에서 지적했듯이, 성 급진주의자인 칼 하인리히 울리히스는 동성애라는 용어를 결코 사용하지 않았다(pp.41~51 참조). 오히려 그는 '남성 간의 사랑 *man -manly love*'이 완전히 자연적인 성 도착의 형태이고 그것을 통해 여성의 정신이 남성의 육체 안에 깃들어 있다는 생각을 확고하게 했다. 이와 비슷하게, 동성애라는 말 자체를 생각해 낸 캐롤리 벤커트 Karoly Benkert(1824~82)는 울리히스와 같은 생각을 가지고 있던 헝가리의 성 급진주의자였다. 벤커트가 동성애자라는 말을 처음으로 사용한 것은 1869년이었다. 그러한 사실은 '역의' 담론에 관여했던 사람이 동성애자 해방 운동가들이 아니라 성 과학자들이었다는 점을 분명히 보여 준다. 크라프트에빙과 그의 동료들은 '동성애'를 동성애 욕망을 해방하고자 하는 운동가들에게서 나온 말로 이해했고, 따라서 이 범주는 즉각 임상적인 준거틀 안으로 들어갔다. 하지만 그러한 세부적인 사항들이 권력은 항상 억압적인 군주법에 의해 부과되는 것은 아니라는 점을 보여 줌으로써, 권력이 담론을 통해 굴절될 수 있다는 푸코의 일반적인 주장이 반드시 설득력이 없는 것은 아니라는 점을 덧붙여야 한다. 오히려 권력은 '역의' 담론이라는 개념이 나타내듯이, 복잡한 '다가적인' 조건에 놓여 있다.

푸코의 '관계적인' 따라서 '다가적인' 권력 개념이 계급 투쟁의 이원성에 관한 마르크스주의적 견해를 비판한 것이라면, 권력이 군주법에 복종하게 만든다는 생각을 공격한 것은 바로 정신 분석을 겨냥한 것이다. 그가 보기에, 지난 200년간 섹슈얼리티가 이를 엄밀하게 탐색하려고 했던 법률의 지배를 확고하게 받고 있었음을 주장하는 엄청난 이론적 노력이 있었고, 정신 분석은 단지 그런 경향을 확인했을 뿐이다. 그렇지만 그는 법과 정신 분석, 섹슈얼리티 사이의 제휴를 이해하려면, 서구 문화가 사회 질서를 유지하기 위해 노력했던 방식에 대한 훨씬 폭넓은 이해가 필요하다고 주장한다. 한 예로, 푸코는 섹슈얼리티의 종속이 파시즘이라는 가장 끔찍한 형태로 완결된 인종적

이데올로기들을 무수히 퍼뜨렸던 19세기 말의 과학적 우생학 담론의 발상과 동시에 일어났다고 주장한다. 그에 따르면 섹슈얼리티와 인종 차별주의는 서로 맞물려 있다는 것이다. 비록 섹슈얼리티와 인종 차별주의의 이런 결합이 처음에는 이상하게 들리겠지만 둘 사이에는 중요한 연관성이 있다고 그는 생각한다. 이 연관은 피를 연상시키는 말을 통해서 이루어지며, 이 말은 중간 계급들이 어떻게 두 전선에서 그들의 정치 권력을 확립하지 않을 수 없었는지를 보여 준다. 첫째, 부르주아들은 "훌륭한 결혼을 결정"하고 "원하는 만큼 출산"하며 "아이들의 건강과 장수를 확보"해서 결국 그들의 피의 연대를 강화함으로써 기존의 귀족적인 부계제 모델을 흡수하고 변형시켰다. 둘째, 부르주아들은 점차 "피의 순수성을 지키고 인종을 뛰어나게 하려는 신화에 충실한 배려"를 중시했다(Foucault, 1978: 148~9). 이러한 두 가지 형성물 간의 연관은 근친상간적인 잡혼과 인종적인 잡혼이 어떻게 이 시기에 오랫동안 관심거리가 된 문제였는지 생각하면 가장 잘 이해될 수 있다. 이 두 가지 행위는 성적 순수성과 존중해야 할 가치를 지키기 위해 체계적으로 불법화되었고 이로써 계급 권력과 인종 권력을 유지시켰다.

'피'에서 연상되는 의미를 생각하면, 정신 분석에 대한 푸코의 예리한 비판을 좀더 이해하기 쉬울 것이다. 2장에서 보았듯이, 프로이트의 정신에 대한 탐구는 대체로 병리적인 것으로 진단하는 성 과학의 연구 경향과 단절했다. 그러나 푸코가 보기에 프로이트의 성적 발달에 대한 연구는 계속적으로 개별 주체들이 무의식적으로 달성한 성애적 동일시를 통제하는 문화적 법률에 호소한다. 푸코는 프로이트의 오이디푸스 콤플렉스와 거세 콤플렉스라는 전반적인 이론틀이 성 도착과 변태에 관한 이전의 이론을 아무리 비판한다고 해도, 그것이 어떻게 섹슈얼리티와 문화적 금지 사이의 뗄 수 없는 연관성을 전제했던 기존의 입장을 받아들이는지를 강조한다.

> 일상 생활의 섹슈얼리티를 통제하고 관리할 목적이 있는 이러한 권력 기제들로 억압당해 있을 돌이킬 수 없이 증식하는 것을 정신 분석이 의심쩍은 시선으로 바라보았다는 것(그것도 출현 당시부터, 다시 말해서 성 도착에 관한 신경 정신 의학과 단절하는 순간부터)은 정신 분석 — 또는 적어도 정신 분석에서 찾아볼 수 있었던 매우 일관성 있는 것 — 의 정치적 명예이다. 거기에서부터 섹슈얼리티를 법 — 혼인, 금지된 근친혼, 군주-아버지의 법 — 에 기초하게 하려는, 요컨대 욕망의 주위에 권력의 옛 질서를 모조리 불러내려는 프로이트의 노력이 생겨난다(이는 그것과 동시대의 현상이었던 인종 차별의 거대한 발흥에 대한 반발에서 나온 것이다). 정신 분석이 — 몇 가지 예외를 제외하면 대체로 — 이론의 면에서든 실천의 면에서든 파시즘과 대립하는 입장에 있었던 것은 이것 때문이다. 하지만 정신 분석의 이러한 입장은 특정한 역사적 상황에 결부되어 있었다(Foucault, 1978: 150).

푸코의 지적대로, 프로이트는 자손을 강하게 하고 정화하려는 우생학적 노력을 통해 인종의 피를 보존한다는 관점에서 섹슈얼리티를 이해할 수 있다는 19세기 말의 생각을 거부했다. 그렇지만 여기에서 푸코는 프로이트가 그러한 인종 차별적인 사고에 반대했음에도 불구하고 섹슈얼리티는 부모와 자식 사이에 에로티시즘적 동일시라는 대단히 복잡한 영역을 지배하는 문화적 금지에 종속되어 있다는 견해를 발전시켰다고 주장한다. 다시 말해서 정신 분석이 아무리 섹슈얼리티를 부르주아지의 인종적인 피의 존속을 뒷받침하는 법 체계와 단절시키려고 했어도, 프로이트는 섹슈얼리티를 추상적인 금지의 틀 안에 가둔 채 특정한 에로티시즘적 동일시를 결정하는 콤플렉스 체계를 정교화했다는 것이다. 푸코가 보기에, 이러한 정신 분석적 사고의 특정한 성격은 역설적으로 프로이트적 사상이 전반적으로 반대한 인종 차별주의가 지지했던 바로 그 논리와 손잡게 한다. 다시 말해서 아리아 인종의 순수성을 지키기 위해 공포 정치를 펼쳤던 파시즘의 논리와 연결시킨다. 푸코의 주장은 확실히 서구 문화가 섹슈얼리티는 욕망을 최대한으로 규제하는 일련의 금지들과 대립하면서 규정되었다는 생각에 얼마나 깊이 빠져 있었는지 보여 주고자 한다. 그러나 푸코의 주장에 대한 철저한 반직관적 논리는 강제적인 체제 아래서의 집단 심리를 이해하려는 프로이트의 일관된 노력보다 정신 분석적 법에 대한 푸코의 저항에 대해서 더 많은 것을 이야기할 것이다 (Freud, *Group Psychology and the Analysis of the Ego* [1921] XVIII, pp.67~143 참조).

그렇지만 푸코가 주목한 것은 단지 정신 분석이 섹슈얼리티를 지배적 법률에 매여 있도록 하는 방식만은 아니었다. 그는 프로이트의 무의식 연구가 중세 이후 인간의 섹슈얼리티를 이해했던 것과 유사한 규제 모델을 확장시키기도 했다고 주장한다. 문제의 규제 모델은 로마 가톨릭 교회에 의해 제도화된 종교적 고백이다. 이러한 종교적 고백이 문화적 법률의 통제 기제를 통해서 섹슈얼리티의 억압된 상황을 해석하고자 했던 것처럼, 정신 분석은 성 과학자들이 이미 얼마 동안 이용하고 있었던 병력 *case history*의 형태를 활용했다. 푸코에게 병력은 죄의 진상을 드러내는 종교적 고백의 현대판일 뿐이다. 그가 보기에 정신 분석은 성 행위가 공개된 분석의 해방적 광명 안으로 들어 오게 해야 할 억압된 현상임을 강조하기 위해 고백이라는 기존의 구조 위에 확립된 것이다. 푸코의 주장대로, 프로이트의 작업에서 "아주 오래 전에 형성되었던 대단한 고백의 요구는 정신적 억압의 제거 명령이라는 새로운 의미를 띤다"(Foucault, 1978: 130). 그는 정신 분석의 토대가 되었던 '억압 가설'이 20세기 사상에 미친 강력한 영향력을 어느 누구도 과소 평가할 수 없을 것이라고 말한다. 푸코는 프로이트의 연구가 좌파 사회 이론가인 빌헬름 라이히 Wilhelm Reich(1897~1957)의 작업에 미친 중요한 영향력을 언급한다. 라이히는 《강제적인 성 도덕의 위반 The Invasion of Compulsory Sex – Morality》(1971[1931])이나 《성의 혁명 The Sexual Revolution: Towards a Self – Regulating Character Structure》 (1945) 같은 저작들에서, 성욕을 해방시키는 반억압 투쟁에 온전히 헌신할 때에만 사회가 혁명적으로 변화될 수 있다고 주장한다. 라이히는 1931년에 "성적 만족과 승화의 사회적 가능성이 없다면, 정신 조직이 교육의 영향으로 인해 현재의 가능성을 활용하지 못할 정도로 왜곡되었다면, 신경증, 성 도착, 이상 성격, 성 생활의 반사회적 표출 그리고 행위의 장애가 적잖게 나타날 것"이라고 말했다(Reich, 1971: 154). 푸코의 시각에서 볼 때, 이러한 라이히의 이론은 단지 '거대한 섹슈얼리티의 장치 안에서의 전술적 이동과 반전'을 나타낼 뿐이며, 따라서 라이히의 저서를 에로티시즘과 문화적 금지가 복잡하게 얽혀 있는 기존의 확고한 신화에서 벗어나지 못했다고 지적한다.

이와 유사한 주장이 1984년에 프랑스에서 출판된 《성의 역사》 이후 두 권의 책에서도 나타난다. 그러나 이 후속 저작들은 성 과학이 등장하기 이전의 시기로 거슬러 올라간다. 《쾌락의 활용 The Use of Pleasure》(2권)과 《자아에 대한 배려 The Care of the Self》(3권)는 서구에서 섹슈얼리티에 이름이 부여되기 이전인

수백 년 전 고대 에로티시즘의 조직화를 고찰한다. 이 저서들에서 푸코는 섹슈얼리티의 근대적 개념의 기초가 된 위험한 전제들을 해체하려는 자신의 좀더 폭넓은 정치적 기획의 일부에 해당하는 수많은 선구적 주장들을 입증한다. 푸코는 근대적인 '섹슈얼리티의 장치'로는 그리스인들과 그리스 로마인들의 성 생활을 설명할 수 없다고 주장한다. 푸코는 근대 서구 문화의 욕망을 분석할 때 매우 유익한 고대 그리스 로마 시대의 '쾌락의 활용'과 '자아에 대한 배려'에 관한 몇 가지 생각을 강조한다. 그는 이러한 두 가지 고대의 가르침이 20세기 전반에 걸쳐 섹슈얼리티를 규제했던 법률 만능의 금지에 도전한다고 믿는다. 푸코가 당시 인터뷰에서 진술한 내용과 함께 이 두 저서들에서 몇 가지 핵심적인 단락을 살펴보면, 우리는 그리스 로마 시대의 문화에 대한 그의 분석이 어떻게 섹슈얼리티와 체계적인 금지 사이의 근대적 결합을 분리시키려는 야심찬 모험에 해당하는지를 좀더 분명하게 알 수 있을 것이다.

《쾌락의 활용》에서 푸코는 고대 그리스 시대에 남자 시민들과 소년들, 여성 그리고 노예들 간의 성 관계에서 제기되는 윤리적 문제를 논의하는 데 상당 부분을 할애한다. 비록 자유인 성인 남자는 열등한 집단에 속해 있는 누구에게나 접근할 권리가 있었지만, 자아를 윤리적으로 성숙시킨다는 명분 아래 건강한 성 생활이 되도록 용의 주도하게 힘써야 했다. 하지만 이러한 윤리적 강인함의 개념은 질병의 퇴치나 예방과 같은 건강에 대한 근대적인 협소한 개념과 혼동되어서는 안 된다. 푸코는 고대 그리스 시대에 성적 행위는 자유인 성인 남자에 의한 힘겹고 따라서 건강한 권력 행사를 필요로 하는 것에 의해 조직되었다고 말한다. 남자 시민은 자신보다 낮은 지위의 누구에게나 접근할 수 있는 권리를 신중하게 판단함으로써 자존심과 사회적 권

력을 모두 유지했다. 또한 그는 누군가가 자신에게 접근하지 않
도록 해야 했다. 자유인 성인 남자들에게는 특별한 성적 특권이
있었지만 성 관계를 너무 자주 하면 위험하다는 인식이 있었다.
푸코는 그 이유를 다음과 같이 설명한다.

성적 행동에 관한 그리스인들의 도덕적 성찰은 금지들을
정당화시키려 한 것이 아니라 어떠한 자유를 양식화하려
는 것이었다. 즉, '자유인' 남자가 그의 활동 속에서 행사
하는 자유가 바로 그것이다. 이 때문에 언뜻 보기에는 충
분히 역설로 간주될 수 있는 다음과 같은 일이 생겨난다.
그리스인들은 성인 남자와 소년들 사이의 관계를 실천하
고 받아들였으며 가치를 부여했던 것이다. 하지만 철학자
들은 이 점에 관해 금욕의 윤리를 생각해 내고 정교화했
다. 그들은 결혼한 남자가 혼외의 쾌락을 구하러 갈 수 있
음을 전적으로 받아들였지만 그들의 도덕주의자들은 남편
이 아내하고만 관계를 가질 수 있다는 결혼 생활의 원칙을
생각해 냈다. 그들은 결코 성적 쾌락이 그 자체로 악이거
나 아니면 과오의 자연적 상흔들에 속할 수 있다고는 생각
하지 않았다. 그러나 의사들은 성적 활동과 건강의 관계를
염려했고 그러한 행동의 위험에 관한 그럴 듯한 설명을 발
전시켰다(Foucault, 1985:97).

푸코는 고대 그리스인들이 '정상적 행위'와 '비정상적이
고 병적인 행동' 간의 근본적인 구분을 하지 않았음을 강조한
다. 비록 좋은 성 행위와 나쁜 성 행위에 대한 가치 평가가 틀
림없이 중요한 문제가 되기는 했지만 말이다. 대신 이 사회는
"자신의 몸을 돌보는 특정한 방식에 따라…… 쾌락을 활용하
는 것"이 중시되었고, 자유인 남성에게는 "건강을 위해 중요하

다고 알려진 규칙적인 활동을 목표로 하는 관리법"을 따르라고 충고되었다(Foucault, 1985: 97~8).

푸코는 자신의 분석을 통해서 고대 그리스인들이 성적 행동의 양식화를 강조했음을 지적한다. 그에 따르면, 이 고대 사회는 결코 억압이 금욕의 건강한 결과라고 역설하지 않았다. 오히려 가장 기품 있는 자존심의 형태는 자신의 욕망을 자제할 수 있는 방법을 알고 있는 남자 시민들에게서 구현되었다. 이러한 자제는 자아를 향한 윤리적 배려에 해당하며, 이는 자기 아이들과 노예, 아내에게 이미 강력한 권력을 휘두르고 있던 사람에게 특별히 중요한 점이었다. 푸코의 지적대로, 이러한 윤리적 행위 양식은 분명히 자유인 남성에게 '자기 자신보다 더 강해져야' 한다는 압력을 가했다.

> 우리는 성 행위가 그리스 사상에서 **아프로디지아** *aphrodisia* 의 형태를 취하는 윤리적 실천의 영역으로서, 다스리기 힘든 힘들의 투쟁 영역에 속하는 쾌락의 행위들로 구성되어 있다는 것을 살펴보았다. 이 행위는 합리적이고 도덕적으로 받아들일 수 있는 행동 양식을 가지기 위해, 그것의 정점과 완성으로서, 엄정한 자제에 도달하기 위한 전략을 사용할 것을 요구한다. 이 전략으로 인해 주체는 다른 사람들에게 행사하는 권력에서조차 '자기 자신보다 더 강해'질 것이다. 그런데 자기 자신을 다스릴 줄 아는 주체의 설정에 함축된 엄격성의 요구는 각자 그리고 모두가 복종해야 하는 보편적인 법칙의 형태로 제시되지 않았다. 오히려 그것은 그들의 실생활에 가장 기품 있고 완성된 형식을 부여하고자 하는 사람들에게 행동의 양식화의 원칙으로서 제시되었다(Foucault, 1985: 250~1).

《자아에 대한 배려》에서 푸코는 그리스 로마 시대에 "자기 함양은 욕망을 차단할 수 있는 것을 강화한 것이 아니라 윤리적인 주관성을 구성하는 요소들에 몇 가지 변화를 일으키는 데서 실제적인 발전을 이루었다"고 강조하면서 이러한 기본적인 주장의 대부분을 반복적으로 설명한다(Foucault, 1986: 67). 그는 분명히 고대의 **아스케시스** *askesis* 모델을 찬성하는 것 같다. 고대 그리스 말인 **아스케시스**는 남자 시민이 자신의 성적인 약점과 장점, 잠재력을 스스로 성찰해 보도록 하는 자기 질문의 형태를 말한다. 특히 푸코에게 매혹적이었던 것은 이러한 '윤리적인 주관성' 모델이 외적인 법칙에 지배되지 않는 형태의 성적 쾌락을 즐길 수 있는 가능성을 제시한다는 것이었다. 따라서 **아스케시스**는 좀더 이후에 파생한 금욕이라는 말과 혼동되어서는 안 된다. 기독교 용어에서 금욕은 자신을 책망하는 형태의 자제를 의미한다. 푸코는 이와 반대로 그리스 로마 문명에서는 욕망을 스스로 조절하는 것이 자유로운 자율성을 구성하는 것이었다고 역설한다. 그러한 **아스케시스**는 남성 시민이 마침내 자제력을 유지할 수 있게 되는 자유의 영역을 창출하기 때문이다.

그러한 자유의 실천은 푸코가 자신의 생을 마감하기 전의 10년 동안, 특히 상당한 적대감에도 불구하고 자신들만의 쾌락의 공동체를 만들던 동성애자 소수 집단에게 그가 관심을 갖기 시작한 시기에 종종 마음 속에 그리던 것이다. 푸코가 1980년대에 행한 많은 인터뷰들 가운데 몇 군데에서 그는 뉴욕과 샌프란시스코의 게이 남성의 하위 문화가 반체제적인 성 관계를 금지하려고 애쓰는 문화적 법률에 저항하는 것이 어떻게 가능한지를 이해할 수 있게 해 주는 모델을 제시한다고 강조한다. 1982년에 그는 "게이 아닌 사람들이 게이 문화에 대해 가장 괴로워하는 것은 성 행위 자체가 아니라 게이적인 생활 양식이라고 생각한다"고 말했다. 푸코는 게이의 하위 문화가 남자들이 이성애적 일부일처제를 모방하지 않는 방식으로 에로틱하게 관계 맺을 수 있게 한다고 생각했기 때문에, 그는 "많은 사람들이 참을 수 없어 하는, 지금으로서는 예측할 수 없는 종류의 관계들을 게이들이 창출할 가능성이 있음"을 깨달았다(Foucault, 1989: 332). 그러한 '예측할 수 없는' 관계들 가운데에는 공적인 영역에서의 우연한 섹스와 사도마조히즘에 몰입하는 것이 포함될 것이다. 그가 진정한 형태의 성적 자유가 실현되어야 한다고 생각하는 이유를 이해할 수 있게 되는 것은 바로 이 후자의 성 행위에 대해 자신의 생각을 자세히 설명할 때이다. 미국의 레스비언과 게이 잡지인 〈지지자 The Advocate〉에 처음 실린 인터뷰에서 대담자는 새로운 쾌락에 몰입하는 실험적인 섹스의 형태에 관해 다음과 같은 질문을 했다. "쾌락을 자극한 효과가 선전되면서 이러한 새로운 쾌락들이 사회 통제의 수단으로 이용당하지 않을것이라고 확신할 수 있을까요?" 대담자가 알고 싶어한 것은 문화적 금지에 의해 성립된 규제 기제에 걸리지 않는 '예측할 수 없는' 성 관계가 있을 수 있는가 하는 것이다. 이에 대해 푸코는 이렇게 대답한다.

> 결코 확신할 수는 없습니다. 사실 우리는 **그런 일이 일어날 것**이라고 늘 확신할 수 있으며, 그것이 얼마나 지지를 받고 있든, 새로 만들어졌거나 습득된 모든 것은 어떤 시점에서는 그런 식으로 이용될 것입니다. 그것이 우리가 사는 방식이 우리가 투쟁하는 방식이며 바로 인간 역사가 이루어진 방식입니다. [……] 하지만 당신이 우리는 늘 아주 신중해야 하며, 어딘가 다른 곳으로 이동해야 하고 우리에게는 다른 요구 또한 존재한다는 사실을 알고 있어야 한다는 점을 강조한 것은 매우 정당합니다. 샌프란시스코

에 있는 사도마조키스트들이 거주하는 게토는 쾌락을 실
험하면서, 쾌락에 입각해서 정체성을 형성하고 있는 공동
체의 좋은 본보기라고 할 수 있습니다(Foucault, 1989: 385).

같은 인터뷰에서 푸코는 사도마조히즘은 "성적 쾌락이나
육체적 쾌락을 느낄 수 있게 해 주는 전략적인 게임을 통해서
권력 구조를 행동으로 표출할 수 있는 창조적 과정"이라고 말한
다(Foucault, 1989: 388). 사도마조히즘을 비판하는 많은 사람들은
'주인'과 '노예'가 등장하는 성적 장면을 상연하는 것은 일상
생활에서 경험할 수 있는 가장 황량한 비대칭적 권력 구조를 되
풀이하는 것에 불과하다고 주장하겠지만, 푸코는 이와 반대로
사도마조히즘은 이러한 '전략적 게임'에 참여한 사람들이 지배
와 복종의 형태로 표출된 에로틱한 기운을 조절하게 함으로써
그러한 이분적인 권력 차이들을 뒤집는다고 주장한다. 이것은
합의된 규칙이 있는 '게임'이기 때문에, '노예'는 **진짜** 노예가
아니며 '주인'은 **진짜** 주인이 아니다. 그런 상황에서 마조키스
트 혹은 '아래쪽'은 흔히 사디스트 혹은 '위쪽'보다 많은 권력
을 휘두른다고 생각되는데, 이는 학대가 끝나야 할 시점을 조절
하는 것이 '아래쪽'에 달려 있기 때문이다. 사도마조히즘을 옹
호하는 사람들은 이와 같이 명백한 합의에 의한 성 행위는 외부
인들이 이해할 수 없는 성적 권력의 복잡한 교환을 내포한다고
주장한다. 사도마조히즘에 대한 일반적인 반감은 분명히 푸코
적인 아이러니를 강조한다. 국가는 일상 생활에 늘 존재하면서
도 끊임없이 거부되는 그러한 에로티시즘의 학대 행위를 추구
하는 성 행위를 처벌하는 데서 기쁨을 느끼고 있지 않은가? 섹
슈얼리티에 관한 푸코의 변혁적인 연구가 촉발시킨 것은 바로
이러한 종류의 질문이다. 하지만 모든 위대한 이론가들과 마찬

가지로 푸코의 작업은 그것이 체계적으로 배제하지는 않았을지라도 때로 간과한 것이 있었기 때문에 광범위한 논쟁의 대상이 되었다. 비록 그는 성적 쾌락의 '예측할 수 없는' 차원을 높이 평가하고 있지만, 에로티시즘에 의해 매개된 권력의 몇 가지 대단히 가시적인 특징을 간과했다. 따라서 이제부터는 섹슈얼리티에 관한 혁신적일 수도 있었을 그의 분석에 존재하는 명시적인 빈틈의 일부를 살펴볼 것이다.

## 푸코가 배제한 것

이제까지 《성의 역사》를 검토하는 동안 독자들은 에로티시즘에 대한 푸코의 선구적인 접근이 틀림없이 여러 각도에서 비판받을 수 있다고 생각했을 것이다. 《성의 역사》 1권의 문제점을 처음으로 지적한 사상가들은 젠더와 성적 차이 문제에 대한 그의 현저한 무감각을 유감으로 생각한 페미니스트들이었다. 1988년에 발표된 한 논문에서 산드라 리 바츠키 Sandra Lee Bartky 는 푸코의 초기 저작인 《감시와 처벌》에 이미 분명히 나타나 있는 권력의 문화적 행사에 대한 대단히 독창적인 그의 분석을 상당한 업적으로 인정하면서도 그의 성 차별주의를 비판하는 사례를 제시한다.

> 《감시와 처벌》에서 근대적인 '유순한 신체들'을 만들어 내
> 는 훈육적 실천에 대한 푸코의 설명을 도구적 이성이 신체
> 를 장악하는 방식을 상당한 역사적 세부 사실들을 통해 이

론적으로 풍부하게 설명함으로써 진정한 대작임을 입증했다. 하지만 푸코는 전반적으로 신체를 마치 하나인 양, 즉 남자와 여자의 신체 경험이 다르지 않았던 것처럼, 남자와 여자가 근대적 삶에 특징적으로 나타나는 제도들과 동일한 관계를 맺었던 것처럼 다룬다. 여성을 '유순한 신체'로 젠더화하는, 다시 말해서 남성의 신체보다 더 유순한 신체로 만든 훈육적 실천은 어디에서 설명하고 있는가? 여성은 남성과 마찬가지로 푸코가 서술한 많은 동일한 훈육적 실천에 노출되어 있다. 하지만 그는 특히 여성적인 구체화의 양상을 생산하는 훈육적 실천들에 눈을 감는다. 여성의 육체로 젠더화시키는 종속의 형태를 간과한 것은 그러한 훈육적 실천이 부과되었던 사람들의 침묵과 무력함을 영속화하는 것이다. 따라서 푸코의 권력 비판에서 해방적인 특징을 엿볼 수 있다 하더라도, 전체적으로 그의 분석은 서구 정치 이론 전반에 고유한 성 차별주의를 재생산한다 (Bartky, 1988: 63~4).

푸코의 작업이 양성의 해부학적 차이, 즉 프로이트의 오이디푸스 콤플렉스와 거세 콤플렉스를 지배하는 성적 법칙들의 근본이 되었던 이 차이를 중요하게 생각하지 않은 것은 정신 분석에 대한 그의 완강한 저항 때문이었을 것이다. 그 대신 푸코는 서구 문화가 남자와 여자 사이에 집요하게 만들어 낸 구조적 불평등을 거의 알 수 없게 만든 그러한 보편적인 서술 방식으로 신체와 섹슈얼리티에 대해 서술한다. 권력이 남자와 여자의 신체에 상이하게 영향을 미치는 방식에 대해 그가 무관심했다는 사실에 비추어, 《성의 역사》에서 남성성과 여성성의 문화적 구성물인 젠더에 대해 그가 거의 혹은 전혀 주목하지 않은 것은 당연하다.

이 점은 우리가 그리스 로마 시대에 행해진 남성적 사랑에 대한 푸코의 평가를 살펴보면 명확히 드러난다. 《성의 역사》2, 3권의 남성 중심성에 대해 논평하면서 케이트 소퍼 Kate Soper는 푸코가 미처 생각하지 못한 하나의 아이러니를 집어낸다. 소퍼는, 푸코가 고대 그리스와 그리스 로마 문명에서 대단히 칭송해 마지 않은 성적 윤리라는 것이 지배의 형태에 의존한다고 주장한다.

푸코는 응당 성적 위계 질서가 존재하는 사회에서 행사되는 그러한 매우 특정한 형태를 간과할 뿐만 아니라, 그가 주목을 한 보편적인 '훈육적' 과정이 남자와 여자의 삶에 미치는 상이한 영향력을 보지 못한 권력에 대해 설명하고 있다고 비판되었다. 이런 점에서 그는 그가 권력에 대한 자유주의 - 인간주의적 설명과 마르크스주의적인 설명을 비판한 핵심에는 여전히 인간성에 대한 마찬가지로 보편주의적이고 젠더를 의식하지 못하는 접근을 시도하고 있다고 말할 수 있으며, 페미니즘의 입장에서 이는 분명 이러한 이론들의 중대한 실패라고 할 수 있다. 다시 말해서 푸코는 인간주의에 대해 논의하면서 자신이 지지물로 삼았던 남성 중심적인 주체에 개념에 암묵적으로 의존한다고 할 수 있다.

또한 푸코가 말한 섹슈얼리티의 역사에서 그가 그리스와 그리스 로마 시대의 성적 윤리에 관한 연구에 기울인 관심은 현저하게 남성 중심적이다. 하지만 이러한 혐의의 본질을 정확히 파악하는 것이 중요하다. 확실히 푸코는 여성이 선험적으로 중요한 윤리적 주체로서 배제되어 버린 대단히 가부장적이고 귀족적인 사회의 관습에 우리를 끌어들인다. 따라서 그의 윤리의 계보학은 엘리트 남자 시민의 욕망과 행동거지에 상당한 관심을 기울인다. 하지만 아주 현실적인 의미에서 이 관념의 역사학자(혹은 계보학자)는 선택의 여지없이 이러한 집단의 사회적 우위를 반영할

수밖에 없는데, 그것은 대체로 지배 문화에 그 책임이 있
기 때문이다(Soper, 1993: 39).

《성의 역사》를 평가하면서 소퍼는 푸코의 '자아에 대한
배려'에 관한 논의가 남자 시민의 윤리 발달이 여성들, 특히
《성의 역사》 전반에 걸쳐 놀라울 정도로 그 목소리가 드러나 있
지 않은 그들의 아내와의 상호 작용을 통해서 어떻게 전개되었
는지에 대해 이상할 정도로 무지하다고 강조한다. 결과적으로
푸코는 "윤리적인 것이 매우 사적인 — 그리고 남성적인 — 문
제, 즉 일차적으로는 자제와 진정한 자기 창조의 문제인 것처럼
정의한다"(Soper, 1993: 41). 이러한 관점에서 보면, 당연히 푸코
의 분석은 그가 그리스 로마 시대의 문화에서 탐구한 성적 지배
구조와 공모하고 있는 것처럼 보일 것이다.

그러나 소퍼의 주장대로, 이것이 《성의 역사》에서 성 차별
주의가 나타나 있는 유일한 지점은 아니다. 푸코의 성적 차이에
대한 무관심은 그가 1867년 어느 날 프랑스의 랍쿠르 마을에서
일어난 사건을 상세히 묘사하는 데서도 분명히 드러난다. 그는
머리가 약간 모자라는 한 농장 노동자가 '엉긴 우유'라고 불리
는 놀이를 어떻게 하는가에 관한 이야기를 어린 소녀와 연관시
킨다. 이 에피소드는 '성에 관한 담론'이 어떻게 '성을 늘 있을
수 있는 위험한 것으로 사람들이 의식하고 있는 것'을 강화시켰
는지 보여 주려는 것이다.

그가 이미 했던 대로, 그가 보았던 대로, 그의 주변에서
마을의 장난꾸러기들이 하곤 했던 대로, 그는 밭가에서 나
이 어린 소녀로부터 약간의 애무를 받았던 것이다. 그것은
숲의 가장자리나 생 니콜라스로 통하는 길 옆의 도랑에서

'엉긴 우유'라고 불리는 놀이가 스스럼없이 행해졌기 때문이다. 그래서 그는 소녀의 부모에 의해 이장 앞에서 범인으로 지목되고, 이장에 의해 헌병들에게 고발당하고, 헌병들에 의해 판사들에게로 연행되어 가고, 판사에 의해 기소되어 첫번째 의사에게 넘겨지고, 그리고는 다른 두 전문가에게 맡겨졌는데, 그 두 사람은 보고서를 작성한 다음 그것을 발표한다. 이 이야기에서 중요한 것은 무엇인가? 그것은 이 사건의 사소한 성격이다. 그것은 마을의 성 풍속과 관련된 그 일상적 사건, 덤불 속에서의 그 하찮은 쾌락이 어느 순간부터는 집단적 불관용뿐만 아니라 사법적 소송, 의학의 개입, 주의 깊은 임상적 검사 그리고 거창한 이론 구축의 대상으로 변할 수 있었다는 사실이다(Foucault, 1978: 31).

분명히 랍쿠르 마을에서 발생한 이 작은 사건은 푸코에게는 19세기의 다양한 국가 기구들이 어떻게 이러한 성 행위를 정밀 감찰하고 불법화하고 처벌하게 되었는지에 관한 주목할 만한 사례가 된다. 그러나 잘 생각해 보면, '엉긴 우유'라는 게임이 과연 어린 소녀에게도 '소박하고' '하찮은' 것이었겠는가 하는 의문이 남는다. 푸코는 이 사건이 어떻게 성적 학대까지는 아닐지라도 성 희롱을 당한 겁에 질린 소녀를 연루시키고 있는지 살펴보는 것이 아니라, 소퍼가 지적하듯이 우리의 시선을 "피해자 아이의 두려움으로부터 학계 권위자의 남근적 학문 분야로 이동시키고, '중요성'의 쟁점에 관해 너무나 눈부신 해석을 제기함으로써 우리가 사실 대단히 중요한 문제를 보지 못하게 한다"(Soper 1993: 43). 그런 진지한 성찰은 우리가 담론이라는 1차적인 분석 도구를 통해서 그리고 그 속에 행사되는 권력에 대한 그의 예리한 통찰을 평가할 때 잠시 망설이게 만든다.

《성의 역사》에 대한 페미니스트의 비판이 푸코가 섹스와 젠더 같은 범주들에 무관심하다는 사실을 밝혀 냈다면, 탈식민주의자들은 그의 작업이 계속적으로 인종적 차이의 문제를 주변화하는 것을 보면서 실망을 금치 못한다. 푸코가 혈통을 보존하려는 부르주아의 인종적 욕망을 가볍게 언급한 것에서 자극을 받은 앤 로라 스톨러 Ann Laura Stoler 는 그가 왜 "새로운 생체 정치 권력" 아래에서 "근대적 인종주의가 다양한 성의 기술들로 부터 출현한다"고 생각했는지에 대해 예리한 질문을 던진다. 스톨러는 푸코에게 있어서 "인종주의는 그렇게 형성 중에 있는 '계급의 육체 class body' 의 결과"로 여겨졌다고 말한다. 그러나 그녀가 보기에 "부르주아의 육체는 처음부터 인종적이고 관계적으로 코드화되어 구성되었다"(Stoler, 1995: 53). 스톨러 주장의 핵심은 인종적 차이에 대한 관념이 어떻게 사회 질서를 규제하려고 하는 폭넓은 담론 구성체 discursive formations 의 한 요소가 되었는지, 따라서 어떤 하나의 범주를 우위에 두는 것이 힘들게 되었는지를 밝히는 것이다.

아프리카, 아시아 그리고 미국에서 식민적 담론을 연구하는 학자들은 종종 공통된 배경을 지적해 왔다. 즉, 인종적 대타자는 예외 없이 아이들과 비교되었고 그들과 동등하게 취급되었는데, 이런 표상은 편리하게도 감독과 훈육의 제국주의 정치 및 보호적 통제의 부성적이고 모성적인 특정한 전략들에 도덕적인 정당성을 제공했다는 것이다. 그러나 아이들과 원주민을 동일시하고, 아이들과 식민지 미개인을 동일시하는 것은 노골적인 인종 차별적, 식민적 담론에서만 작동했던 것은 아니다. 18세기와 19세기의 아동양육 지침서를 살펴보면 이와 동일한 동일시가 발견되는데, 하지만 그것은 다른 방식으로 작동하고 있다. 아이들

은 그들보다 낮은 등급의 존재들과 비교되는 방식으로 타자화 되며, 따라서 그들은 동물과 같고 예의와 규율이 부족하며 성을 자제할 줄 모른다. 즉, 아이들의 본능은 천하고 그들은 대단히 원시적이며 인종화된 타자와 마찬가지로 온전한 인간이라고 할 수 없다는 것이다(Stoler, 1995: 151).

스톨러의 주의 깊은 지적은 에로티시즘에 관한 모든 논의가 어떻게 인종의 개념이 욕망의 개념보다 부차적이라고 경솔하게 전제했는지를 상기시킨다. 따라서 문화 연구자들은 인종을 식민지 영토 안에서만 권력이 행사되었던 지점으로 착각해서는 안 된다. 오히려 인종적 차이에 관한 관념은 하위 *subaltern* 민족들뿐만 아니라 식민주의자 자신의 아이들의 섹슈얼리티에 대한 생각을 형성하는 데 본질적인 역할을 했다. 이런 관찰이 고려되지 않으면, 비판가들은 마치 섹슈얼리티가 다른 모든 권력 관계를 형성하고 결정짓는 것으로 생각할 위험이 있다. 이런 문제를 염두에 두면서 샌더 길먼 Sander Gilman 은 1926년에 프로이트가 성인 여자의 섹슈얼리티에 관한 심리학적 연구의 '검은 대륙'을 잘 모르겠다고 주장했던 것을 생각하면 인종과 섹슈얼리티는 서로 얽혀 있음을 알 수 있을 것이라고 주장한다. 길먼에 의하면, 영국의 제국주의로부터 빌려 온 이러한 표현을 언급한 것은 "여성의 섹슈얼리티를 당시의 식민지의 이미지와" 연관시키고 "따라서 대타자의 이국성과 병리성에" 연관시킨다 (Gilman, 1985: 107). 하지만 이것은 섹슈얼리티에 관한 저술들과 표상들이 어떻게 특정한 인종적 정의를 전제하고 있는지를 보여 주는 한 예일 뿐이다. 검은 것 *blackness* 에 대한 제국주의적 개념이 어떻게 문화적 법칙에 의해 규제되지 않은 야만성을 지닌 "미분화되고 순수한 섹슈얼리티"의 의미를 나타내는지에 대해서도 이와 매우 유사한 이야기를 할 수 있다(Gilman, 1985: 126). 스톨러와 길먼의 비판은 푸코의 욕망 이론에서 발견할 수 있는 중요한 경향 가운데 하나를 강조한다. 비록 섹슈얼리티가 농밀한 권력 관계를 이해할 수 있는 지점임이 밝혀졌다고 해도, 푸코의 저작에서 섹슈얼리티 개념은 다른 모든 사회 현상들이 그 곳으로 환원되는 중심축이 되어 버린다.

섹슈얼리티가 지배와 윤리와 권력 현상을 해명하는 데 적절한 주제라는 바로 그 생각은 분명 몇몇 비판가들로 하여금 푸코의 급진주의를 의심하게 만들었다. 《성의 역사》는 고대 그리스의 남자 시민들이 주의 깊게 양식화된 **아스케시스**를 수행했던 방법을 높이 평가하기 때문에, 테리 이글턴 Terry Eagleton 은 마르크스주의적 관점에서 《쾌락의 활용》에서 높이 평가된 윤리는 자아를 매우 개인적으로 미학화한 것에 불과하다고 주장했다. 이글턴은 **아스케시스**를 고대나 근대 문화에서 지배 계급의 특징으로 나타난 것이라고 본다.

> 푸코가 본 그리스인들은 방종이 본질적으로 좋거나 나빠서가 아니라 그것이 자신의 정력을 고갈시키기 때문에 행동을 억제하고 세련되게 갈고 닦아야 한다고 생각한다. 남성의 환상이라는 것이 있다면 이것이야말로 그 흔하디 흔한 남성의 환상에 해당한다. 따라서 자신을 금욕적으로 억제하면 할수록 그 힘들은 더욱 강화된다. 다시 말해서 여기서 그 힘은 낭만적인 맥락에서 보자면 의심할 바 없이 좋은 것, 완전히 미분화된 범주인 것처럼 보일 것이다. 따라서 권력의 긍정성은 유지될 수 있지만, 그것에 신중함과 절제의 기술들이 부가됨으로써 차별적인 윤리의 토대로 변질될 수 있다. 그리고 이러한 현상의 귀결인 윤리 이

론 — 즉, "육체적 관리법은 일반적인 존재 미학의 원칙에 따라 정돈되어야 하는데, 이 원칙에서는 육체적 균형이 영혼의 올바른 위계 조건 가운데 하나가 될 것이다"[Foucault, 1985: 104] — 은 아주 오래 된 영국의 사립 학교인 이튼의 운동장에서 오랫동안 익히 볼 수 있는 것이었다(Eagleton, 1990: 394~5).

이글턴이 보기엔, 외부의 억압적인 법률을 통해서 행사되는 권력에 저항한다는 이름 아래 푸코가 끈질기게 자아를 미학화하려고 하는 태도에는 그것을 우리가 진지하게 받아들이기에는 묵과할 수 없는 너무나 많은 역설들이 내포되어 있다. 이글턴은 그런 법률에 저항하기 위해서 고대 그리스의 남자 시민은 단지 그러한 법률을 자기 것으로 취하는데, 따라서 자신이 이미 자기보다 열등한 모든 존재들에게 부과한 권력을 이제 자기 자신에게 행사하는 특권을 갖게 된다고 본다. 푸코는 비록 이러한 자제를 자유의 실천이라고 주장했지만, 이글턴은 어떻게 그러한 **아스케시스**가 그것의 극복 대상이었던 권력 구조를 재생산하고 있는지에 주목하지 않을 수 없었다. 이글턴은 다음과 같이 자신의 논지를 전개한다.

개인은 '지배 – 복종,' '명령 – 굴복,' '억제 – 순종'의 관계 가운데 하나로 자아와의 관계를 정립해야 한다[Foucault, 1985: 70참조]. 따라서 푸코는 법률에 상대적으로 얽매이지 않는 상태에 있는 개인의 자율성 개념과 그러한 법률이 필연적으로 포함하는 사도마조히즘적인 권력의 쾌락을 결합시킬 수 있다. 권력과 그것의 통제, 지배성에 대해 만족할 만하고 생산적인 것은 정치적 억압으로부터 해방되어 자아 안에 정착된다. 이러한 방식으로 권력의 쾌락을 거부

하지 않으면서 헤게모니의 이득을 향유할 수 있다. 하지만
우리는 이러한 모델이 푸코를 전통적인 헤게모니의 유혹
에서 얼마나 진정으로 멀리 벗어날 수 있게 하는지 묻지
않을 수 없다(Eagleton, 1990: 392).

이러한 관점에서, 푸코가 자아의 미학화를 계속 강조한
것은《성의 역사》가 전반적으로 인간의 주체성에 대한 전통적
인 이해를 얼마나 강하게 거부했는지를 알고 있다면 더 이해하
기 힘들어진다. 푸코 자신이 정신 분석을 지배하는 억압적 법률
이라고 여긴 것에 반대한 것을 감안하면, 그는 결코 주체를 감
정적이거나 정서적인 반응과 관련해서 구성하지 않는다. 그의
연구는 주체의 정신 생활에 거의 관심을 갖지 않는다. 푸코는
주체의 깊은 내면이나 심리적 복잡성을 부정하는 반인간주의를
표명한다. 이런 의도에서 그는 프로이트가 많은 관심을 갖고 있
었던 의식적 과정과 무의식적 과정 사이의 갈등에 대해 강하게
거부한다.

특정한 마르크스주의 이론뿐만 아니라 인간주의자와 정신
분석학자 모두에게 익숙한 주제인 주체의 내면성을 거부함으로
써,《성의 역사》는 육체 표면에 기반을 둔 쾌락에 의해서만 주
체를 구성한다. 푸코가 권력의 지점과 통과점이라고 강력하게
호소하는 육체는 그의 작업에서 어떠한 깊이 있는 본질도 가지
고 있지 않다. 푸코의 이론에서 핵심에 자리잡고 있는 육체 개
념은 이른바 말해서 전략적으로 탈육화되어 있다. 즉, 심리 상
태나 의도, 동기, 사고, 느낌 같은 인간주의적인 주체와 연관지
을 수 있는 모든 특징을 결여하고 있다. 이글턴은 푸코의 독특
한 입장이 결국 "주체를 미학화하려는 의도"이며, 따라서 "사랑
을 온유함과 애정보다는 기교와 행위로, 마음보다는 실천으로

파악한다"고 생각한다. 결과적으로 "육체가 주체의 위치를 대신하고 미학이 윤리를 대체한다"(Eagleton, 1990: 395). 아주 단호하게 말해서 이같은 이글턴의 응징적인 마르크스주의적 비판은 푸코의 주체가 자기 자신보다 더 넓은 범주인 공동체의 필요와 욕망에 동정적이고 감응적으로 관련 맺을 수 있는 사회 변화의 행위자로 이해될 수 없다는 것을 보여 준다. 루이 맥내이 Lois McNay 는 이러한 측면을 다음과 같이 지적한다. "푸코는 완전히 결정된 범주로 주체를 이해하는 협소한 인식을 넘어서서 사고하고 의도하며 선택할 수 있는 책임 있는 행위자로 주체를 이해하는 좀더 포괄적인 방식을 제시하지 못한다"(McNay, 1994: 103~4). 섹슈얼리티의 경우에, 푸코의 권력 모델은 그가 처음에 거부했던 바로 그러한 심리 형태를 필요로 하는 것 같다. 주체들은 어떻게 문화를 통제하는 그러한 욕망들을 내면화하거나 혹은 거부하는가? 담론은 제도로 정착되고 이것이 다시 매끄럽게 실천으로 나아가는 것일까? 주체들은 담론 안에서 어떻게 단순히 도구적인 방식 이상으로 움직일 수 있을 것인가? 이런 질문들 속에서 그의 비판가들은 푸코의 주체가 너무 미약한 나머지 사회 변화의 주체로 보여지지 않는다고 주장할 수 있다.

## 푸코의 추종자들

종합적으로 보건대,《성의 역사》에 대한 이러한 대결적인 페미니스트적, 탈식민주의적, 마르크스주의적 평가들은 욕망에 대한 푸코의 이해 방식에는 많은 문제가 있기 때문에 그의 작업은 급진적인 정치적 변화에 관심이 있는 사람들에게는 별 소용이 없다는 판단을 내리는 듯하다. 그러나《성의 역사》1권이 처음 나왔을 때부터 이 책은 섹슈얼리티를 논의하는 데 사용되던 제한적인 비판적 용어들과 씨름하고 있던 지식인들에게 재빨리 환영받았다. 푸코의《성의 역사》1권이 욕망에 대한 이전의 이론들보다 확실히 진보된 면이 있다면, 그것은 섹슈얼리티 자체와 같은 설명적 범주들이 어떻게 적절한 에로티시즘과 부적절한 에로티시즘의 구분을 의미 없게 만들었는지를 보여 준 것이었다. 1982년에 쓴 한 논문에서 비디 마틴 Biddy Martin 은 푸코의 저서야말로 여성성이 가부장적 문화에 의해 무참히 왜곡되긴 했지만 불변의 본질을 가지고 있다고 생각하는 특정한 페미니즘적 사고에 대한 의미 있는 도전이라고 주장한 바 있다. 마틴은 반본질주의 입장에서, 시대를 통틀어 여성성과 여성의 섹슈얼리티에 보편적인 것이 있다고 주장하는 논증의 약점을 지적했다.

미국의 일부 급진적 페미니즘의 사고(예컨대, 메리 달리 Mary Daly 의 저작[1978]을 참조하라)는 나름대로 중요성을 가지고 있고 또 기여한 바도 있지만, 가부장제 논쟁에서 궁극적으로는 여성을 존재론화할 위험이 있다. 즉, 여성의 본질적 우월성과 자연 및 진리와의 관계에서 여성의 특권적 위치를 설정하는 경향이 있다. 이러한 경향은 현실의 남성적 왜곡이라고 보는 것에 대해서 진정으로 여성적인 표상으로 간주되는 것을 대립시키고, 이 남성적 왜곡을 여성의 텍스트와 삶에서 읽을 수 있는 진정한 경험으로 교정하고자 한다. 이러한 문화 비판은 불행히도 성 차별주의의 역사를 드러내고 기록하는 수준을 넘어서지 못하고, 우리 자신의 문화적 생산은 우리 페미니스트들만이 진정으로 말할 수 있다는 전제, 즉 남성 문화로부터 배제되고 그리고 남성적 의미를 거부하기 때문에 페미니스트들만이 전 여성을 대표해서 우리 자신의 진리를 말할 수 있다는 전제에 기초하고 있는 것이다(Martin, 1988: 15).

마틴에 따르면, 푸코의 연구는 페미니즘의 가정, 즉 페미니즘이야말로 가부장적 지배로부터 해방된 진정하고 오염되지 않은 여성성의 이념을 복원할 수 있다는 생각이 얼마나 위험한지 밝혀 내고 있다는 것이다. 사실 그녀는 《성의 역사》를 "모든 고백의 양식들이 필연적으로 해방적일 것이라는 신념에 대한 경고를 담고 있으며, 말하기 혹은 글쓰기만으로 간단히 가부장제와 남근 중심주의로부터 해방될 수 있을 것이라는 관념에 대한 도전"이라고 본다(Martin, 1988: 15). 마틴은 페미니스트들이 여성성을 역사적으로 우연한 방식으로 규제된 것으로 받아들인다면 시대와 계급 그리고 문화별 여성들 사이의 차이를 파악할 수 있을 것이라고 주장한다. 마틴은, 사회적 현상은 권력의 작동과 연관된 담론 구성체를 통해서 이해될 수 있다는 푸코의 설명으로부터 많은 것을 배울 수 있다고 주장한다. 푸코의 이론적 모델은 여성성과 남성성이 오랫동안 어떻게 재정의되어 왔는가에 주목하기 때문이다. 1세기 넘게 지속되어 온 이성애와 동성애 사이의 자의적인 구분에 대해서도 마찬가지이다. 권력 관계를 규제하는 문화적 범주들이 사회적으로 구성된다는 점에 충분히 주목한다면, 《성의 역사》를 통해서 우리는 어떻게 지금까지 지식인들이 여성성과 남성성, 이성애와 동성애를 당연히 자연에 기초한 것이라고 생각했을지 의아할 따름이다. 강한 구성주의적 입장에 선 마틴의 논의는 1980년대에 페미니스트 이론가들에게 점차 영향을 미치게 되었고, 섹스와 젠더에 대한 본질주의적 입장에 대한 철저한 비판으로 나아가게 되었다. (다이애나 퍼스는 구성주의적 입장과 본질주의적 입장 사이의 지적 논쟁을 자세히 연구하였다[Fuss, 1989 참조].)

그러나 《성의 역사》가 섹슈얼리티의 사회적 구성을 문화이론가들의 관심 영역으로 부상시킨 유일한 저작이 아님을 지적할 필요가 있다. 일찍이 1968년에 메리 매킨토시 Mary McIntosh는 그녀의 탁월한 논문 〈동성애 역할 The Homosexual Role〉에서 그러한 이론의 토대를 정초한 바 있다(McIntosh, 1981). 마찬가지로 제프리 윅스는 《커밍 아웃: 영국의 동성애 정치, 19세기부터 현재까지 Coming Out: Homosexual Politics in Britain, from the Nineteenth Century to the Present》에서 "동성애에 대한 적대적인 사회가 동성애를 낙인찍는 방식과 그렇게 낙인찍힌 사람들이 자신들을 보는 방식 모두에 변화가 발생하고 있다"는 점을 지적한 바 있다(Weeks, 1977: 3). 푸코의 저작과 더불어 이러한 역사학적·사회학적 연구는 1980년대 중반에 이르러 레스비언과 게이 연구로 알려진 연구 분야를 만들어 내는 데 크게 기여했다. 이 영역은 급속히 발전하였고, 10년 후에는 욕망의 문화적 형성에 관한 연구에 대해 퀴어 이론이라는 훨씬 더 포괄적인 이름이 부여될 정도였다. 레스비언과 게이 연구가 퀴어 이론으로 변화된 것을 이해하기 위해서는 인간의 섹슈얼리티의 복잡성을 분석하는 데 유용한 주요 용어들을 변화시켰던 핵심적 저서들을 살펴볼 필요가 있다. 이러한 저서들을 평가하는 과정에서, 퀴어 이론은 비판가들이 점점 마틴의 페미니즘적인 푸코 비판에서 우리가 이미 접했던 젠더와 섹슈얼리티에 대한 반본질주의적 접근에 관심을 기울이기 시작한 지적 풍토에서 나왔음이 분명해질 것이다.

게일 루빈은 "《성의 역사》가 성에 관한 새로운 연구 가운데 가장 영향력 있고 상징적인 텍스트"라는 점을 인정함으로써, "성애의 불공평과 성적 억압을 확인하고 서술하고 설명하며 비판한" 푸코의 선구적 작업을 추종하는 일군의 훌륭한 비판가에 속하게 되었다(Rubin, 1993: 9~10). 인류학자로서 루빈은 지구상의 각 사회가 지닌 나름대로의 고유한 "섹스/젠더 체계," 즉 "인간의 성과 출산에 원료가 되는 생물학적 요소가 인간과 사회의 개입을 통해 형성되고, 아무리 이상한 관습일지라도 그런 관습에 따라 충족되는 일련의 제도들"이 구성되는 방식에 오랫동안 관심을 갖고 있었다(Rubin, 1975: 165). 1984년에 처음 발표된 그녀의 영향력 있는 논문인 〈성에 관한 고찰Thinking Sex〉(Rubin, 1993)은 그녀의 이전 저작을 토대로, 현재 서구 사회가 '좋은' 섹슈얼리티와 '나쁜' 섹슈얼리티에 관한 나름대로의 생각을 어떻게 정립하는지를 보여 주었다. 자신의 주장을 명료하게 보여 주기 위해서 루빈은 성을 특징짓는 제도와 실천들 가운데 사회적으로 수용 가능한 정도와 불가능한 정도를 보여 주는 두 가지 도식을 제시한다. 루빈에 의하면, '좋은' 혹은 '정상적이고 자연스럽고 건강하며 깨끗한' 성이라는 이름 아래 '가정에서' 행해지는 이성애적 부부 사이의 일부일처제적인 재생산 관계가 가장 '최선'으로 간주된다. 이와 반대로 '나쁜' 혹은 '비정상적이고 부자연스럽고 병적이며 사악한 **특이한**' 성이라는 이름 아래에는 다음과 같은 성 도착자 집단이 존재한다. 즉, 복장 도착자, 성 전환자(트랜스섹스), 페티시스트, 사도마조키스트. 이들은 세대 간 성 행위cross-generational sex를 하기도 하고 그것을 직업적으로 하기도 한다. 그녀는 이러한 양 극단 사이에서 '중요한 논쟁의 영역,' 즉 도덕의 영역에서 어떻게 태도가 변화하는지를 단적으로 보여 주는 성 행위와 생활 양식을 발견할 수 있는 지점을 지적한다. 이와 같은 주변적인 중간 지대에서 우리는 동거하는 이성애 커플들, 상대를 가리지 않는 이성애자들, 수음 그리고 장기적이고 안정된 동성애 관계들을 발견할 수 있다. 술집의 레스비언들과 공개된 장소에서의 문란한 게이 남성들은 '나쁜' 성 쪽에 더 가깝게 위치해 있다.

루빈은 이런 다양한 양식의 섹슈얼리티가 그려져 있는 지형에서 도덕적 가치의 변화를 추적하면서, 전적으로 성적 만족에 기반해 있는 관계들이 어떻게 그녀가 중요한 몇 가지 조건들을 달아서 개괄적으로 서술했던 위계제의 최하단으로 떨어지는 경향이 있는지 설명한다.

> 좋은 쪽에 있는 성 행위일 경우에만 도덕적 복잡성이 부여된다. 예컨대 이성애적 성 관계는 숭고할 수도 역겨울 수도 있으며, 자유로울 수도 강제적일 수도 있으며, 치유적일 수도 파괴적일 수도 있으며, 낭만적일 수도 이해 타산적일 수도 있다. 이성애는 다른 규칙을 어기지 않는 한, 인간이 경험할 수 있는 모든 범위를 나타내는 것으로 인정된다. 반대로 나쁜 쪽에 있는 모든 성 행위는 아주 혐오스럽게 여겨지고 모든 정서적 색채가 결여되어 있는 것으로 여겨진다. 여기에서 더 나아간 성 행위일수록 한결같이 나쁜 경험으로 묘사된다(Rubin, 1993: 14~5).

루빈의 주장은 서구 문화가 이성애 관계에 특권을 부여할 때 이중적인 기준이 적용되고 있음을 보여 준다. 비록 이성애 관계 안에도 아주 불쾌하고 심지어 착취적인 성 행위가 포함되어 있을 수 있지만, 이러한 관계에는 한 남자와 한 여자가 포함되어 있다는 사실 자체로 인해, 예를 들면 레스비언이나 성 전환자들과 같은 성적 소수 집단의 여러 가지 비합의적인 행위보다 훨씬 높은 지위를 부여된다. 그러나 루빈은 이것이 서구 사회가 섹슈얼리티에 대해 도덕적인 태도를 어떻게 취하는가에 대한 정태적인 모델은 아니라고 주장한다. "결혼하지 않은 동거 커플, 수음, 특정한 동성애의 형태들이 점차 존중받고 있다." 그러면서도 다른 많은 성 행위들은 여전히 금기로 남아 있다. "문란한 동성애, 사도마조히즘, 페티시즘, 성 전환, 세대 간 성교는 아직도 애정과 사랑, 자유 선택, 친절 혹은 초월이 배재된 변함 없는 공포의 대상으로 여겨진다"(Rubin, 1993: 15). 루빈은, 논쟁적인 중간 지대가 섹슈얼리티와 결부된 도덕적 가치들이 점차 어떻게 변화되고 있는지를 보여 주는 것이라고 생각한다. 다양한 묵인의 양식들이 공식적으로 낙인찍힌 성 행위들과 정체성들을 '좋다'고 여겨지는 행위 쪽으로 서서히 다가갈 수 있게 하기 때문이다.

그러나 꼭 덧붙여야 할 것은 도덕과 섹슈얼리티가 밀접하게 연관되어 있다는 루빈의 설명이 생각만큼 그렇게 포괄적이지 않다는 것이다. 루빈의 '좋은' 성과 '나쁜' 성의 지형도는 젠더에 대한 상이한 인식이 어떻게 섹슈얼리티에 대한 도덕적 평가에 영향을 미칠 수 있고 실제로 영향을 미치고 있는지 명백하게 설명하지 않는다. 한 예로, 흔히 남성 동성애자의 여성스런 행동은 정상적인 남자가 그러했을 때보다 더 노골적인 적대감을 받기 쉽다. 또한 루빈은 이러한 성 위계도를 그리면서 루빈은 문화적 차이에 따라 성 행위에 대한 도덕적 태도가 상이할 수 있다는 점을 인식하지 못한다. 비록 이후에 그녀가 다음과 같이 이 점을 조심스럽게 언급했더라도 말이다. "부, 하얀 피부, 남성 젠더, 민족적 특권은 성적 층화의 효과를 약화시킬 수 있다. 부유한 백인 남성 도착자는 일반적으로 가난한 흑인 여성 도착자보다 덜 침해당할 것이다"(Rubin, 1993: 22). 따라서 루빈은 분명 서구에 존재하는 상이한 민족 공동체들이 일부일처제, 결혼, 동성애 관계와 같은 문제들에 대해서 다양한 입장을 취할 것이라는 견해에 반대하지 않을 것이다. 그러나 그녀가 간과하고 있고 또한 사회의 많은 부문에 영향을 미치고 있는 한 가지 중요한 논쟁 영역이 있다면 그것은 다른 인종 간의 욕망이다. 이런 점들을 제외하면, 루빈의 〈성에 관한 고찰〉은 "출산을 위한 결혼"이라는 종교적 헌신에 의해서든 "성숙한 이성애"를 지지하는 심리학 이론에 의해서든 "섹슈얼리티에 대한 유일한 이념이 어떻게 성에 관한 대부분의 사고 체계를 특징짓는지"에 주목하게 만든다(Rubin, 1993: 15).

다양한 권력의 제도들에 의해서 우리 모두가 갈망해야 할 '이상적인' 섹슈얼리티의 형태에 아주 많은 가치가 부여되어 있기 때문에 미국의 "모든 주州에서 유일하게 합법적인 성인의 성 행위는 여전히 페니스와 질의 결합"이다(Rubin 1993: 20). 푸코와 마찬가지로 루빈은 국가의 법률이 이러한 '이상'에 미치지 못하는 많은 섹슈얼리티의 형태에 대해서 얼마나 강력하게 통제하려고 하는지에 대해 인식하고 있다. 따라서 그녀는 논문의 많은 부분에서 사회의 가장 큰 불안감이 투영된 희생양에 불과한 비주류 형태의 에로티시즘을 둘러싸고 정확히 어떻게 '도덕적 공황'이 분출되고 있는지를 설명한다.

> 서구 사회에서 섹슈얼리티는 매우 신비화되어 있기 때문에 그것을 둘러싼 싸움들은 흔히 빗나간 각도에서 전개되는데, 그것은 결국 공격 대상을 잘못 겨누고 그릇된 열정으로 수행되며 대단히 강하게 상징적으로 전개된다. 성 행위들은 흔히 이것과 아무런 본질적인 연관도 없는 개인의 불안감과 사회의 불안감을 나타내는 기표들로 작용한다.

도덕적 공황 상태 아래에서 그러한 두려움은 불길한 성 행위나 그런 집단의 사람들과 결부된다. 대중 매체는 분노에 휩싸이고 사람들은 성난 군중처럼 행동하며 경찰은 기동 태세를 갖추고 국가는 새로운 법률과 규칙을 제정한다 (Rubin, 1993: 25).

루빈은 이런 사실을 분명히 보여 주기 위해 1980년대에 상당한 정치적 에너지를 쏟아부었던 '두 가지 사건,' 즉 '특정 입장의 페미니즘 운동이 사도마조키스트들을 공격한 것과 우익이 점차 에이즈를 이용해서 악성 동성애 혐오증을 선동한 것'을 지적한다. 루빈은 1980년대 초에 반反포르노 페미니스트들이 어떻게 사도마조히즘의 이미지를 희생양으로 삼아서 여성에 대한 성 폭력을 야기시키는 형태를 폭로했는지 살펴보면서(pp. 208~16 참조), 이러한 정치적 캠페인이 얼마나 잘못된 분석에 기초해서 전개되었는지를 강조한다. 포르노를 반대하는 페미니스트 압력 단체들은 포르노가 여성의 성적 종속을 실천에 옮긴 것이라고 주장함으로써 도착적인 성 행위자들이 대체로 성 범죄를 범한다는 오래 된 편견을 강화시켰다. 루빈은 이러한 페미니스트들이 우익 도덕주의자들의 각본대로 행동하고 있었다고 본다. 이와 마찬가지로 문제를 일으켰던 것은 에이즈의 확산을 둘러싸고 발생한 '도덕적 공황'이었는데, 이는 "성 행위, 동성애, 성적 문란이 질병과 죽음을 가져온다는 오래 된 두려움"을 자극했다(Rubin, 1993: 26).

루빈이 보기에 이러한 두 가지 사례는 서구 문화가 섹슈얼리티에 귀속된 두려운 속성을 제어할 수 없다고 판단했을 때 '나쁜' 형태의 욕망이 얼마나 편리하고 무력한 공격 대상이 될 수 있는지를 보여 주는 것이다. 루빈과 같이 검열에 반대하는 입장의 페미니스트들은 사도마조히즘의 이미지에 기반하고 있어서 겉보기에 폭력적인 포르노로 보이는 것이 사실은 서구 문화가 지배와 복종 관계를 에로티시즘화하게 된 원인을 제공한 것이 아니라 그 결과라는 사실을 지적한다. 그녀는 이 논쟁이 많은 우익 도덕주의자들이 게이 남성을 에이즈 확산의 피해자로 보려고 하지 않는 억압적 방식과 유사한 점이 있다고 주장한다. 오히려 게이 남성들 — 여전히 서구 사회에서 가장 크게 고통받는 집단에 해당하는 — 은 수백만 명의 목숨을 앗아간 바이러스를 퍼뜨리고 있다고 비난받았다. 게이 남성을 끔찍한 바이러스 전파에 책임이 있는 것으로 만들어야 하는 도덕적 명령은 굉장히 무서운 결과를 가져왔다. 즉, 미국과 영국 정부는 처음에는 에이즈로 고통받는 게이 남성을 지원하고 미감염자들을 보호하기 위한 적극적인 조치들을 취하는 데 놀랄 만큼 소극적이었다. (많은 사람들은 에이즈가 1980년대 초에 그러한 머리글자로 알려지고 난 이후, 국가 재원이 결코 매우 위급한 보건 상의 위기를 해결할 수 있을 만큼 조달된 적이 없었다고 주장할 것이다[이 점에 관해서는 Watney, 1987 참고].)

　　루빈의 선구적인 연구는 섹스와 젠더에 대한 문화적 접근 방식으로 인해 늘 주목을 받았다. 특히, 서구 문화가 어떻게 계속 동성애를 낙인찍고 있으며 그 이유는 무엇인지를 고찰하는 방식으로 인해 주목을 받았다. 그녀의 이전 논문인 〈여성의 교환 The Traffic in Women〉(1975)은 생성기에 있는 레스비언·게이 연구 영역과 가장 밀접하게 연관될 저서인 이브 코소프스키 세지윅의 《남자들끼리: 영국 문학과 남성의 동성 사회적 욕망 Between Men: English Literature and Male Homosocial Desire》(1985)에 많은 영감을 주었다. 세지윅의 책은 주로 19세기 문학 작품(특히, 알프레드 테니슨[1809~92]과 찰스 디킨슨[1812~70] 등과 같은 작가들의)에 대한 독창적인 해석을 담고 있지만, 세 가지 서로 연관된 용어들, 즉 동성애와 동성 사회성 *homosociality*과 동성애 혐오증을 이해할 수 있는 새로운 모델을 제시한 훌륭하고 독창적인 서론으로 시작된다. 이 돋보이는 저서에서 세지윅은 남자들 간의 관계가 어떻게 '관능적인 삼각 관계'(르네 지라르 René Girard 의 작품에서 개작한 개념)에 기반해서 강화되어 왔는지 살펴본다. 세지윅에 의하면 남자들 간의 욕망은 **동성 사회적인** 토대, 즉 남성에게 부여된 특권을 유지시키는 연대를 통해서 정당화된다(Sedgwick, 1985: 1~27). 그러한 동성 사회성, 즉 남성들이 서로 가부장인 동맹을 맺어 움직이는 것은 **동성애 혐오증**과 **여성 혐오증**이라는 두 가지 형태의 억압을 통해서 조절된다. 따라서 남자들 간의 관계가 **사회적** 우위를 계속 유지하기 위해서는 두 가지의 적절한 **성적** 억압 구조가 존재해야 한다. 이런 관점에서 우리는 남성 지배적인 서구 사회에서 결혼이 어떻게 남자들 사이에서 여성을 교환하는 제도로 이용되는지 알 수 있다. 동시에 이성애 결혼은 남성 동성애에 찍힌 낙인 때문에 그 권리를 계속 유지한다. 약간 도식적으로 설명하면, 세지윅의 사회적 · 성적 관계들의 배치는 한 가지 심오한 사실을 드러낸다. 즉, 사실상 이 특정한 문화 질서가 그대로 유지되기는 어렵다는 것이다. 남성들 간의 관계에 부여된 특권은 가부장적인 우정 관계가 비난하지 않을 수 없는 바로 그 동성애와 유사하기 때문이다.

세지윅의 독자들이 모두 성적 질서와 사회적 질서에 대한 이러한 서술을 전적으로 확신하는 것은 아니다. 레스비언 비평가들은 세지윅이 '이성 *hetero* -' 관계와 '동성 *homo* -' 관계의 지형도를 그리면서 놀라울 정도로 남성 - 여성과 남성 - 남성의 욕망만을 강조했다고 지적한다(예를 들어, Castle, 1993: 67~73 참조). 하지만 이런 모델에 한 가지 목적이 있다면, 그것은 정확히 왜 이성애와 남성의 동성 에로티시즘이라는 이분법이 그렇게 부단한 경계警戒 속에서 유지되어야 하는지를 드러내는 것이다. 물론 그 이유는 이성애와 동성애 사이에는 그러한 위험한 관계가 있기 때문에 사회는 '이성'과 '동성'의 대립으로 섹슈얼리티를 부단히 구분했기 때문이다. 빅토리아 시대 말 이후 우리는 흔히 이러한 강제적인 구분을 자연 상태에 부합하는 것으로 전제했으며, 그러한 구분이 어떻게 근대 문화의 심층에 위치한 문제를 은폐하기 위한 이데올로기적 술책으로 작용했는지를 보지 않았다. 세지윅의 논의는 어떻게 "모든 남성 중심적 사회에는 남성의 동성 사회적인(동성애적인 것을 '포함한') 욕망과 가부장적 권력을 유지하고 계승하기 위한 구조 사이에 특별한 관계가 존재"하는지에 관해 깊이 생각할 것을 요구한다(Sedgwick, 1985: 25). 따라서 아마 남성 사이의 **사회적** 관계와 **성적** 관계는 실제 매우 가깝게 위치해 있으며, 이것을 서구 문화는 대단히 불안하게 바라본다. 따라서 남성의 섹슈얼리티를 '이성'적인 대상 선택과 '동성'적인 대상 선택의 대립적 형태로 강력히 구분함으로써 이 둘 간의 불안한 근접성은 조심스럽게 은폐되어 왔다.

세지윅은 서론에서의 이러한 고찰을 그녀의 다음 저서인 《비밀의 인식론 *Epistemology of the Closet*》(1990)에서 더욱 자세하게 기술하는데, 그 비판적 관심은 바로 첫부분에 잘 나타나 있다.

> 《비밀의 인식론》은 20세기 서구 문화 전반에서 사상과 지식의 중요한 많은 결절점들은 19세기 말에 비롯된 동성애/이성애의 의미 규정의 끊임없는, 현재는 국지적인 위기, 특히 남성의 경우에 잘 나타나고 있는 이 위기에 의해서 형성된다 ― 사실은 분열된다 ― 는 점을 지적한다. 이 책은

근대 서구 문화의 거의 모든 측면에 대한 이해가 단순히 불완전하다는 것이 아니라, 근대적인 동성애 / 이성애의 의미 규정에 대한 비판적인 분석을 수용하지 못할 정도로 그 핵심적인 본질이 훼손되어 있다고 주장한다. 따라서 이 책은 그러한 비판적인 분석을 시작할 수 있는 적절한 지점이 근대의 게이 · 반反동성애 혐오증 이론이 지닌 상대적으로 탈중심화된 시각에서 나온다는 점을 전제한다 (Sedgwick, 1990: 1).

세지윅은 게이 이론이 '탈중심화'되어 있다(즉, 페미니스트 비판 이론만큼 이론적으로 성숙되지 않았을 뿐만 아니라 아직 학술적 논의의 중심에 위치하지 않았다는 의미에서)고 인정하면서, 서구 문화의 게이에 대한 긍정적인 평가는, '이성'과 '동성'의 날카로운 구분이 얼마나 중요하게 사회 생활의 많은 영역을 형성시켰는지 인식할 필요가 있다고 주장한다. 세지윅은 이렇게 밝히면서 곧 자신이 푸코에게 진 지적 부채에 대해 상세히 언급한다. 그녀의 저작은 《성의 역사》에서처럼, 섹슈얼리티 — 특히, 남성 동성애의 은폐 — 가 인식론, 즉 우리가 지식을 얻게 되는 방법에 관한 철학적인 성찰에 대해 얼마나 많은 것을 말해 줄 수 있는지에 초점을 맞춘다. 그녀는 다음과 같이 생각한다.

푸코의 설명에 동의해서, 그리고 내가 자명한 이치로 인정한 그의 결론에 따르면, 근대 서구 담론은 섹슈얼리티를 우리의 가장 자랑스런 구성물인 개인의 정체성, 진리, 지식과 관련해서 대단히 특권적인 자리에 있게 하면 할수록, 섹슈얼리티의 언어는 점점 더 우리가 지식을 얻게 되는 수단인 다른 언어들 및 관계들과 교차할 뿐만 아니라 그것들을 변형시킨다(Sedgwick, 1990: 3).

따라서 세지윅은 섹슈얼리티를 문화 전반과 분리해서 다룰 수 있는 현상으로 설명하는 것은 불가능하다고 믿는다. 오히려 섹슈얼리티라는 용어에 의해 생겨난 사유 체계 자체가 무수한 인식론적 행위 안에, 특히 우리 자신과 다른 사람들의 일반적 모습과 개별적 삶에 대한 지식을 얻기 위해 사용하는 비판적 방법들 안에 스며들어 있다.

이런 점에 근거해서 세지윅은 '근대적인 동성애/이성애의 구분'이 섹슈얼리티에 관한 결코 안정되지 않고 완전하지 않은 관념을 내포하고 있다고 주장한다. 그녀에 의하면 이러한 이분법적 구분이 계속 이용되는 것은 반대 성 간의 욕망과 동성의 욕망을 어떻게 구분할 것인가에 대한 두 가지 대립적인 이해에 근거한다. 세지윅의 관심은 20세기의 섹슈얼리티 이론가들이 에로티시즘을 분석할 때 어떻게 두 집단으로 명확히 갈라지는 경향이 있는지에 있다. 자신의 주장을 입증하기 위해 세지윅은 섹슈얼리티에 관한 관점을 나누는 두 가지 분리 선을 지적한다. 첫번째 분리 선은 욕망에 관한 '보편주의 *universalizing*' 관점과 '소수주의 *minoritizing*' 관점 사이에 놓이고, 두 번째 분리 선은 '젠더' 정의와 '성적' 정의 사이에 놓는다(Sedgwick, 1990: 88). 이 두 가지 구분이 의미하는 바를 설명해 보자.

세지윅이 이 두 가지 관점을 분리한 첫번째 구분은 (1) 섹슈얼리티가 어떻게 선천적인 본질적 정체성의 문제로 여겨질 수 있는지('소수주의'), (2) 욕망이 어떻게 선택이 허용되는 연속성의 일부로 여겨질 수 있는지('보편주의')를 보여 준다. 다시 말해서 '소수주의' 관점은 '이성' **아니면** '동성'이라는 구분에 의한 고정된 성적 욕망을 강조한다. 반대로 '보편주의' 관점은 성적 욕망을, 반대 성과 동성의 에로티시즘 사이의 전 영역에 걸쳐 있는 것으로, 즉 넓은 범위의 성적 기호 중간에 양성애의 욕망이 자리잡고 있는 것으로 간주한다.

세지윅의 두 번째 구분은 '성적' 정의와 '젠더' 정의의 구분인데, 이 역시 '소수주의' 관점과 '보편주의' 관점 사이에 유사한 대립이 존재한다. 그러나 이번에는 욕망 자체보다 성별화된 육체가 더욱 강조된다. 한편으로 우리는 여성과 남성이 의미하는 바의 특정 경험을 강조하는 젠더 '분리적' 관점을 발견할 수 있다. 이러한 '소수주의' 입장이 나타나 있는 한 가지 현상은 여성 동성애 집단들이 가능한 한 남자들과 독립적으로 살아가면서 이성애적 가부장제와 단절을 시도했던, 1970년대에 전개된 바 있는 레스비언 분리주의일 것이다. 다른 한편, 남성과 여성의 매우 엄격한 생물학적 구분을 없애 버림으로써 젠더의 '주변성'이나 '일시성'을 높이 평가하는 '보편주의' 관점이 있다. 세지윅은 이러한 관점 속에 레스비언과 게이 남성 간의 연대와 같은 정치적 운동 양식뿐만 아니라 양성성과 같은 현상도 포함시킨다. 우리는 여기에 젠더 주변성의 모델을 제시하는 젠더 전환적 *transgendered* 정체성과 성 전환적 *transsexual* 정체성도 포함시킬 수 있는데, 이런 형태들은 남성과 여성, 남성성과 여성성 간의 고정된 경계를 없애 버리는 전이적 형태를 제시하기 때문이다.

사실 섹슈얼리티에 관한 이와 같은 대립적 견해들은 섹슈얼리티가 불변의 본질('소수주의')이거나 가변적 구성물('보편주의')이라고 주장한다. 더욱 직접적으로 표현하면, 이러한 이해의 충돌은 '자연'을 믿는 사람들과 그 '자연'이 성적 행동을 결정한다고 믿는 사람들 사이의 오래 된 소원함을 나타내는 것이다. 〈성에 관한 고찰〉에서 루빈이 그랬듯이, 세지윅은 자신의 도식적인 설명이 현재 섹슈얼리티를 이해하는 것에서 나타나는 일반적인 경향들을 입증하는 것일 뿐이라는 사실을 잘 알고 있다. 그녀 자신도 인정했듯이, 이것은 다양한 욕망 이론들이 어떻게 '소수주의'와 '보편주의'라는 대립적 진영에서 나온 주장들을 취할 수 있는지를 보지 못한, '오해의 여지가 있는 대칭적 지도'이다(Sedgwick, 1990: 90). 그러나 그것이 바로 핵심이다. 이러한 차이들을 서술하면서, 세지윅은 '성적' 입장과 '젠더' 입장 양쪽에 깊이 스며들어 있는 '상당히 구조화된 담론적 모순'에 주목한다. 그녀의 지도는 우리가 섹슈얼리티를 이해하기 위해 사용하고 있는 범주들에 대해 많은 질문을 제기하게 한다. 에로틱한 정체성은 그 사람의 성별화된 육체에 고유한 것인가? 아니면 젠더화된 의미들의 복합적 총체 — 양성 간의 해부학적 차이에서 반드시 기인한 것은 아닌 여성성과 남성성의 전 범위 — 안에서 이리저리 움직이는 유동적인 현상일까? 이러한 질문들은 세지윅이 푸코의 안내를 충실하게 따른 결과이며, 이것은 새로운 학문 영역인 레스비언 · 게이 연구가 섹슈얼리티를 둘러싼 인식론적 구조들을 탐색할 수 있는 공간을 만들어 냈다.

《비밀의 인식론》과 같은 해 발표된 주디스 버틀러의 《젠더의 위기 Gender Trouble》(1990)는 푸코의 저서들에 의지해서 우리가 섹스와 젠더, 욕망을 이해하기 위해 어떻게 범주들을 구성하는지에 대해 신선한 분석을 제시한다. 이 책에서 버틀러는 전반적으로 '젠더'가 왜 페미니즘 논쟁에서 '위기'의 진원지가 되었는지 설명한다. 왜 젠더라는 말이 그렇게 골치 아픈 문제일까? 버틀러는 이러한 질문에 대답하면서 어떻게 담론적 실천들이 흔히 자신이 분석하고자 하는 그 문제 자체를 만들어 내는지에 주목하게 한다. 이 점을 설명하기 위해 그녀는 《성의 역사》 1권에서 볼 수 있는 푸코적 패러독스에 초점을 맞춘다. 버틀러는 자신이 어린아이로서 '위기'에 휩쓸리게 되는 것이 어떤 의미였는지에 대해 다음과 같이 성찰한다.

> 내 어린 시절의 지배적인 담론에 따르면, 문제를 일으키는 것은 결코 해서는 안 될 어떤 것이었다. 그것으로 인해 곤란에 빠질 수 있기 때문이었다. 저항과 그것에 대한 비난이 동일한 용어들로 포착될 수 있는 것처럼 보였다. 그리고 이것은 내가 권력의 미묘한 술책을 처음으로 비판적으로 통찰할 수 있게 한 현상이었다. 즉, 지배적인 법률은 위기에서 벗어나게 하려고 함에도 불구하고, 곤란에 빠뜨리려고 위협했고 심지어 곤란에 빠지게 했다(Butler, 1990: ix).

버틀러는 이런 형태의 이중 구속 *double bind*에 상당히 주목했기 때문에 푸코가 말한 '계보학적 분석'(Foucault, 1977b: 142)에 따라 '젠더의 위기'를 분석한다. 독일 철학자 니체에게서 '계보학'이란 용어를 가져와서 푸코는 섹슈얼리티 같은 현상을 둘러싸고 일련의 관념들이 어떻게 분류되는지를 추적하는 데 관심을 가졌다. 버틀러는 "계보학적 비판은 억압되어 있어 시야에 들어오지 않는 문제인 젠더의 기원, 여성의 욕망의 내적 진리, 진실한 혹은 진정한 성적 정체성을 탐구하는 것이 아니다"라고 말한다. 그 대신 "계보학은 사실상 다양하고 분산된 기원의 지점들을 가진 제도, 실천, 담론의 **결과**라고 할 수 있는 그러한 정체성의 범주의 **기원**과 **원인**을 지시하는 정치적 차원의 문제를 탐구한다"(Butler, 1990: x~xi). 버틀러는 이렇게 푸코를 쫓아 정확히 왜 젠더가 그러한 지적 위기의 진원이었는지에 대해서 인상적인 결론을 도출한다. 뿐만 아니라 그녀는 어떻게 '젠더의 위기'가 사회 변화의 급진적 가능성을 열어 보일 수 있는지 탐색한다. 그녀에 의하면 그러한 변화는 우리가 젠더의 **수행적** *performative* 조건을 고려할 때 실현될 수 있다. 이것은 이제까지의 많은 버틀러 연구자들에 의해 잘못 이해되었기 때문에 주의 깊게 설명될 필요가 있는 중요한 개념이다. 어째서 "젠더의 특징들…… 이 표출적이 아니라 수행적인"지를 이해하기 위해 우리는 버틀러가 섹스와 젠더, 욕망의 구분에 대해 꼼꼼하게 계보학적 비판을 행한 것 가운데 몇 가지 측면을 살펴볼 필요가 있다(Butler, 1990: 141).

《젠더의 위기》에서 버틀러의 가장 중요한 목적 가운데 하나는 구속적인 이분법적 논리가 어떻게 섹스와 젠더에 대한 비판적 이해를 가로막았는지 살펴보는 것이다. 최소한 1960년대 이후의 현대 페미니즘 분석은 흔히 섹스는 성별화된 육체(여성 혹은 남성)와 관련되고 젠더는 성별화된 육체에 귀속된 성적 의미(여성성 혹은 남성성)를 나타낸다고 주장해 왔다. 근본적으로 이런 구분은 섹스는 자연에 의해 결정되고 젠더는 문화적으로 구성된다고 주장한다. 비록 일반적인 전제는 남성 육체는 남성성의 기반이고 여성 육체는 여성성의 기반이라는 것이었지만, 페미니스트 비판가들은 섹스와 젠더의 잠재적 분리에 대해 결코 고찰해 본 적이 없었다. 버틀러는 만일 섹스가 자연적으로 형성되고 젠더는 문화적으로 구성된다면, 이 두 가지 현상은 상이한 원천에서 비롯될 것이라고 주장한다. 그렇다면 젠더는 반드시 섹스에서 비롯될 필요는 없는 것이다.

> 만일 젠더가 성별화된 육체가 지니는 문화적 의미라면, 젠더는 어쨌든 섹스에서 나온 것이라고 말할 수 없다. 논리적으로 섹스/젠더 구분은 성별화된 육체와 문화적으로 구성된 젠더 사이에 근본적인 불일치가 있음을 암시한다.

*Sex*

이분적인 섹스의 안정성을 당연한 것으로 가정하면, '남자'라는 구성물은 남성의 육체에만 부착될 것이라거나 '여자'라는 구성물은 여성의 육체로만 해석될 것이라고 말할 수 없다. 더 나아가, 양성이 그 형태와 기질면에서 분명 두 가지 구분된 것처럼 보일지라도(이것도 문제가 되겠지만), 젠더도 역시 두 가지여야 한다고 가정할 이유는 전혀 없다. 이분적인 젠더 체계를 가정하는 것은 젠더가 섹스처럼 나뉘어져 있고 따라서 젠더는 섹스를 반영하거나 섹스에 의해 제한된다고 은연중에 생각하는 것이다. 젠더의 구성된 상태가 섹스와 근본적으로 무관하게 이론화된다면 젠더 자체는 자유롭게 떠 다니는 가면 *artifice*이 되고, 그 결과 **남자**와 **남성성**은 남성의 육체를 나타내는 것만큼이나 여성의 육체를 나타낼 수 있고, **여자**와 **여성성**도 여성의 육체를 나타내는 것만큼이나 남성 육체를 나타낼 수 있다(Butler, 1990: 6).

서구 문화는 일반적으로 섹스가 젠더의 문화적 체계에 해부학적 토대를 제공하는 것으로 전제하지만, 버틀러의 목적은 이 두 가지 용어 사이에는 왜 사실상 파괴적인 단절이 존재하는지 설명하는 것이다. 사내답지 못한 태도는 서구 문화에서 흔히 아주 경멸적으로 여겨진 남성성의 일탈적 형태이다. 반대로, 여성의 남성성은 종종 사회 질서에 분명히 저항하는 것이다. 우리는 남자 같은 *butch* 레스비언들이 늘상 어떻게 일탈적인 자기 표현으로 인해 낙인을 찍히곤 했는지 되돌아볼 수 있다. 두 사례는 남녀가 선택할 수 있는 폭넓은 젠더화 양식의 항목에 대해 좀더 주의 깊게 생각할 필요가 있음을 보여 준다. 버틀러는 젠더가 어떻게 복수적인 개념으로 이해될 필요가 있는지에 대한 깊은 성찰을 요구하고, 따라서 많은 다양한 여성성과 남성성을 정당하게 평가해야 한다고 주장한다. 동시에 그녀는 '섹스'가 자연에 기반을 둔 현상이라는 주장 자체에 대해 의문을 제기한다. 결국 문화는 '섹스'가 사실상 자의적인 차이의 기호임에도 불구하고 마치 그것이 자연적인 차이를 나타내는 표시인 것처럼 설정함으로써, 그것을 명명하고 이해하는 과정에서 부인할 수 없는 역할을 수행했다. 따라서 젠더가 문화적 구성물로 추론되듯이 섹스 또한 문화적 구성물이다.

그렇다면 서구 문화는 왜 말끔하게 통합된 '섹스/젠더 체계'라는 편협한 견해를 유지했을까? 그리고 비판가들은 왜 섹스와 젠더에 대한 이러한 접근 방식의 핵심에 존재하는 모순과 긴장에 대해 거의 문제 제기하지 않았을까? 버틀러는 이성애를 자연스럽게 보이는 제도로 만든 것, 즉 여성과 남성, 여성성과 남성성의 이분법적 대립을 견고하게 유지시키는 제도로 만든 것은 바로 그러한 가정이었다고 주장한다. 이성애가 그러한 구조적 통합성을 지닌 것처럼 보이기 때문에 대안적인 개념적 분석틀을 상상하기는 여전히 어렵다. 다음 단락에서 버틀러는 이성애가 왜 흔히 섹스와 젠더의 관계에 대한 우리의 사고를 철저히 지배해 왔는지 설명한다.

> 젠더는 경험, 섹스, 젠더 그리고 욕망의 **통일체**를 의미한다. 단, 섹스가 어떤 의미에서 젠더 — 여기에서 젠더는 자아의 정신적이고/이거나 문화적인 의미를 나타낸다 — 와 욕망 — 여기에서 욕망은 이성애적인 욕망이고 따라서 자신이 욕망하는 다른 젠더와의 대립적 관계를 통해서 자신을 차별화한다 — 을 필요로 하는 것으로 이해될 수 있을 때 그러하다. 남자 혹은 여자라는 두 가지 젠더의 내적 일관성이나 통일성은 이로써 안정적이면서 대립적인 이성애를 요구한다. 그러한 제도적 이성애는 대립적이고 이분

법적인 젠더 체계 안으로 젠더화될 가능성의 한계를 이미 규정하고 있는 젠더화된 두 항 각각의 단일성을 요구하고 또한 이를 생산해 낸다. 이러한 젠더 개념은 섹스, 젠더 그리고 욕망 간의 인과 관계를 전제할 뿐만 아니라 욕망은 젠더를 반영하거나 표현하고 젠더는 욕망을 반영하거나 표현한다고 주장한다(Butler, 1990: 22).

버틀러는 여기에서 이성애에 대한 지배적인 관념이 어떻게 섹스와 젠더를 여성과 남성, 여성성과 남성성이라는 상반되지만 보완적인 한 쌍으로 구성된 항들로 전제하는지 자세히 설명한다. 결론적으로 이성애적 욕망은 이러한 젠더화된 한 쌍의 체계로부터 발전한다. 다시 말해서 젠더의 이분법적 구조는 반대 성의 매력에서 자신의 보완적인 측면을 발견하는 것이다. 그렇다면 이성애에서 욕망과 젠더는 서로를 더욱 강화시키기 때문에 이성애의 섹스／젠더 체계를 자연스러운 것이 아니라고 인식하기가 어렵게 된다. 만일 젠더가 안정적인 대립물로 구성되어 있고 욕망은 각 성의 상호성을 요구한다면, 이성애의 명백한 일관성은 압도적인 것으로 드러날 것이다. 다시 말해서, 그만큼 이러한 모델에서 벗어나 있는 성애의 기호는 지극히 이상하게 여겨질 것이다.

버틀러의 이론적 목적은 자신이 "이성애의 모체 *heterosexual matrix*"(Butler, 1990: 35)라고 부른 것을 **부자연스럽게 만드는 것이다**. 그녀는 푸코에게 암시를 받아 무엇보다 먼저 인류학(레비 스트로스)과 정신 분석학(프로이트, 라캉)의 이론적인 영향이 어떻게 이러한 성적 체계를 고착시키는 문화 법칙에 호소했는지 보여 준다. 이 이론들의 한계를 검토한 후에 그녀는 이성애적 에로티시즘의 우위를 전복시킬 동성애와 양성애의 욕망을 제거하려고 하는 배타적인 논리를 살펴본다. 그러나 푸코와 달리 버틀러는 주체가 저항적으로 욕망을 조직하는 방식을 이해하기 위해서 정신적 동일시의 구조를 탐색한다. 이런 점에서 그녀의 주체 모델은 《성의 역사》에 나타나 있는 공허한 모델과는 다르다. 오히려 그녀의 관심은 정신 분석이 어떻게 그 본래 목적에 반해서 주체가 이성애의 모체의 권력에 저항하는 정신적 동일시를 경험할 수 있는 기제들을 폭로하는 데 이용될 수 있을지 하는 것이다(Butler, 1990: 35~78 참조). 그녀는 이성애자가 되도록 문화적으로 명령하는 것이 어째서 항상 성공적이지만은 않은지에 대해 좀더 잘 이해하기 위해서는 정신적 기제를 더욱 면밀히 분석할 필요가 있다고 생각한다.

《젠더의 위기》는 결국 섹스, 젠더 그리고 욕망이 왜 그리고 어떻게 이성애의 빈틈없는 이분법적 질서 안으로 통합되지 않는지에 대해 설명한다. 그리고 버틀러가 젠더의 수행적 조건에 관한 견해를 정식으로 표명하는 것은 바로 이 지점이다. 버틀러는 수행적이라는 말을 사용해서 육체가 다양한 행동과 몸짓을 통해 젠더화된 의미가 부착되는 표면이 되는 방식을 설명한다. 그녀가 '육체의 의미 작용'이라고 부른 것은 젠더가 자연에 의해 주어진 존재론적 본질에 호소하지 않는다는 것을 드러낸다(Butler, 1990: 136). 오히려 핵심적인 젠더 정체성이 사실상 존재한다고 믿는 광범위한 신념은 실질적으로 자연스러움의 허상을 제공하는 수행적 행위를 통해 유지된다. 자신의 주장을 뒷받침하기 위해 버틀러는 젠더 수행성의 문제를 확실히 보여 주는 게이 남성의 여장女裝(드래그)에 관해 논의한다.

근본적인 혹은 1차적인 젠더가 있다는 생각은 흔히 여장, 옷 바꿔 입기 같은 문화적 행위 안에서 그리고 [레스비언

문화에서는] 부치 / 팜므 정체성의 성적 스테레오타입에서 패러디된다. 페미니즘 이론은 그러한 희화된 정체성을, 여 장이나 옷 바꿔 입기의 경우에는 여성으로 타락한 것으로 혹은특히 부치 – 팜므라는 레스비언 정체성의 경우에는 이 성애 실천의 성 역할 고정화를 무비판적으로 받아들인 것 으로 이해해 왔다. 그러나 내 생각에 '모방'과 '원본'의 관 계는 그런 비판이 일반적으로 생각하는 것보다 더욱 복잡 하다. 더구나 그것은 우리에게 1차적 동일시 — 즉, 젠더 에 부여된 본래적인 의미 — 와 그 이후의 젠더 경험 간의 관계가 재정립될 수 있는 실마리를 암시해 준다. 여장을 하는 것은 그 사람의 해부학과 그 사람이 보여 주고 있는 젠더가 분리되어 있는 것 속에서 행해진다. 그러나 실제로 우리에게는 세 가지 우연적인 차원의 중요한 육체적 특성 *corporeality*, 즉 해부학적인 섹스와 젠더 정체성과 젠더 수 행이 존재한다. 만일 수행자의 해부학이 이미 그 사람의 젠더와 구별되고, 그 둘 또한 수행한 행위의 젠더와 구별 된다면, 수행한 행위는 섹스와 그것과의 불일치뿐만 아니 라 섹스와 젠더, 젠더와 그것과의 불일치를 암시한다 (Butler, 1990: 137).

버틀러에 의하면, 게이 남성의 여장은 최소한 원칙적으로 젠더가 '모방적인 구조' (즉, 여성이나 남성이 되는 것, 여성적이거 나 남성적이 되는 것은 특정한 육체적 표시의 생산을 요구하는 행위 의 수행을 동반한다는 것을 드러내는 구조)임을 보여 주는 미덕이 있다. 버틀러는 여장이 단지 근본적인 젠더 정체성을 모방한 것 이라고 주장하는 대신, 이 이채로운 연극성은 모든 젠더 정체성 이 사실상 파생적인 모방에 불과함을 보여 주는 것이라고 주장 한다. 수행적 행위를 통해서 우리는 여자 혹은 남자, 여성적 혹 은 남성적이 **되는** 방법을 배운다. 여기에서 버틀러는 강한 구성주의적 입장을 취하고 있고 따라서 푸코와의 제휴가 분명히 나타난다.

《젠더의 위기》는 고무적인 언급으로 끝을 맺는다. 즉, 자연스러운 젠더의 모습을 이성애의 가면을 통해서 혼란시킬 방법을 찾아보자는 것이다. 확실히 레스비언과 게이의 문화는 섹스와 젠더 간의 자연스러워 보이는 연관을 혼란시키는 옷 바꿔 입기나 부치 / 팜프 역할 수행을 통해서 '젠더 물먹이기 *gender fuck*' 라고 속되게 표현되는 전술을 상당 부분 수행했다. 하지만 일부 비판가들은 버틀러의 전략, 즉 각각의 모든 행위 수행을 규정하는 "반복적인 젠더 규범 자체를 **전치** *displace*"시킬 "젠더의 급진적 확산"을 부르짖는 그녀의 호소에 의심의 눈길을 보냈다(Butler, 1990: 148). 예컨대, 에드 코헨 Ed Cohen은 버틀러의 모델이 '자원주의적'으로 보일 것이라고 말했다. 그것은 젠더가 마음 먹기에 따라 구성되고 재구성될 수 있다고 말하는 것처럼 보였기 때문이다(Cohen, 1991: 83). 하지만 버틀러는 젠더를 수행하는 '내'가 어떻게 여성성과 남성성에 다중적 의미를 부여하는 담론 구조의 외부에 존재할 수 없는지를 적절하게 강조한다. 오히려 주체는 섹스, 젠더 그리고 욕망의 생산을 규제하려는 의미 작용의 영역 안에서 움직인다. 그러나 그럼에도 그러한 의미 작용의 영역은 저항적인 젠더 수행을 통해서 변혁까지는 아닐지라도 조정될 수 있고 논쟁의 대상이 될 수도 있다.

섹스, 젠더, 욕망에 대한 이해가 수행적 실천 안에서 어떻게 변화될 수 있는지 살펴보기 위해, 이제 이 장의 마지막 주제인 퀴어 이론에 대해 살펴보자. 《비밀의 인식론》과 《젠더의 위기》는 분명 이 새로운 연구 분야를 특징짓는 데 상당한 기여를 했다. 이 두 저서가 1990년에 출판된 것은 우연이 아닐 것이다.

*Sex*

그 해에 동성애 운동 집단인 '동성애자 국가Queer Nation'가 대중의 이목을 받기 시작했기 때문이다. '동성애자 국가'에 의한 상상적인 대중적 개입은 이성애와 동성애를 구분하고 그 한계를 규정하며 사실상 그러한 구분을 자연스럽게 만들기 위해 이용되었던 표식 *label*에 대한 푸코적인 논쟁이 전개되는 조건을 마련했다. 뉴욕의 ACT UP(권력 해방을 위한 지원 연합the Aids Coalition to Unleash Power)에서 발전된 정치적 저항의 형태를 이용해서, '동성애자 국가'는 그 많은 열망 가운데 특히, 섹슈얼리티의 양식에 이름을 부여하고 이를 인식하기 위해 사용되는 어휘를 확장시키고자 했다. 대부분 이 운동가들은 1960년대 후반 이래 점점 더 구속적이고 무비판적인 '정체성의 정치'를 신봉했던 기존 레스비언과 게이 운동의 자기 만족에 실망을 했다. 그들은 레스비언과 게이 남성이 독특하고 본질적인 정체성을 가지고 있다고 믿는 것에 의해 성 해방 운동이 오도되고 있다고 주장했다. 뿐만 아니라 그들은 레스비언과 게이 운동이 이러한 정체성을 가지고 있지 않은 사람은 그들의 투쟁에 동참하기 어렵게 만드는 배타적인 정치적 의제를 설정한다고 생각했다. 한 예로, 양성애적인 남성과 여성은 때로 이러한 정치 운동에서 배제되었는데, 그들의 것은 양성애자가 그 적이라고 할 수 있는 이성애자와 교활하게 친밀성을 유지하고 있다는 근거에서였다. 결과적으로 양성애자들은 레스비언과 게이 정치의 독특한 양성애 혐오증을 재빨리 눈치챘다. 원칙적으로 '동성애자 국가'는 이러한 배타성을 참을 수 없었다. 이 운동 집단은 성적 비주류자들의 많은 공동체를 끌어안음으로써, 섹슈얼리티에 대한 사고에 혁신적인 패러다임을 창출하기 위해 찬반이 엇갈리는 담론 전략을 발전시켰다. 1920년대 이래 퀴어라는 말은 동성애자들을 모욕하려고 일상적으로 사용된 말이었다. 이 운동 집단은 이 말을 억압자들에게서 빼앗아와서 그 의미를 재규정했다. 이런 과정에서 '동성애자 국가'는 그 말을 반복적으로 사용해서 그 의미를 전치시키는 담론 행위를 수행했다. 학계에서 퀴어 이론은 현재 이성애의 모체에 의문을 제기하는 다양한 성적 비주류의 형태에 관한 연구를 포괄하고 있다.

버틀러는 섹스, 젠더, 욕망에 대한 우리의 지식을 오랫동안 가로막아 왔던 담론 체제를 민감하게 인식했듯이, 퀴어 정치가 직면할 운명도 재빨리 인식했다. 모든 기술적記述的 용어들은 그것이 반복되는 과정을 통해서 자연스러워질 위험이 있기 때문에, 그녀는 그 말이 생산적인 논쟁의 주제로 남아 있어야 한다고 주장한다. 퀴어가 결국 그것이 원래 저항했던 바로 그러한 규범적 사고와 똑같이 되어 버린다면 그것은 정말 서글픈 아이러니가 아닐 수 없다.

> 만일 '퀴어'라는 말이 우리들 논쟁의 지점, 즉 일련의 역사적인 고려 사항들과 미래의 상상을 위한 출발점이어야 한다면, 그것은 현시점에서 결코 완전히 소유되지 않아야 하고 이전의 어법에서 항상 재조정되고 비틀어지고 낯설게 되어야 하며 긴급하면서 확장되는 정치적 목적들을 추구하는 것으로 계속 존재해야 할 것이다. 이것은 또한 그 말이 그러한 정치적 목적들을 더 효과적으로 만들 수 있는 용어들에게 자리를 내 주어야 한다는 의미이다. 그러한 양보는 미리 완벽하게 예측할 수 없는 운동의 지형을 재편하는 민주적인 논쟁을 조정하기 위해서 — 순치하는 것이 아니라 — 필수적일 것이다(Butler, 1993:228).

버틀러는 퀴어라는 말이 섹스와 젠더의 의미 규정이라는 문제를 단번에 해결할 수 있는 것처럼 가정하기보다는 이 새로운 말이 미래의 어떤 시점에서 또 다른 말로 대체될 수 있다고 본다. 분명 섹슈얼리티를 해석하기 위해 우리가 사용하는 용어들은 역사적으로 우연적이다. 만일 우리가 섹스, 젠더 그리고 욕망을 사고하기 위해 사용하는 용어들의 용법에 대해 좀더 성찰적이 된다면 이성애의 모체가 자연스럽게 여겨지지 않도록 우리의 욕망을 재규정할 가능성은 그만큼 더 커진다. 그러나 이것은 이성애 관계가 축복받아서는 안 된다는 의미가 아니다. 결코 그런 것이 아니다. 버틀러의 주장은 **모든** 섹슈얼리티가 자연스러움의 허구가 벗겨지고, 따라서 합의된 형태의 친밀성을 유지하고 진정으로 해방된 환경 속에서 우리의 젠더를 수행할 수 있는 가능성을 최대화해야 한다는 것이다. 퀴어 이론은 섹슈얼리티의 담론적 구성을 강조함으로써 푸코의 《성의 역사》 1권의 중요한 결과물이라고 할 수 있다. 그것은 푸코도 틀림없이 지지했을, 사회 이론상의 발전이다.

# 결론

## 다양한 에로티시즘

20세기를 마감하는 10년간 서구 문화는 분명 과거 그 어느 때보다 에로틱한 행위와 정체성과 스타일이 다양화된 시대에 접어들었다. 1960년대 말 시민권 운동이 전개되던 시기 이후, 공적인 인정과 정치적 정당성을 얻기 위해 싸우는 다양한 목소리의 성적 소수 집단은 점점 증가했다. 그 과정에서 이러한 이질적인 집단들은 섹슈얼리티를 인지 가능하게 하는 가용한 용어들을 확대할 것을 강력히 요구했다. 최근 몇 년 동안 특히 퀴어, 양성애자, 성 전환자(트랜스젠더), 그리고 소수 민족의 담론들이 두드러졌다. 이 장에서는 이러한 운동들이 각각 에로티시즘을 해석하는 데 사용해 왔던 전통적인 범주들을 해체하기 위해 얼마나 노력하는지에 대해 개괄적으로 살펴볼 것이다. 그러나 욕망을 이야기하는 데 사용되는 어휘들을 변화시키자 했던 결정적인 추진력은 복잡한 상황에 직면해 있다. 성 정체성의 확산은 정말로 어디에서 시작될까? 그것은 단순히 견고한 범주들을 더욱 증가시키는 것은 아닐까? 아니면 좀더 폭넓은 사회적 관용과 수용을 가져올 수 있는 것인가? 아니면 공동체 사이의 분리를 더욱 확대하는 것은 아닐까? 이런 질문들은 분명 긴급한 것들인데, 이는 현재 서구 사회에서 섹슈얼리티를 넘어서 확장되는 사회적 쟁점의 핵심에 자리잡고 있기 때문이다. 만일 다양성의 목적이 각각의 독자적인 정체성의 인정이라면, 거기에는 그러한 모든 정체성의 구별되는 특징을 약화시키는 상대화할 위험 또한 존재한다. 다양성을 추구하는 운동은 운동가들이 사회에서 인정해 주기 원하는 차이들을 결국 최소화시킬 것이다.

성적 다양성을 추구하는 이러한 일사불란한 운동은 현대 문화 생활의 많은 영역에 두루 영향을 미치는 포괄적 경향의 일부로 여겨질 수 있을 것이다. 이러한 경향은 광범위하지만 약간 덜 엄격하게 표현하자면 '포스트모던'이라는 말로 이해된다. 포스트모던은 역사의 한 시기를 의미하는 것('포스트모더니티')에서부터 세계를 인식 방법에서의 주목할 만한 변화를 설명하는 것('포스트모더니즘')까지 그 범위가 대단히 넓다(Harvey, 1989 참조). 여기에서 비록 이 포괄적인 개념과 연관된 많은 특징들을 열거하기는 불가능하지만, 일반적인 주장을 다음과 같이 요약할 수는 있을 것이다. 즉, 포스트모던은 현 시대가 진보, 실증주의 그리고 인식론적 확실성이라는 계몽주의 모델과 결정적으로 단절하기 위해 얼마나 노력하고 있는지를 분명히 보여 준다. 성 과학자들과 정신 분석가 그리고 이후의 몇몇 욕망 이론가들이 섹슈얼리티에 대한 반박할 수 없는 진리를 발견할 수 있을 것이라고 믿었던 것은 바로 진보적인 계몽주의 정신에 의해서였다. 푸코가 고찰한 바와 같이, 이들은 정교한 이론 체계를 만들어 내기 위해 많은 노력을 기울였지만, 결국 자신들이 세밀하게 고찰한 현상들을 엄격하게 한계짓는 설명적 범주

들을 만들어 내는 경향이 있었다.

이러한 이전의 연구자들이 섹슈얼리티를 정의하기 위해 만들어 낸 범주들에 나타나 있는 이데올로기적인 측면과 개념적 편견에 대해서 퀴어 이론이 의문을 제기한 것은 분명 포스트모던적 정신을 통해서이다. 4장은 퀴어의 개입이 대체로 푸코의 생각에 입각해서 오랫동안 지속된 이성/동성의 구분을 전복하고자 했음을 보여 준다. 미첼 워너 Michael Warner에 따르면, 동성애queerness는 '정상성의 체제'(Warner, 1993: xxxvi), 특히 '이성애 규범 heteronormativity'에 저항한다. 그러나 워너도 덧붙여 말했듯이 퀴어적 사고 방식은 어떤 특정한 정체성을 그러한 저항의 지점이라고 주장하기보다 '보편화의 공격적인 충동'을 가시화해서 드러낸다. 워너의 이러한 지적은 퀴어 정치가 이성애는 가장 자연스럽고 이상적인 혹은 적합한 친밀성의 모델을 포괄한다고 보는 견해에 적극 대항하는 성적 저항의 많은 다양한 양식들을 지지하고 있음을 나타낸다.

그렇지만 이러한 뚜렷한 대결적인 태도는 그 목표를 약화시킬 수 있다. 불확실성의 포스트모던 시대에서의 인간적인 가치에 대해 논의하면서, 제프리 윅스는 퀴어 운동이나 퀴어 이론이 모두 복잡한 뒤얽힌 이중 구속 double bind에 휘말려 있다고 말한다. 급진 정치는 흔히 구시대적 정설들을 해체하는 가운데 새로운 정설들을 정립하는데, 이 점에서 퀴어의 개입도 예외는 아니다. 윅스는 동성애가 대체로 이성애 규범이라는 포괄적인 관념에 반해서 자신을 규정하면서 역설적으로 자신이 전복하고자 했던 구조를 견고하게 유지할 위험이 있다고 암시한다. 하지만 이러한 결함에도 불구하고 윅스는 동성애가 섹슈얼리티로 명명되고 인식되는 기준을 변화시키려는 환영할 만한 욕구를 표현하고 있다고 믿는다.

퀴어 정치는 한계를 넘어서려는 대안의 내용을 둘러싸고 전개되는 고귀한 대결이 지닌 모든 결함을 지닌다……. 이러한 결함에도 불구하고 그것은 흥미로운 현상인데, 그것은 퀴어 정치의 발언과 행위 이외에도 상이한 존재 방식을 지향하는 집단적인 성의 정치학의 끊임없는 창의성을 잊지 않게 해 주기 때문이다. 그것을 어떻게 생각하든, 그것은 섹슈얼리티의 정통 인식론에 도전하면서 정체성들의 계속적인 구성 과정을 잘 보여 주고 과거의 확실성과 분리를 넘어서는 공동체 의식을 보여 준다(Weeks, 1995: 115).

동성애는 '상이한 존재 방식'을 생산하면서, 확실히 1860년대부터 현재까지 섹슈얼리티에 관한 많은 사고의 토대가 되었던 동일시의 전제들이라고 불릴 수 있는 것과 단절하고자 했다. 포스트모던으로 쉽게 이해되고 있는 것은 바로 정체성의 사고를 지지하는 근본적인 논리를 산산히 깨부수려는 이러한 각별한 추진력이다.

그러나 웍스 자신도 말했지만 또 다른 각도에서 보면 섹슈얼리티에 대한 이 포스트모던적인 퀴어적 태도는 우리에게 어떤 긴급한 문제를 제기한다. 일부 사회 이론가들은 포스트모던이 지배적인 범주에 대한 근본적인 전복이라고 생각하기보다 오히려 후기 자본주의가 우리의 친밀한 삶의 영역까지 침탈하고 있음을 입증하는 것이라고 설득력 있게 주장했고, 따라서 그들이 보기에 퀴어 이론은 자본주의와 욕망의 체계적인 통합을 나타내는 또 다른 징후일 뿐이다. 어째서 그러한가? 부분적으로 이 질문에 대한 대답은 성적 다양성을 추구하는 포스트모던적 경향이 어떻게 전문화된 기호에 호소하면서 계속 시장을 다양화시켜 나가는 자본주의 체제 아래에서 증가하고 있는 개인

주의를 나타내는지에 있다. 윅스는 이 점을 다음과 같이 간결하게 제시한다.

> 우리 시대의 지배적인 주제로 등장한 급진적 개인주의는 경제적 가치 면에서뿐만 아니라 성적이고 윤리적인 가치 면에서도 모호한 현상이다. 긍정적인 측면에서 보자면 그것은 전통적인 내러티브의 결속력 및 지배와 복종의 관계를 약화시킨다. 선택의 담론은 과거의 진리를 강력히 해체하는 작용을 한다……. 그러나 그것의 부정적인 측면은 개인의 성적 만족을 가로막는 어떠한 방해물도 허용하지 않는 성적 자유 지상주의 *libertarianism*인데, 이는 개인의 쾌락을 성 윤리의 유일한 척도로 삼는 것이다(Weeks, 1995: 28~9).

윅스의 지적은 분명 우리가 성적 다양성을 개인 선택의 문제로 간주할 경우에 신중을 기할것을 요구하는데, 이는 선택의 개념 자체가 도덕적 딜레마를 제기하기 때문이다. 한편으로 선택은 억압된 성적 정체성을 표현할 개인의 권리를 지지한다. 그러나 다른 한편으로 특정한 성 생활 양식을 선택할 권리는 다른 사람의 욕구를 희생해서 개인의 욕망을 충족시키는 것을 지나치게 강조하는 비윤리적인 정신에서 이행될 수 있다.

도널드 모턴 Donald Morton이 퀴어 이론에서 유감스럽게 여기는 것도 바로 개인주의적인 욕망을 지나치게 강조하는 것이다. 모턴은 엄격한 마르크스주의적 관점에서, 만일 동성애가 명시적으로 이성애주의의 지배에 저항한다면, 개인의 자유는 상품이 거의 무정부적인 힘으로 유통될 수 있도록 모든 무역 장벽이 제거된 **자유 방임적** 시장 안에서만 존재할 수 있다고 생각하는 포스트모던적인 신념과 전적으로 공모하고 있다고 말한다. 모턴은 "이 새로운 퀴어의 공간에서, 욕망은 자율적인 — 규제되거나 방해받지 않는 — 것으로 간주된다"고 말한다(Morton, 1995: 370). 모턴이 보기에, 퀴어 이론은 인간의 필요*need*의 문제를 중요하게 고찰한 마르크스주의적 패러다임을 따르기보다는, 무모한 자유 시장 원칙에 의해 자극되는 감각들에 매료당해 있다. 그는 소비주의라는 절대 명령이 위험하게도 욕망을 쫓기 위해 주체를 포기하고 따라서 합리적인 계산 능력을 약화시킨다고 주장한다. 그렇다면 동성애는 경솔하게 "사회 변화에서……개념적, 합리적, 체계적, 규범적, 진보적, 해방적, 혁명적인 것의 역할에 대한 계몽주의적 견해"를 포기하고 "대신 **욕망, 감각** 혹은 **쥬이상스**"만을 남겨 놓았다고 반박한다(Morton, 1995: 370).

모턴이 이렇게 맹렬하게 비판하는 핵심은 퀴어 이론이 필요*need*의 물적 조건을 간과함으로써, 논쟁적인 기호의 차원에서 사회 변화가 달성될 수 있을 것이라고 잘못 생각한다는 것에 있다. 우리는 **동성애자 국가**가 모욕적인 의미가 담긴 '퀴어' 라는 말을 동성애 혐오증으로부터 빼내 와서 힘과 자부심이 담긴 용어로 재규정하는 저항적인 담론 전략을 어떻게 구사했는지 상기해 볼 수 있다. 그러나 그러한 전술은 모턴에게는 근본적인 정치적 위기들을 해결하려고 하는 것으로 보이지 않는다. 오히려 자본의 위력으로 인해 재현 매체들로 포위되어 있는 세계의 너머를 보기 힘든 시기에 기호의 상징성을 이용하는 전략은 분열만을 초래할 뿐이다. 그는 포스트모던 사회에서 현실과 재현의 구분은 혼란스럽게 와해되는데, 이는 사이버 공간에서 가상적 현실을 조정하는 컴퓨터 기술의 급속한 확산에서 가장 잘 볼 수 있다고 말한다. 모턴은 포스트모던의 유혹에 넘어간 다양한 사상들 때문에 퀴어 이론가들이 욕망을 물적 조건과 관련해서가 아니라 순전히 상징적인 행위 영역 안에서 움직이는 것처럼 오해하게 되었다고 주장한다. 결과적으로, 의미에 대한 일반적인 유희적 — 혹은 장난스런 — 접근은 주디스 버틀러 같은 저명한 이론가들이 성적 전복을 불확정성, 논증 불가능성, 수행성 *performativty*과 같은 개념에 호소해서 이해될 수 있는 것으로 주장하게 만들었다. 모턴의 지적은 확실히 어느 정도 적절하다. 현재 진행되고 있는 연구가 입증하듯이, 섹슈얼리티에 대한 현재의 많은 사고는 욕망과 재현 과정 사이에 복잡한 연관성을 분석하고 있기 때문이다. 이 문제는 우리가 2장과 4장에서 상술한 바 있는 라캉과 푸코의 이론들을 잠시 상기해 보면 분명해진다. 이 영향력 있는 이론가들은 비록 섹슈얼리티의 형성에 관해 완전히 다르게 이해하고는 있지만, 두 사람 모두 어쨌든 이동하는 기표에 의해서든 담론의 '전술적 다가성 多價性'에 의해서든 강력한 의미 생산의 체계에 호소하고 있다. 모턴이 다소 그의 주장을 과하게 밀고 나간 것처럼 보인다 해도(모든 퀴어 이론가들이 기호의 유희적 놀이에 이데올로기적으로 기만당하는 것은 아니기 때문에), 그의 도발적인 통찰은 중요한 질문들을 제기한다. 에로티시즘을 이해할 수 있는 수단인 재현들을 변화시킴으로써 성적 비주류자들 *dissidents*이 진실로 성취하는 것은 무엇일까? 사회 질서 안의 실질적인 불평등을 강조하는 것이 오히려 더 생산적인 것은 아닐까?

　　비주류 성적 소수 집단은 분명히 범주화의 정치와 진지하게 대결하고 있고 따라서 욕망이 담론을 통해 구성되는 방식에 진지하게 개입한다. 그러나 그들의 이론적 저술은 그들이 정치적인 인정 *recognition* 투쟁을 불확정적인 기표들을 가지고 유희하는 단순한 문제 이상으로 훨씬 중요하게 생각하고 있음을 보여준다. 억압된 성적 공동체들은 그들이 스스로를 규정하게 만드는 용어 체계가 그들의 존재와 특성에 대한 대중의 인식에 중요한 영향을 미친다고 주장해 왔다. 그러나 때에 따라서는 그들이 자기 규정하는 데 선택했던 범주들이 다양한 에로티시즘을 인식하고 존중하는 방식 자체를 변화시킬 수 있고 또한 변화시킬 것이다.

예를 들어 양성애와 관련한 호명 *naming* 의 정치를 살펴보자. 확실히 양성적 사고는 성적 욕망을 이해하는 전통적 분석틀을 상당히 강력하게 혼란시켰다. 1990년대에 동성애가 등장하기 오래 전에 양성애는 흔히 이성／동성의 오래 된 구분에 대해 반갑지 않은 도전을 제기했다. 양성애는 양자 택일 *either／or* 을 강요하는 이러한 이분법을 무너뜨리는 제3항을 제기하면서, 이것을 두 가지의 병존 *both／and* 으로 인식해 주길 요구했다. 과거에 이성과 동성의 구분에 대한 이러한 도전적인 양성성 *bi* 의 반란은 종종 당혹감을 야기했다. 정상과 게이 간의 오랜 동안 지속된 구분을 생각하면, 양성애는 그 변명 없는 이중성（'양성성'）때문에 여전히 이해하기 힘든 현상일 것이다. 마조리 가버 Marjorie Garber 는 서구 문화에 광범위하게 존재하지만 흔히 부정되고 마는 양성성 *biness* 에 대해 상세히 고찰한다. 그녀는 양성애가 분명 적절하게 분류될 수 없는 것이기 때문에 성적 욕망을 모순적인 것으로 이해할 수 있게 하는 전형적인 예가 된다고 주장한다.

> 양성애는 정상 *straight*, 게이, 레스비언 같은 확실성들을 동요시킨다. 그것은 이 모든 것들과 유사하지만 어느 것으로도 경계가 규정되지 않는다. 그렇다면 그것은 정체성이기도 하고 '아니'기도 한 모호한 확실성, 불안정성의 안정성을 나타내는 기호, 범주화를 시도하지만 동시에 그것에

저항하는 범주이다⋯⋯. 그것이 성 정치가들을 불편하게
만드는 것은 당연하다 (Garber, 1995: 70) .

　　그렇다면 양성적 사고는 확실히 기호의 불확정성을 강조
하는 포스트모던적 경향과 공통점이 있다. 양성성은 성과 젠더,
섹슈얼리티를 모두 가로지르면서 모든 '단성적 *monosexual*' 절
대 명령을 거부하고 다양한 욕망과 정체성을 포괄한다. 양성성
이라는 역설적인 비동일시적 입장 — '정체성이기도 하고 **아니
기도 한**' — 은 확실히 매우 폭넓은 욕망의 다양성을 포함할 수
있는 하나의 표식임과 동시에 고정된 범주화에 거부하는 욕망
을 나타낸다.

　　양성적인 남자이나 여성들이 사람들에게 확고한 '단성애'
에 부합하지 않는 경우가 있음을 설득시키기 어려웠듯이, 복장
도착자들과 성 전환자 *transsexual* 들도 그들의 섹슈얼리티를 세상
에 내보일 때마다 늘 당황감을 직면한다. 여성 분장은 오랫동안
대중 문화의 중요한 특징이었음에도 불구하고, 이것이 일단 무
대를 벗어나 거리로 나서게 되면 사람들은 이를 받아들이기는
커녕 용인조차 하려고 하지 않는다. 성 전환자 (트랜스젠더) 에 대
한 적대감은 페미니스트 진영을 포함해서 많은 다양한 진영에
서 나왔다. 예컨대 1979년에 급진적 페미니스트인 재니스 레이
몽 Janice Raymond 은 남성에게 여성으로 성 전환한 사람들을 여
장 (드래그) 을 한 가부장이라고 보고 이들을 맹렬히 공격했다.
레이몽은 "모든 성 전환자들이 진정한 여성적 형태를 인공물로
변질시키고 이러한 육체를 자신들을 위해 도용함으로써 여성의
육체를 강간한다"고 말한다 (Raymond, 1979: 104) . 어쨌든 이러한
지적은 젠더 재배치 *gender reassignment* 가 성적 보수주의일 뿐만
아니라 성폭력에 해당한다고 말하는 신랄한 평가이다. 레이몽

은 자신의 논쟁적인 연구에서 성 전환이 젠더에 대한 통상적인 정의를 약화시키기는커녕 오히려 강화시킨다고 주장한다. 그녀가 보기에 여성으로 성 전환한 남성들은 하나의 젠더 역할을 포기하고 반대의 젠더로 대체했을 뿐이며 따라서 남녀 간의 고정된 위계를 그대로 유지하고 있다.

이러한 끊임없는 혼란을 해결하기 위해서 운동가들은 점점 젠더 전환 *transgender*이라는 용어를 사용했다. 이 말은 복장 도착, 성 전환(트랜스섹슈얼리티), 간성적 *intersexual* 정체성(과거에 간성성은 때로 양성성 *androgyny*과 양성 구유 *hermaphroditism*로 알려졌다)을 모두 포함할 수 있을 만큼 유연한 것이다. 젠더 전환이라는 충분히 확장된 의미는 남성성과 여성성에 대한 편견에 상당히 강하게 저항하기 때문에 섹스와 젠더는 개념적으로 일단 분리된 것으로 이해될 뿐이다. 미국 작가 레슬리 페인버그 Leslie Feinberg는 다음과 같은 일화를 통해서 그/녀 *s/he*가 어떻게 자신의 정체성이 늘 오해되는 상황에 대처했는지 설명한다.

"여자로 태어난 게 맞지요?" 기자는 내게 세 번째 물었다. 나는 참을성 있게 고개를 끄덕였다. "그렇다면 당신은 현재 자신을 여자라고 생각하십니까 아니면 남자라고 생각하십니까?"

나의 대답이 반복되자 그녀는 눈동자를 이리저리 굴렸다. "나는 젠더가 전환되었습니다. 여성으로 태어났지만 나의 남성적인 젠더 표현이 남성으로 보이게 했지요. 나를 규정하는 건 나의 성 *sex*도 아니고 나의 젠더 표현도 아닙니다. 사실 나의 젠더 표현은 나의 성과 잘 맞지 않게 보이지요. 이해하겠습니까? 나를 규정하는 건 바로 그 둘 간의 사회적 모순입니다."

이렇게 말하자 기자의 눈빛은 흐릿해졌다. 내 말이

*Ser*

끝나자 그녀는 이렇게 물었다. "그렇다면 당신은 제3의 성인가요?" 확실히 나는 우리가 서로를 이해하기에 적절한 언어가 없다는 것을 깨달았다(Feinberg, 1996: 101).

페인버그는 그/녀의 설득력 있는 문화사 전반에서, 많은 비서구 문화권에서 젠더 전환자들이 상당히 존중을 받았으며 때로는 종교 의식에서 특별한 역할이 부여되었다고 여러 번 언급한다. 그러나 서구 문화가 아무리 포스트모던적이라 할지라도 우리는 공중 화장실을 사용할 때마다 거의 항상 남녀(화장실) 사이에서 선택을 해야 한다. 그/녀가 선호하는 젠더 표현에 의한다면, 페인버그는 공식 문서 상에 그/녀의 성이 남성으로 기재될 것을 결정했다. 하지만 그렇게 함으로써 그/녀는 법을 위반하게 되었는데, 그/녀의 성기는 여전히 여성이었기 때문이다. 페인버그가 선택한 성적 정체성에 의해 제기된 도전은 내가 그/녀의 위치를 대명사로 나타내면서 사용한 사선(/)에서 분명히 나타났다. 그러나 그 사선은 존경의 의미로 사용된 것이다. 젠더 전환된 정체성들은 때로 남녀 사이에 그어진 경계선을 강력하게 뒤흔들고 기본 대명사들조차 오히려 이들에 대한 이해를 가로막는 방해물이 될 수 있기 때문이다. 페인버그는 젠더 전환자들이 남성과 여성의 결합형인 '그이의 *hir*'와 같은 소유 대명사의 사용을 주장해야 하는지 묻는다. 그러나 페인버그는 그러한 언어 전략이, 젠더 전환이라는 말 자체가 없애 버리고자 하는 '제3의 성'이라는 오래 된 상투어를 영속화할 뿐이라는 것을 잘 알고 있다.

비주류의 다양한 에로티시즘이 섹스와 젠더라는 기본적인 범주를 전복시킬 수 있다 하더라도, 그것은 분명 다른 차이의 표시들 — 계급, 인종, 세대와 같은 — 에 의해 영향을 받으면서 표현이 복잡화된다. 이 점은 성적으로 민족적으로 소수 집단에 속한 이론가들에 의해 부각되었다. 아시아계 미국인이 보여주는 동성애 욕망의 형태에 대해 설명하면서 다나 Y. 다카기 Dana Y. Takagi는 다음과 같이 비꼬아 말한다. "요즘은 어디에서나 차이를 이야기합니다"(Takagi, 1996: 23). '차이'에 대한 이론적 찬미에 동조하는 경박한 '풍조'에 회의의 시선을 보내면서 그녀는 "차이를 이야기하는 현재의 많은 근원적인 담론들이 차이를 비교 가능한 것으로 전제하고 있다"고 덧붙인다. 그녀는 이 때문에 몇몇 게이 작품들(예컨대, Epstein, 1987을 보라)이 그랬듯이 성 정체성을 민족성과 같은 것으로 여기는 비판적인 시각을 경계해야 한다고 주장한다. 차이들은 유사하거나 상호 대체될 수 있는 것이 아니다. 그러나 다양성에 관한 무비판적인 관념은 차이의 독특한 인상을 줄 수 있다.

다카기의 중요한 지적은 성적 다양성에 관한 많은 논의들에 끊임없이 따라다니는 역설을 인식한 것이다. 차이를 옹호하는 움직임에는 흔히 모든 사람들을 다 함께 획일적으로 묶어 버리는 동일성의 원칙을 발견하려는 동기가 동시에 존재하며, 특히 운동가들이 기본적 인권을 쟁취하기 위한 운동의 강령을 채택할 때 그러하다. 오늘날 급속히 확산되고 있는 성 정체성에 관한 연구를 진행하고 있는 사람이면 누구나 직면하는 가장 큰 도전은 바로 동일성과 차이 간의 이러한 뚜렷한 긴장이다. 설혹 우리가 포스트모던한 불확실성의 시대에 살고 있다 할지라도, 한 가지 쟁점은 확실히 남는다. 에로티시즘의 다양한 표현을 민감하게 존중하고 이를 규범적인 잣대로 평가하지 않는 일반 언어의 절실한 필요성이 바로 그것이다. 그렇지만 우리가 차이들을 서로 나눠 가질 수 있고 각자의 고유성을 존중할 수 있게 하는 창의적인 용어들을 개발하기 위해서는 한 가지 말(표현)을

사용하는 것에 신중할 필요가 있다. 아마 우리 시대는 이미 다양한 욕망이 더 이상 하나의 제한적인 호칭 — 지난 수십 년간 이를 분석하기가 대단히 어렵다는 것이 밝혀진 호칭 — 아래 함께 묶일 수 없는 시대일 것이다. 이 책을 끝맺으면서, 나는 우리가 그 이름에 아주 익숙해졌을 것이라고 생각한다. 그것은 그저 섹슈얼리티라고 알려져 있는 것이다.

# 참고 문헌

Ackerley, J.R. *My Father and Myself*. London: Pimlico, 1992.

Adams, Parveen & Elizabeth Cowie (eds.). *The Woman in Question: m/f*. Cambridge, MA: MIT Press, 1990.

Barbach, Lonnie. *For Yourself: The Fulfilment of Female Sexuality*. New York: Doubleday, 1975.

Barthes, Roland. *The Pleasure of the Text*. Richard Miller (trans.). New York: Hill & Wang, 1975.

Bartky, Sandra Lee. "Foucault, Femininity, and the Modernization of Patriarchal Power," in Irene Diamond & Lee Quinby (eds.). *Feminism and Foucault: Reflections on Resistance*. Boston: Northeastern University Press, 1988.

Bataille, Georges. *Eroticism*. Mary Dalwood (trans.). London: Calder & Boyars, 1962.

Baudrillard, Jean. *Seduction*. Brain Singer (trans.). Basingstoke: Macmillan, 1990.

Bennington, Geoffrey. *Lyotard: Writing the Event*. Manchester: Manchester University Press, 1998.

Birken, Lawrence. *Consuming Desire: Sexual Science and the Emergence of a Culture of Abundance*, 1871~1914. Ithaca, NY: Cornell University Press, 1988.

Bland, Lucy. *Banishing the Beast: Sexuality and the Early Feminists*. Harmondsworth: Penguin Books, 1995.

Bloch, Iwan. *The Sexual Life of Our Time In Its Relations to Modern Civilization*. New York: Allied Book Company, 1908.

Borch – Jacobsen, Mikkel. *Lacan: The Absolute Master*. Douglas Brick

   (trans.). Stanford, CA: Stanford University Press, 1991

Botting, Fred. *Gothic*. London: Routledge, 1995.

Bowie, Malcolm. *Lancan*. Cambrige, MA: Harvard University Press, 1991.

Bristow, Joseph. *Effeminate England: Homoerotic Writing after 1885*.

   Buckingham: Open University Press, 1995.

Butler, Judith. *Gender Trouble: Feminism and the Subversion of Identity*.

   New York: Routledge, 1990.

————. *Bodies That Matter: On the Discursive Limits of 'Sex.'* New York:

   Routledge, 1993.

Carpenter, Edward. *Marriage in a Free Society*. Manchester: The Labour Press

   Society, 1894a.

————. *Sex – love: Its Place in a Free Society*. Manchester: The Labour Press

   Society, 1894b.

————. *Woman, and Her Place in Free Society*. Manchester: The Labour Press

   Society. 1894c.

Carter, Angela. *The Sadeian Woman: An Exercise in Cultural History*.

   London: Virago, 1979.

Castle, Terry. *The Apparitional Lesbian: Female Homosexuality and

   Modern Culture*. New York: Columbia University Press, 1993.

Cixous, Hélène. "Sorties," in Hélène Cixous & Catherine Clement, *The

   Newly – Born Woman*. Betsy Wing (trans.). Minneapolis, MN:

   University of Minnesota Press, 1986.

Cohen, Ed. "Who Are 'We' : Gay 'Identity' as Political (E)motion (A

   Theoretical Rumination)," in Diana Fuss (ed.). *Inside / Out: Lesbian

   Theories, Gay Theories*. New York: Routledge, 1991.

Comfort, Alex. *The Joy of Sex*. New York: Crown, 1973.

Cornell, Drucilla. *The Imaginary Domain: Abortion, Pornography, and Sexual Harassment*. New York: Routledge, 1995.

Daly, Mary. *Gyn/Ecology: The Metaethics of Radical Feminism*. Boston: Beacon Press, 1978.

Darwin, Charles. *The Descent of Man, and Selection in Relation to Sex*, 2 vols. London: John Murray, 1871.

Deleuze, Gilles & Fèlix Guattari. *Anti −Oedipus: Capitalism and Schizophrenia*. Robert Hurley et al. (trans.). London: Athlone Press, 1984.

────. *A Thousand Plateaus: Capitalism and Schizophrenia*. Brian Massumi (trans.). Minneapolis, MN: University of Minnesota Press, 1987.

D'Emilio, Jhon. "Capitalism and Gay Identity," in John D' Emilio, *Making Trouble: Essays on Gay History, Politics, and the University*. New York: Routledge, 1992.

Donne, John. *The Complete English Poems of John Donne*. C.A. Patrides, Everyman's Library (ed.). London: Dent, 1985.

Dworkin, Andrea. "Why So −Called Radical Men Love and Need Pornography," in Laura Lederer (ed.). *Take Back the Night: Women on Pornography*. New York: William Morrow, 1980.

────. *Right −Wing Women: The Politics of Domesticated Females*. London: Women's Press, 1983.

────. *Pornography: Men Possessing Women*. New York: E. P Dutton, 1989.

Eagleton, Terry. *The Ideology of the Aesthetic*. Oxford: Basil Blackwell, 1990.

Ellis, Havelock & John Addington Symonds. *Sexual Inversion*. London: Wilson & Macmillan. 1897.

Epstein, Steven. "Gay Politics, Ethnic Identity: The Limits of Social Constructionism," *Socialist Review* 17: 3∼4, 9∼56. 1987.

Faderman, Lillian. *Surpassing the Love of Men: Romantic Friendship and*

*Love between Women from the Renaissance to the Present.* New York: Morrow, 1981.

Feinberg, Leslie. *Transgender Warriors: Making History from Joan of Arc to RuPaul.* Boston: Beacon Press, 1996.

Feminists against Censorship. *Pornography and Feminism: The Case againt Censorship.* London: Lawrence & Wishart, 1991.

Foucalt, Michel. *The Archaeology of Knowledge.* A.M. Sheridan Smith (trans.). London: Tavistock, 1972.

────. *The Birth of the Clinic: An Archaeology of Medical Perception.* A.M. Sheridan Smith (trans.). London: Tavistock, 1973.

────. *Discipline and Punish: The Birth of the Prison.* New York: Random House, 1977a.

────. *Language, Counter – Memory, Practice: Selected Essays and Interviews.* Donald F. Bouchard & Sherry Simon (trans.). Ithaca, NY: Cornell University Press, 1977b.

────. *The History of Sexuality, Volume 1: An Introduction.* Robert Hurley (trans.). New York: Random House, 1978.

────. *The Use of Pleasure:* Volume 2 of *The History of Sexuality.* Robert Hurley (trans.). New York: Random House, 1985.

────. *The Care of the Self:* Volume 3 of *The History of Sexuality.* Robert Hurley (trans.). New York: Random House, 1986.

────. *Foucault Live (Interview, 1961 ~84).* Sylvère Lotringer (ed.). Lysa Hochroth & John Johnston (trans.). New York: Semiotext (e), 1989.

Freud, Sigmund. *The Standard Edition of the Complete Psychological Works of Sigmund Freud,* 24 vol. James Strachey et al. (trans.). London: Hogarth Press & the Institute of Psycho – Analysis, 1953 ~65.

Fuss, Diana. *Essentially Speaking: Feminism, Nature and Difference.* New York: Routledge, 1989.

———. *Identification Papers*. New York: Routledge, 1995.

Gagnon, John & William Simon. *Sexual Conduct: The Social Soures of Human Sexuality*. New York: Aldine de Gruyter, 1973.

Gallop, Jane. *Feminism and Psychoanalysis: The Daughter's Seduction*. Basingstoke: Macmillan, 1982.

Garber, Marjorie. *Vice Versa: Bisexuality and the Eroticism of Everyday Life*. London: Hamish Hamilton, 1995.

Gilman, Sander L. *Difference and Pathology: Stereotypes of Sexuality, Race, and Madness*. Ithaca, NY: Cornell University Press, 1985.

Grosz, Elizabeth. "A Thousand Tiny Sexes: Feminism and Rhizomatics," in Constantin V. Boundas & Dorothea Olkowski (eds.). *Gilles Deleuze and the Theater of Philosophy*. New York: Routledge, 1994.

Hall, Radclyffe. *The Well of Loneliness*. New York: Avon Bookes, 1981.

Halperin, David M. *One Hundred Year of Homosexuality and Other Essays on Greek Love*. New York: Routledge, 1990.

Hamilton, Cicely. *Marriage as a Trade*. London: Chapman & Hall, 1909.

Harvey, David. *The Condition of Postmodernity*. Oxford: Blackwell, 1989.

Hegel, G.W.F. *The Phenomenology of Spirit*. A.B. Miller (trans.). Oxford: Clarendon Press, 1975.

Hite, Shere. *The Hite Report: A Nationwide Study of Female Sexuality*. New York: Macmillan, 1976.

Hunt, Lynn. "Introduction: Obscenity and the Origins of Modernity, 1500~1800," in Lynn Hunt (ed.). *The Invention of Pornography: Obscenity and the Origins of Modernity*, 1500~1800. New York: Zone Books, 1993.

Hyams, Barbara. "Weininger and Nazi Ideology," in Nancy A. Harowitz & Barbara Hyams (eds.). *Jews and Gender: Responses to Otto Weininger*. Philadelphia, PA: Temple University Press, 1995.

Irigaray, Luce. *Speculum of the Other Woman*. Gillian C. Gill (trans.). Ithaca, NY: Cornell University Press, 1985a.

———. *This Sex Which is Not One*. Catherine Porter with Carolyn Burke (trans.). Ithaca, NY: Cornell University Press, 1985b.

Irvine, Janice. *Disorders of Desire: Sex and Gender in Mordern American Sociology*. Philadelphia, PA: Temple University Press, 1990.

Itzin, Catherine. "A Legal Definition of Pornography," in Catherine Itzin (ed.). *Pornography: Women, Violence and Civil Liberties*. Oxford: Oxford University Press, 1992a.

———. "Pornography and the Social Construction of Sexual Inequality," in Catherine Itzin (ed.). *Pornography: Women, Violence and Civil Liberties*. Oxford: Oxford University Press, 1992b.

Jeffreys, Sheila. *The Spinster and Her Enemies: Feminism and Sexuality, 1880~1930*. London: Pandora, 1985.

Johnston, Jill. *Lesbian Nation: The Feminist Solution*. New York: Simon & Schuster, 1973.

Kappeler, Susanne. *The Pornography of Representation*. Cambrige: Polity Press, 1986.

Kendrick, Walter. *The Secret Museum: Pornography in Modren Culture*. New York: Viking, 1987.

Kinsey, Alfred C., Wardell B. Pomeroy & Clyde E. Morton. *Sexual Behavior in the Human Male*. Philadelphia, PA: W.B. Saunders, 1948.

Kinsey, Alfred C., Wardell B. Pomeroy, Clyde E. Morton & Paul H. Gebhard. *Sexual Behavior in Human Female*. Philadelphia, PA: W.B. Saunders, 1953.

Krafft－Ebing, Richard von. *Psychopathia Sexualis, with Especial Reference to Contrary Sexual Intinct: A Medico－Legal Study*. Charles Gillbert Chaddock (trans.). Philadelphia, PA: F.A. Davis, 1894.

Kristeva, Julia. *Powers of Horror: An Essay on Abjection*. Leon S. Roudiez (trans.). New York: Columbia University Press, 1982.

————. *Revolution in Poetic Language*. Margaret Waller (trans.). New York: Columbia University Press, 1984.

Lancan, Jacques. *Écrits: A Selection*. Alan Sheridan (trans.). London: Tavistock, 1977.

————. *The Four Fundamental Concepts of Psycho – Analysis*. Jacques – Alain Miller (ed.). Alan Sheridan (trans.). New York: W.W. Norton, 1978.

Lane, Christopher. *The Ruling Passion: British Colonial Allegory and the Paradox of Homosexual Desire*. Durham, NC: Duke University Press, 1995.

Laplanche, Jean. *New Foundations for Psychoanalysis*. David Macey (trans.). Oxford: Basil Blackwell, 1989.

————. & Jean – Bertrand Pontalis. *The Language of Psycho – Analysis*. David Nichoson – Smith (trans.). London: Hogarth Press, 1973.

————. "Fantasy and the Origins of Sexuality," in Victor Burgin, James Donald & Cora Kaplan (eds.). *Formations of Fantasy*. London: Methuen, 1986.

Laqueur, Thomas. *Making Sex: Body and Gender form the Greeks to Freud*. Cambrige, MA: Harvard University Press, 1990.

Laumann, Edward O. et al. *The Social Organization of Sexuality: Sexual Practices in the United States*. Chicago: University of Chicago Press, 1994.

Lyotard, Jean – François. *Libidinal Economy*. Iain Hamilton Grant (trans.). London: Athlone Press, 1993.

Mclntosh, Mary. "The Homosexual," in Kenneth Plummer (eds.). *The Making of the Modern Homosexual*. London: Hutchinson, 1981.

MacKinnon, Catharine A. "Pornography, Civil Rights and Speech," in

Catherine Itzin (eds.). *Pornography: Women, Violence and Civil Liberties*. Oxford: Oxford University Press, 1992.

———. *Only Words*. Cambridge, MA: Harvard University Press, 1993.

McNay, Lois. *Foucault: A Critical Introduction*. Cambridge: Polity Press, 1994.

Martin, Biddy. "Feminism, Criticism, and Foucault," in Irene Diamond & Lee Quinby (eds.). *Feminism and Foucault: Reflections on Resistance*. Boston: Northeastern University Press, 1988.

Masson, Jeffrey Mousaifieff. *Freud, The Assault on Truth: Freud's Suppression of the Seduction Theory*. London: Faber, 1984.

Masters, William H. & Virginia E. Johnson. *Human Sexual Response*. Boston: Little, Brown, 1966.

Millett, Kate. *Sexual Politics*. New York: Doubleday, 1970.

Mitchell, Juliet. *Psychoanalysis and Feminism: Freud, Reich, Laing and Women*. Lodon: Allen Lane, 1974.

——— & Jacqueline Rose (eds.). *Feminism Sexuality: Jacques Lacan and the École freudienne*. Basingstoke: Macmillan, 1982.

Morgan, Robin. "Theory and Practice: Pornography and Rape," in Laura Lederer (ed.). *Take Back the Night: Women on Pornography*. New York: William Morrow, 1980.

Morton, Donald. "Birth of the Cyberqueer," *PMLA* 110: 3, pp.369~81.

Newton, Esther. "The Mythic Mannish Lesbian: Radclyffe Hall and the New Woman," in Martin Bauml Duberman, Martha Vicinus & George Chauncey, Jr. (eds.). *Hidden from History: Reclaming the Lesbian and the Gay Past*. New York: New American Library, 1989.

Paglia, Camille. *Sexual Personae: Art and Decadence from Nefertiti to Emily Dickinson*. New Haven, CT: Yale University Press, 1990.

Pankhurst, Christabel. *The Great Scourge and How to End It*. London: E.

Pankhurst, 1913.

Porter, Roy & Lesley Hall. *The Facts of Life: The Creation of Sexual Knowledge in Britain, 1650~1950.* New Haven: Yale University Press, 1995.

Raymond, Janice. *The Transsexual Empire: The Making of the She-Male.* Boston: Beacon Press, 1979.

Reich, Wilhelm. *The Sexual Revolution: Towards a Self-Regulating Character Structure.* Theodore P. Wolfe (trans.). New York: Orgone Institute Press, 1945.

――. *The Invasion of Compulsory Sex-Morality.* New York: Farrar, Straus & Giroux, 1971.

Riviere, Joan. "Womanliness as a Masquerade," in Victor Burgin, James Donald, & Cora Kaplan (eds.). *Fomations of Fantasy.* Lodon: Methuen, 1986.

Rose, Jacqueline. "Femininity and Its Discontents," *Feminist Review* 14. 1983, pp.5~21.

Rubin, Gayle. "The Traffic in Women: Notes on the 'Political Economy' of Sex," in Rayna R. Reiter (ed.). *Toward an Anthropology of Women.* New York: Monthly Review Press, 1975.

――. "Thinking Sex: Notes for a Radical Theory of the Political of Sexuality," in Henry Abelove, Michèle Aina Barale & David M. Halperin (eds.). *The Lesbian and Gay Studies Reader.* New York: Routledge, 1993.

Russell, Diana E. H. "Pornography and Rape: A Casual Model," in Catherine Itzin (ed.). *Pornography: Women, Violence and Civil Liberties.* Oxford: Oxford University Press, 1992.

Sayers, Janet. *Mothers of Psychoanalysis: Helene Deutsch, Karen Horney, Anna Freud, Melanie Klein.* New York: W. W. Norton, 1991.

Schreiner, Olive [pseud. 'Ralph Iron']. *The Story of an African Farm*, 2
vols. London: Chapman & Hall, 1883.

Schreiner, Olive. *Dreams*. Lodon: T. Fisher Unwin, 1890.

─────. *Woman and Labour*. Lodon: T. Fisher Unwin, 1911.

Sedgwick, Eve Kosofsky. *Between Men: English Literaure and Male
Homosocial Desire*. New York: Columbia University Press, 1985.

─────. *Epistemology of the Closet*. Berkeley: University of California
Press, 1990.

Segal, Lynne. "Sweet Sorrows, Painful Pleasures: Pornogrphy and the Perils
of Heterosexual Desire," in Lynne Segal & Mary Mclntosh (eds.).
*Sex Exposed: Sexuality and the Pornography Debate*. Lodon: Virago,
1992.

─────. *Straight Sex: The Politics of Pleasure*. London: Virago, 1994.

Showalter, Elaine. *Sexual Anarchy: Gender and Culture at the Fin de Siècle*.
New York: Viking, 1990.

Sontag, Susan. "The Pornographic Imagination," in Susan Sontag, *Style of
Radical Will*. New York: Farrar, Straus & Giroux, 1969.

Soper, Kate. "Productive Contradictions," in Caroline Ramazanoğlu (ed.).
*Up against Foucault: Explorations of Some Tensions between
Foucault and Feminism*. London: Routledge, 1993.

Spencer, Herbert. *First Principles*. London: Williams & Norgate, 1862.

Stoler, Laura Ann. *Race and the Education of Desire: Foucault's History of
Sexuality and the Colonial Order of Things*. Durham, NC: Duke
University Press, 1995.

Stopes, Marie. *Married Love: A New Contribution to the Solution of Sex
Difficulties*. London: A. C. Fifield, 1918.

Sulloway, Frank J. *Freud, Biologist of the Mind: Beyond the Psychoanalytic*

*Legend*. New York: Basic Books, 1983.

Takagi, Dana Y. "Maiden Voyage: Excursion into Sexuality and Identity Politics in Asian America," in Russell Leong (ed.). *Asian American Sexualities Dimensions of Gay and Lesbian Experience*. New York: Routledge, 1996.

Theweleit, Karl. *Male Fantasies: Volume One. Women, Floods, Bodies*. Stephen Conway et al. (trans.). Minneapolis, MN: University of Minesota Press, 1987.

Tiefer, Leonore. *Sex Is Not a Natual Act and Other Essays*. Boulder, CO: Westview Press, 1995.

Ulrichs, Karl Heinrich. *The Riddle of "Man – Manly" Love: The Pioneering Work on Male Homosexuality*, 2 vols. Michael A. Lombardi – Nash (trans.). Buffalo, NY: Prometheus Books, 1994.

Warner, Michael. "Introduction," in Michael Warner (ed.). *Fear of a Queer Planet: Queer Politics and Social Theory*. Minneapolis, MN: University of Minesota Press, 1993.

Watney, Simon. *Policing Desire: Pornography, AIDS, and the Media*. London: Methuen / Comedia, 1987.

Weber, Samuel. *Return to Freud: Jacques Lacan's Dislocation of Psychoanalysis*. Michael Levine (trans.). Cambridge: Cambridge University Press, 1991.

Weeks, Jeffrey. *Coming Out: Homosexual Politics in Britain from the* ———*Nineteenth Century to the Present*. London: Quartet, 1977.

———. *Sexuality*. London: Tavistock, 1986.

——— . *Invented Moralities: Sexual Values in an Age of Uncertainity*. Cambridge: Polity Press, 1995.

Weininger, Otto. *Sex and Character*. New York: AMS Press, 1975.

Williams, Linda. *Hard Core: Power, Pleasure, and the* Frenzy of the *Visible.*

————. "Pornographies On / Scene, or Different Strokes for Different Folks," in Lynne Segal & Mary McIntosh (eds.). *Sex Exposed: Sexuality and the Pornography Debate*. London: Virago Press, 1992.

Wilson, Elizabeth. "Psychoanalysis: Psychic Law and Order?" *Feminist Review* 8. 1981, pp.63~78.

Wright, Elizabeth (ed.). *Feminism and Psychoanalysis: A Critical Dictionary*. Oxford: Basil Blackwell, 1992.

# 찾아보기

# 한나래 패러다임 총서

철학 + 문화 + 문학

무의식
앤터니 이스트호프 지음 / 이미선 옮김

**은유로서의 건축:** 언어, 수, 화폐
가라타니 고진 지음 / 김재희 옮김

시네마 시리즈

**현대 사상가들과의 대화**
리처드 커니 지음 / 김재인 외 옮김

**당신의 징후를 즐겨라!:** 할리우드의 정신 분석
슬라보예 지젝 지음 / 주은우 옮김